128/84

MÜNCHEN

bey Hermann und Barth

1830.

Verlagsgruppe Bertelsmann GmbH / Bertelsmann Kunstverlag, Gütersloh 1971

Unveränderter Nachdruck

des Zentralantiquariats der Deutschen Demokratischen Republik

Leipzig

Text und Tafeln: C. G. Röder, Leipzig
　　　　　　　　Graphischer Betrieb mit staatl. Beteiligung

Einband:　　　Mohndruck Reinhard Mohn OHG, Gütersloh

ISBN 3 570 08874 X

Ag 509/153/70

PLAN
der Königl. Haupt- und Residenz-Stadt München

Bei Hermann & Barth in München.

München.

München, die Hauptstadt des Königreichs Bayern, liegt unter 48° 8′ 20″ Nördlicher Breite und 29° 13′ 30″ Oestlicher Länge, 1920 Pariser oder 2136 Bayerische Fuß über dem Spiegel des Adriatischen Meeres, am linken Ufer der Isar, eigentlich in dem früheren Rinnsaale dieses wilden und reißenden Gebirgs-Stromes.

Ueber Münchens Vorzeit und seine erste Entstehung ist ein dichter Nebel verbreitet. In einer Freisingischen Urkunde unter den Agilolfingern Tassilo und seinem Sohne Theodor von dem Jahre 782 kommen Schwabing (Swapinga) und Sendling (Sentilingas) mit der Andeutung vor, daß bei und zwischen diesen Ortschaften noch Wälder und öde Gründe gelegen seyen. Zuerst in dem Traditions-Buche des Klosters Tegernsee finden wir in den Jahren 1134 bis 1154 einen Dietrich von München. Dem hochherzigen Welfen Heinrich dem Löwen war es vorbehalten, dem unbedeutenden Orte größere Wichtigkeit und freudiges Emporkommen dadurch zu verschaffen, daß er das, damals wichtige und reiche, Freisingische Veringen unvermuthet überfiel, nebst der Brücke zerstörte, und Markt, Münze, Salz-Niederlage, Straßen- und Brücken-Zoll gewaltthätig nach München übersetzte, wo sie auch durch Vergleich vom 14. Juni 1158 verblieben. Die ersten Wittelsbacher, welche meistens zu Köllheim und Landshut residirten, thaten wenig für die junge Stadt, und ihr Aufblühen wurde aus eigenen Kräften durch Handel und Gewerbe gegründet. Ludwig dem Strengen, dem sie durch Theilung von 1255 zugefallen war, und der seine Residenz dahin verlegte; dem Erbauer des Alten Hofes und seinen Söhnen Rudolph und Ludwig dem Bayer verdankt sie Zuwachs an Bevölkerung, Erweiterung, Verschönerung, Freiheiten und Rechte. Es entstanden die alten, inneren und die neuen, äußeren Thore, Mauern, zum Theil noch sichtbar, und Gräben. Alle nachfolgende, hier residirende, Herzoge, vorzüglich seit dem großen Kurfürsten Maximilian I. durch Candid, Krumper u. a., bis Karl Theodor durch Rumford, trugen zur Erweiterung und Verschönerung Vieles und Großes bei.

Unter König Maximilian Joseph I. entstand, man darf es ohne Uebertreibung behaupten, ein neues München. Die Festungswerke verschwanden, die Wälle wurden eingeebnet, an ihre Stellen traten neue Anlagen, alte Straßen wurden erweitert, mit neuen verbunden, ansehnliche freie Plätze geschaffen, Staatsgebäude, Paläste und andere Privathäuser in einem besseren Geschmack erbauet u. s. w. Was König Maximilian I. herrlich begonnen hat, setzt König Ludwig großartig und beharrlich fort. Dem patriotischen Magistrate der Haupt- und Residenzstadt gebührt das ungeheuchelte Lob, daß derselbe bei allen Anstalten zur Erweiterung, Verschönerung und Bequemlichkeit in seinem Wirkungskreise thätigst beitrage.

Munich.

Munich, Capitale du royaume de Bavière, est situé à 48° 8′ 20″ de latitude septentrionale et 29° 13′ 30″ de longitude orientale, à 1920 pieds de Paris, ou 2136 pieds de Bavière, au-dessus du niveau de la mer adriatique, sur la rive gauche de l'Isar, et proprement dans l'ancien canal de ce torrent de montagne fougueux et rapide.

L'histoire de l'origine et des temps reculés de Munich se perd dans les ténèbres du passé. Un vieux document de Freising, écrit en 782, sous le règne de Tassilo et son fils Théodor, de la branche des Agilolfing, fait mention de Schwabing (Swapinga) et de Sendling (Sentilingas) disant qu'entre ces deux villages et dans leurs alentours se trouvent encore des forêts et des terres incultes. Ce n'est que dans le livre de traditions du couvent de Tegernsee qu'il est question, de 1134 à 1154, d'un Thierri de Munich. Il était réservé au magnanime Guelfe, Henri le Lion, de donner plus d'importance et d'agrandissement à cet endroit insignifiant, et ce fut en attaquant à l'improviste Veringen, endroit important et riche alors et appartenant au domaine de Freising; il détruisit cet endroit, ainsi que son pont, et transféra de vive force le marché, la monaie, le magasin au sel, la route de passage, le pont et le péage à Munich, où ils restèrent dans la suite, en vertu d'un accommodement qui eut lieu le 14. Juin 1158. Les premiers princes de la Maison de Wittelsbach, qui résidaient pour la plupart à Kellheim et à Landshut, firent peu pour la ville naissante et elle ne dut ses progrès qu'aux efforts qu'elle fit pour étendre son commerce et son industrie. En 1255, Munich échut en partage à Louis le Sévère; ce prince y transféra sa résidence et fit bâtir l'ancien palais (alter Hof); la ville lui doit, ainsi qu'à ses fils Rodolphe et Louis le Bavarois, un accroissement de population et d'étendue, des embellissemens, des immunités et des priviléges. On vit s'élever les anciennes portes intérieures et les nouvelles portes extérieures; on construisit des murs, dont on voit encore aujourd'hui des restes; on creusa des fossés. Tous les Ducs qui suivirent et qui résidèrent à Munich, surtout depuis le grand Electeur Maximilien I., assisté par Candide, Krumper etc., jusqu'à Charles Théodor, assisté par Rumford, firent de grands et nobles efforts pour l'embellissement de la ville.

Sous le règne de Maximilien Joseph I. Munich, on peut le dire sans exagération, se transforma en une ville nouvelle. Les fortifications disparurent; les remparts furent cultivés et remplacés par des plantations; de vieilles rues furent élargies et jointes à des rues nouvelles; le nombre des places publiques s'augmenta; des édifices publics, des palais, des maisons particulières, dont l'architecture décélait un meilleur goût, s'élevèrent de toute part etc. Ce que le roi Maximilien I. a si noblement commencé, le roi Louis le continue avec le caractère de grandeur et de persévérence qui lui est propre.

Le Magistrat patriotique de cette capitale mérite qu'on lui rende justice; toutes les dispositions entreprises sous ses auspices tendent à l'agrandissement, l'embellissement et la commodité de la ville.

Munich et ses environs ont peu à se louer de la nature chétive de leur sol; tout ce qu'on y voit est produit par des efforts pénibles et couteux, et la remarque que fit le roi de Suède Gustave Adolphe, lorsqu'il dit que Munich ressemblait à une selle d'or sur un cheval décharné, est encore juste aujourd'hui.

La ville est partagée en quatre quartiers par deux rues principales qui la traversent en se croisant, savoir: le quartier de Graggenau, au Nord-Est; celui de Kreuz, au Nord-Ouest; celui de l'Anger, au Sud-Ouest; et celui de Haken, au Sud et Sud-Est. — Elle a 7 portes principales et 4 portes secondaires et compte, en-deça de l'Isar, 208 rues, grandes ou petites; 20 places publiques; 22 églises catholiques, y compris celle que l'on construit maintenant, nommée Aller-Heiligen Hof- und Ludwigs-Pfarrkirche; une église protestante; une église grecque, et une sinagoque. Au-delà de l'Isar, on compte 54 rues, grandes ou petites; une place publique, et 5 églises catholiques. Voici quelle était la population vers la fin de l'an 1829: dans la ville proprement dite, y compris les 5 faubourgs situés sur la rive gauche de l'Isar, nommés faubourg Maximilien, faubourg Louis, faubourg de l'Isar, faubourg St. Anne, et faubourg Schönfeld, on comptait 3708 maisons et 79530 habitans; sur la rive droite de l'Isar, y compris le faubourg de l'Au, Giessing, auf den Lüften et Haidhausen, il y avait 974 maisons et 16188 habitans, ce qui fait en tout 4682 maisons et 95718 habitans.

Stadt und Umgebung haben wenig der hier kargen Natur: das meiste mühsamer und kostbarer Kunst zu verdanken, und des Schwedischen Königs Gustav Adolph Bemerkung: „München gleiche einem goldenen Sattel auf einem magern Gaul" bleibt noch immer richtig.

Die Stadt wird durch zwei Hauptstraßen=Linien in vier Viertel abgetheilet: das Graggenauer=Viertel gegen Nord=Ost, das Kreuz=Viertel gegen Nord=West, das Anger=Viertel gegen Süd=West, und das Haken=Viertel gegen Süd und Süd=Ost.

Sie hat 7 Thore und 4 Nebenthore, diesseits der Isar 208 Straßen und Gassen, 20 öffentliche Plätze, 22 katholische Kirchen, einschlüssig der im Bau begriffenen Aller=Heiligen=Hof= und Ludwigs=Pfarrkirche, 1 protestantische, 1 griechische Kirche und 1 Synagoge; jenseits der Isar 54 Straßen und Gassen, 1 öffentlichen Platz und 5 katholische Kirchen. Zu Ende des Jahrs 1829 war die Bevölkerung folgende: In der eigentlichen Stadt mit den fünf Vorstädten am linken Ufer der Isar, Maximilians=, Ludwigs=, Isar=, St. Anna=Vorstadt und Schönfeld in 3708 Häusern 79530 Einwohner; am rechten Ufer mit der Vorstadt Au, mit Giesing, auf den Lüften und Haidhausen in 974 Häusern 16188 Einwohner, zusammen in 4682 Häusern 95718 Einwohner.

K. HAUPT U. RESIDENZ STADT MÜNCHEN.

Bey Hermann und Barth.

Der Marktplatz.

Zur Zeit, wo die Haupt- und Residenzstadt München noch um die Hälfte weniger Einwohner gezählt hat als jetzt, war auf dem kleinen Platze vor dem Rathhaus-Gebäude der tägliche Eyer- und Geflügelmarkt, gegenüber der Kräutelmarkt, um die Marien-Säule die wöchentliche Getreid-Schranne, deren Ueberreste theils unter den Bögen der Kornmesserhäuser eingestellt wurden, theils auf dem Platze stehen blieben, und an dem großen Röhrbrunnen war der Fischmarkt. Jetzt ist alles dieses zweckmäßig entfernt, bis auf die Schranne, welche sich weit in die nächsten Straßen auf- und abwärts ausbreitet. Für das unverkauft bleibende Getreid ward endlich vom Magistrat ein eigener Bewahrungsort ausgemittelt.

Das links des Platzes von der Hauptwache aus sich zeigende große Gebäude entstund nach und nach im 16ten und 17ten Jahrhunderte durch Ankauf mehrerer kleiner Häuser, wovon eines dem Kloster Benedictbeuern gehörte, zum Zwecke der Verhandlungen damaliger, mit großen Rechten und Freyheiten begabter Landschaft in Bayern. Diese bildete einen Ausschuß sämmtlicher Landesstände, alle Unterthanen vertretend, und aus 4 Verordneten aus dem Prälatenstande, 8 aus dem Adel, 4 aus dem Bürgerstande, mit den nöthigen Rechnungsaufnehmern, bestehend. Ehevor kamen diese Landstände an verschiedenen Orten der Stadt zusammen, und vertrauten Klöstern ihre Akten zur Bewahrung. Im Jahre 1514 hielt die bayer'sche Landschaft ihre ersten Sitzungen in diesem Gebäude. Nach ihrer Auflösung verlegte man im Jahre 1808 das General-Kommissariat (später die Regierung) des Isarkreises dahin, so wie in das Eckhaus am Eingange in die Dienersgasse mit dem Erker, welches der Magistrat schon zu Anfang des 15ten Jahrhunderts gekauft, und bisher zu einer bürgerlichen Trinkstube mit einem Saale (ehemals Bürgerstube genannt) verwenden ließ. Unter den Bögen derselben übt das Ewiggeld-Institut sein strenges öffentliches Recht der Häuser-Vergantung durch Aufstecken an dem Spanne.

Der ehemalige Fischbrunnen dient alljährlich am Fasching-Montag zu einer, sich in das Dunkel der Vorzeit verlierenden Volksbelustigung, welche hier die bürgerliche Metzgerzunft an ihrem Jahrtage, nach einem feyerlichen Umzuge durch die Straßen der Stadt, und nach öffentlicher Freysprechung ihrer Lehrjungen, durch das Brunnenspringen bey Anwesenheit einer großen Menschen-Menge zu feyern pflegt.

Das jetzige Rathhaus des Magistrats, nebst dem Thurme, wozu das ehemalige Thalburger- oder untere Thor, dann einige angekaufte Privathäuser verwendet wurden, dürfte um die Mitte des 15ten Jahrhunderts erbaut worden seyn. Dasselbe dehnt sich von dem Eingange in die Burggasse rückwärts gegen das Thal, und vorn hinüber bis auf St. Peters Kirchhof. Es hatte im Erdgeschoße schwere Gefängnisse mit der Reck- (Folter-) Kammer für das Stadtobergerichtamt, dann das Brodhaus am ersten Thorbogen. Eine große Stiege führt beym zweyten Thore von der Straße in den geräumigen, mit hohen Fenstern vor- und rückwärts versehenen Rathhaussaal. Hier versammelten sich in guter alter Zeit, besonders zur Faßnacht, Münchens Bürger zum fröhlichen Tanze, wie auf der Trinkstube zum frugalen Mahle, wo selbst die Landesregenten durch ihre Ge-

La Place du Marché.

Du temps que la ville capitale de Munich n'avait que la moitié du nombre d'habitans qu'elle compte aujourd'hui, le marché aux oeufs et à la volaille se tenait tous les jours sur la petite place située devant l'hôtel de ville; vis-à-vis se tenait le marché aux herbes, et autour de la Colonne de Marie (Mariensäule), le marché aux grains, qui avait lieu une fois la semaine, et dont les restes se conservaient en partie sous les arcades des maisons des mesureurs, en partie sur la place même; le marché aux poissons se tenait près de la grande fontaine. Aujourd'hui, tout cela est mieux arrangé, et l'on ne tient plus sur cette place que le marché aux grains, qui s'étend au loin dans les rues adjacentes; le blé qui n'a pas été vendu, se conserve dans un lieu à part, que le magistrat de la ville a destiné à cet effet.

Le grand bâtiment que l'on voit du côté gauche de la place, en tournant le dos à la grand'-garde, a été bâti durant le 16e et le 17e siècle, par la réunion de plusieurs petites maisons, dont une appartenait au couvent de Benedictbeuern, à l'effet d'y tenir les assemblées des Etats provinciaux de la Bavière, qui jouissaient alors de droits et de privilèges considérables. Ces états formaient une diète qui représentait tous les sujets et qui se composait de quatre députés de la classe des prélats, de huit de la noblesse, et de quatre de la classe bourgeoise, ayant un nombre suffisant d'examinateurs de comptes. Avant cette époque, ces états se réunissaient dans différents endroits de la ville, et confiaient à des couvents leurs actes, pour les conserver. La première assemblée que les états provinciaux de Bavière tinrent dans cet édifice eut lieu en 1514. Après l'abolition de ces états, on transféra dans ce bâtiment, en 1808, le commissariat-général (nommé plus tard régence) du cercle de l'Isar, et l'on y ajouta la maison qui fait le coin à l'entrée de la Dienersgasse, ayant une avance, et que, depuis le 14e siècle, le magistrat de la ville avait achetée pour en faire une chambre à boire pour les bourgeois, avec une salle attenante (cet endroit se nommait autrefois chambre des bourgeois). C'est sous les arcades de cette maison que l'institut local des hypothèques perpétuelles (Ewiggeld) exerce son droit redoutable, en affichant à la planche les maisons mises à l'encan.

L'ancienne fontaine aux poissons (Fischbrunnen) sert tous les ans, le jour du lundi gras, à une réjouissance populaire, dont l'usage remonte à la plus haute antiquité: les bouchers de la ville, le jour de leur anniversaire, après avoir traversé les rues de la ville avec solennité et avoir publiquement affranchi leurs apprentis, terminent cette cérémonie par le saut de la fontaine, qui a lieu en présence d'un grand nombre de spectateurs.

L'hôtel de ville actuel, avec sa tour, est résulté de l'ancienne porte de Thalbourg et de plusieurs maisons particulières achetées, et peut avoir été bâti vers le milieu du 15ᵉ siècle. Cet édifice s'étend par derrière depuis l'entrée de la Bourggasse jusque vers le Thal, et par devant, jusqu'au cimetière de l'église de St. Pierre. Il avait au rez-de-chaussée de fortes prisons, avec un chevalet, une chambre pour les fonctions du juge supérieur de la ville, et, sous la première arcade du portail, un lieu pour la vente du pain. Près du second portail, un grand escalier conduit de la rue à la vaste salle de l'hôtel, ayant de hautes fenêtres sur le devant et sur le derrière. C'est là que dans le bon vieux temps, surtout pendant le carnaval, la bourgeoisie de Munich se livrait au plaisir de la danse dans la salle, et à celui d'une table frugale dans la chambre à boire; les souverains honoraient souvent ces fêtes de leurs présence. En 1508, le duc Guillaume V dansa, dans cette salle, la danse de cérémonie avec son épouse Renate, et ce fut d'une des fenêtres de cette même salle qu'après avoir sonné la petite cloche de la tour de l'hôtel de ville, on prononça sur eux publiquement la sentence de mort. Aujourd'hui cette salle ne sert plus qu'à des distributions de prix aux écoles, et au tirage de la loterie. Il y a en outre dans ce vaste édifice la cave à la toile, la balance publique, et sur le derrière, la boucherie, qui a remplacé l'ancienne boucherie bâtie en bois, située autrefois au milien de la place.

A droite de la tour est située la maison où l'on voit une peinture colossale de St. Onuphrius, représenté tout nu, ayant les cheveux blancs et une longue barbe de même couleur, portant sur la tête une couronne d'or, une croix dans la main droite, et un bâton noueux dans la gauche. Une pierre, à gauche, porte l'année „1496" et „renouvelé en 1754." Plus bas, sur une autre pierre, on lit: „renouvelé pour la seconde fois en 1818." Outre le nom du peintre Barth. Aichinger, il y a encore sur cette même pierre une invocation à ce saint, rédigée en six vers burlesques. Mais on ne l'appelle ordinairement, dans le langage populaire, que „le grand Christophe du marché aux oeufs". C'est le fondateur de Munich, le duc Henri le Lion, qui lors de l'expédition heureuse qu'il fit dans la Palestine, en 1171, avec des forces très peu considérables, transféra à Munich le culte de cet anachorète de l'Orient. C'est lui que ce pieux et vaillant prince avait ostensiblement choisi pour guide tutélaire dans son retour par Constantinople et la Panonie, en portant avec lui les os et le portrait de ce saint, qu'il avait tirés du couvent de St. Alexius. A son arrivée à Munich, le duc fit déposer ces os dans la chapelle du château, pour y être offerts à l'adoration du peuple. Mais un terrible incendie qui, en 1327, réduisit en cendres l'église de St. Pierre et un tiers de la ville, ayant aussi consumé le vieux château du duc, le propriétaire qui fit dans la suite bâtir une maison en cette place, y fit peindre saint Onuphrius, pour conserver à jamais la mémoire de ce fait.

On dit que c'est dans la maison attenante, où l'on voit trois couronnes peintes au-dessus d'une des fenêtres du milieu, qu'en 1632, le roi de Suède Gustave Adolphe, comme ennemi, mit pied à terre pour changer d'habits et faire la revue de ses troupes.

Ce qui forme le principal ornement de la place, où il y avait encore sous l'électeur Ferdinand Marie un corps de garde en bois, que Maximilien III fit ôter, c'est le monument érigé en mémoire de la victoire remportée, en 1620, à la bataille de Prague, par le vaillant souverain de Bavière, Maximilien III; ce monument présente une colonne de marbre surmontée d'une statue en bronze, exécutée par Krummpter, représentant la protectrice du pays, Sainte-Marie, portant l'Enfant-Jésus, et ayant plusieurs inscriptions et divers ornements. Il en posa lui-même la première pierre en 1638, et la fit consacrer par l'évêque de Freysing. C'est à partir de ce point que les distances géométriques des environs de la capitale se mesurent.

genwart sie beglückten, mit ihren Weibern und Töchtern tanzten. Herzog Wilhelm V. hielt mit seiner Gemahlin Renata im Jahre 1568 in obigem Saale den Ehrentanz. Von dem mittlern Bogenfenster ward nach Läutung des Zügenglöckleins am Rathhausthurme das Todesurtheil den Verbrechern öffentlich verkündet, und der Stab über sie gebrochen. Jetzt wird der Saal nur mehr zu Schulpreis-Vertheilungen, und Ziehungen der Münchner Zahlen-Lotterie verwendet. In diesem weitschichtigen Gebäude ist auch der Leinwandkeller, die Stadtwaage, und rückwärts die untere Fleischbank, statt der uralten hölzernen, mitten auf dem Marktplatze einst befindlichen.

An der rechten Seite des Thurmes steht zunächst das Haus, an welchem die kolossale Abbildung des heil. Onuphrius zu sehen ist, ganz nackt, mit weißen Haaren und derley langem Barte, eine goldene Krone auf dem Haupte, ein Wetterkreuz in der rechten, einen Knotenstock in der linken Hand. Auf einem Steine links steht die Jahreszahl: „1496," und „renovirt 1754," darunter auf einem andern Steine: „Zum zweytenmale renovirt 1818." Nebst dem Namen des Malers, Barthl. Aichinger, befindet sich noch dabey die Anrufung dieses Heiligen in sechs gereimten Knittelversen. Der Volkswahn nennt ihn aber in gemeiner Mundart bloß den „großen Stoffel (Christoph) am Eyermarkt." Indeß ist die Uebersiedlung der Verehrung dieses heiligen Einsiedlers aus dem Orient zu uns dem Schöpfer von München, Herzog Heinrich dem Löwen, bey seinem, mit geringen Streitkräften geglückten Zuge nach Palästina im Jahre 1171 zuzuschreiben. Ihn hatte sich der tapfere und gottesfürchtige Fürst sinnlich zu seinem Geleitsmanne erkoren, auf der Rückreise über Konstantinopel durch Panonien, Gebeine und Abbildung desselben aus dem Kloster des heil. Alexius mit sich führend. Erstere wurden in der Burgkapelle zu München nach der Ankunft zur Verehrung des Volkes ausgesetzt. Nachdem aber im Jahre 1327 eine gräßliche Feuersbrunst die St. Peters-Pfarrkirche, und den dritten Theil der Stadt zerstörte, folglich auch die alte, holzreiche Burg des Löwen, so ließ der spätere Erbauer des Hauses an der Stätte, wo jene einst gestanden, die Abbildung des heil. Onuphrius auf dasselbe zum ewigen Andenken malen.

In dem nebenstehenden Hause, wo ober einem der mittlern Fenster drey Kronen angemalt sind, soll 1632 des feindlichen Schweden-Königs Gustav Adolph erstes Absteigquartier zur Wechslung der Kleider und Musterung der Truppen gewesen seyn.

Die Hauptzierde des Platzes, auf welchem unter Churfürst Ferdinand Maria die, von Maximilian III. wieder entfernte Hauptwache von Holz stund, bildet das Siegesdenkmal an die Prager-Schlacht vom Jahre 1620 unter dem tapfern bayer'schen Regenten Maximilian I., eine Marmorsäule mit der Landes-Beschützerin, der heil. Maria und dem göttlichen Kinde Jesus, aus Erz von Krumper, nebst Inschriften und Verzierungen. Er selbst legte 1638 den ersten Stein, und ließ sie durch den Fürstbischof von Freysing einweihen. Bis hieher sind die geometrischen Entfernungs-Stunden von der Umgebung der Haupt- und Residenzstadt gemessen.

Regierungs Gebäude. Fischbrunnen. Rathhaus. Thurmspitze der hl. Geistkirche.

MARKTPLATZ.

/: Schrannenplatz :/

Gedruckt und im Verlag bey J. M. Hermann in München.

Maximilians-Platz.

Diesen Platz zieren zwar keine prächtigen Palläste, aber seine Umgebung besteht aus geräumigen und eleganten Häusern, welche rechts Arkaden haben, und links durch zwey von Bäumen beschattete, freie Plätze unterbrochen werden. Der von der hinteren Pranners-Gasse aus dem Max-Thor über den Maximilians-Platz in die Max-Straße u. s. w. führende Weg verbindet die Maximilians-Vorstadt mit der alten, inneren Stadt.

Auf dem vorliegenden Blatte sehen wir den fraglichen Platz von dem neuen Himbselschen Hause rechts und dem Garten des englischen Kaffeehauses links an, bis zum Sabbadinischen Bräuhause im Hintergrunde, worin die Werkstätten des berühmten optischen Institutes von dem Herrn geheimen Rathe Utzschneider sich befinden. Neben demselben öffnet sich die Aussicht in einen Theil der Brienner-Straße. Was diesen Platz besonders auszeichnet, ist seine ungemeine Größe, welche ihn zur Abhaltung der beiden, 14tägigen Jahr-Märkte (Dulten), um Drei-Könige und Jakobi, und zu Volksfesten, öffentlichen Auffarten etc. ganz vorzüglich eignet.

Bayerns Jahrbücher werden noch den spätesten Enkeln das freudige Andenken an die Feste aufbewahren, mit welchem das ganze Königreich und vor allen die Haupt- und Residenz-Stadt am 16. Hornungs 1824 das fünfundzwanzigste glorreiche Regierungs-Jahr unseres guten Königs Maximilians I. feyerten. Bei der damaligen nächtlichen Beleuchtung war der Maximilians-Platz in einen prachtvollen Circus mit großen und kleinen Tempeln, Ehrenpforten, Obelisken und Arkaden umgeschaffen. Fünfundzwanzig Transparent-Gemälde, von den berühmten Künstlern Adam, von Heidegger, Peter Heß, Lorenz Quaglio, August Grafen von Seinsheim und Stieler entworfen und ausgeführt, stellten das Große, Gute und Schöne dar, was seine ewig denkwürdige Regierung so glänzend, und sein herzliches Privat-Leben so herzergreifend ausgezeichnet hat. Die Hauptgegenstände dieser Gemälde waren: das unschätzbare Geschenk der Konstitution, die Vergrößerung des Reichs, das erneuerte Königsthum, die Wieder-Belebung und Belohnung des nationalen Waffen-Ruhms, Festsetzung der durchgängigen Gleichheit vor dem Gesetze, einer schnellen und rücksichtslosen Gerechtigkeitspflege, und voller Sicherheit der Person und des Eigenthums, die freundliche Annäherung zwischen Katholiken und Evangelischen, die Wiederherstellung der Bisthümer, die Beförderung der Landes-Kultur und der Bevölkerung, die großartige Begründung der Wohlthätigkeits-Anstalten, die Volks-Bildung durch verbesserte Schulen, die Unterstützung der Wissenschaften und Künste durch Restauration der Akademie der Wissenschaften, der Universität und der Akademie der Künste, der besser geordnete Straßen- und Wasserbau, die Verschönerung und Erweiterung Münchens, das in

La Place Maximilien.

Cette place n'est point ornée de somptueux palais; mais elle présente à la vue des maisons élégantes. Celles du côté droit ont des arcades et celles du côté gauche sont interrompues par deux places libres ombragées par des arbres. Le chemin qui, venant de la Prannerstrasse (rue Pranner), passe par la porte Max etc. sert à joindre le faubourg Maximilien à l'ancienne ville.

Sur la planche ci-jointe on voit la dite place à partir de la nouvelle maison Himsel, à droite, et du jardin du café anglais, à gauche, jusqu'à la brasserie Sabbadini, qui se présente dans le fond, et où se trouvent encore les ateliers du célèbre institut d'optique de Mr. le conseiller privé d'Utschneider. A côté de ce bâtiment, la vue s'étend sur une partie de la rue Brienne. Ce qui distingue principalement cette place, c'est sa grandeur peu commune, qui la rend propre surtout aux fêtes et aux célébrations publiques, et fait que l'on y tient les deux foires qui commencent le jour des Rois et à la St. Jacques et durent chacune quinze jours.

Les fastes de la Bavière transmettront à la postérité la plus reculée le joyeux souvenir des fêtes par lesquelles tout le royaume, et principalement la capitale, célébra, le 16 Février 1824, la vingt-cinquième année du règne glorieux de son bon roi Maximilien I. Lors de l'illumination qui eut lieu ce jour-là, toute la place Maximilien était transformée en un cirque magnifique, orné de temples, grands et petits, d'arcs de triomphe, d'obélisques et d'arcades. Vingt-cinq tableaux en transparent, imaginés et exécutés par les célèbres artistes M. M. Adam, de Heidegger, Pierre Hess, Laurent Quaglio, Auguste comte de Seinsheim, et Stieler, représentaient ce que son règne brillant et à jamais mémorable offre de bon, de grand, de beau, et ce que sa vie privée a de sensible et de touchant. Les sujets principaux de ces tableaux étaient: le don inestimable que le roi fit à son peuple en lui donnant une constitution; l'agrandissement du royaume; le renouvellement du royalisme; l'encouragement et les récompenses de la gloire militaire, de la nation; l'établissement d'une égalité générale devant la loi, d'une justice prompte et impartiale, et d'une sûreté entière des personnes et des propriétés; le rapprochement des Catholiques et des Protestants; le rétablissement des évêchés;

l'avancement de la culture et l'augmentation de la population du pays; la fondation de riches établissements de bienfaisance; l'éducation plus soignée du peuple par l'amélioration des écoles, la protection accordée aux sciences et aux arts, par la restauration de l'académie des ciences, de celle des arts et de l'université; la construction des ponts et chaussées mieux organisée; l'embellissement et l'agrandissement de Munich; enfin le bien public répandu généralement dans toutes les parties du royaume, et en particulier dans la capitale reconnaissante et toujours fidèle. Partout on voyait le tendre époux, le père sensible entouré des siens; le monarque affable et bienveillant au milieu de son peuple; le père charitable de tous les malheureux séchant les pleurs des affligés et prodigant en secret ses bienfaits; mais aussi se voyait-il récompensé par l'attachement le plus tendre de la famille royale ainsi que par l'amour général et la fidélité inviolable de tous les Bavarois.

Le Magistrat de la ville a fait publier, dans une édition magnifique, ornée de planches lythographiées, une description de ces solennités; mais ce livre, uniquement destiné à des présens, ne circule point dans le commerce.

allen Zweigen beförderte gemeine Wohl im Ganzen sowohl als besonders das der dankbaren, immer treuen Hauptstadt. Ueberall sahen wir den zärtlichen Gatten und liebevollen Vater im Cirkel der Seinen, den huldvollen gütigen Herrscher unter seinem Volke, den im Verborgenen Wohlthaten spendenden, und Thränen trocknenden Vater aller Leidenden; aber auch belohnt durch die zarteste Anhänglichkeit der Königlichen Familie, und durch die allgemeine Liebe und unverbrüchliche Treue aller Bayern. Der Königliche Stadt-Magistrat hat eine Beschreibung dieser Feierlichkeiten in einer Pracht-Ausgabe mit lithographirten Abbildungen veranstaltet, welche aber nicht in den Handel gekommen ist, sondern zu Geschenken bestimmt bleibt.

MAXIMILIANS-PLATZ.

München bei Hermann e Barth.

Theatiner-Kirche.

Odeons-Platz.

Dieser Platz hat seine Benennung von dem Odeon, welches auf dem vorliegenden Blatte, aus Mangel des Raumes, nicht sichtbar ist.

Das Odeon, in der neuesten Zeit erbaut, ist zu Feyerlichkeiten, welche für das Innere der königlichen Residenz nicht geeignet sind, zu Bällen und Concerten bestimmt. Auch hält die zahlreiche Gesellschaft des Liederkranzes hierin ihre glänzende Versammlungen. Dasselbe enthält einen prächtigen Saal von großem Umfange mit einigen kleinern, und vielen Zimmern. Bey feyerlichen Gelegenheiten auf italienische Weise beleuchtet, nimmt dieses Gebäude sich herrlich aus.

Ihr gegenüber, im nämlichen Style erbaut, aber von weit größerer Ausdehnung, steht der herzoglich von Leuchtenbergische Pallast, die erlauchte Wiege von Kaiserinnen und Königinnen. Solcher ist durch eben so geschmackvolle als kostbare Meublirung, vorzüglich durch die aus Meisterstücken bestehende Bildergallerie, ausgezeichnet, in welcher auch Canova's berühmte Grazien aufgestellt sind. Wenige werden diese Hallen betreten, ohne der großen Thaten und menschenfreundlichen Handlungen ihres erhabenen Erbauers mit Ehrfurcht sich zu erinnern, und seinen so frühen Verlust wehmüthig zu betrauern.

Der Odeons-Platz liegt mit dem Ludwigs- und der Brienner- dann den beyden Schwabinger (Residenz- und Theatiner-) Straßen im nächsten Zusammenhange. In der zuletzt genannten verdienen das ehemalige Kloster der Theatiner und die Hofkirche des heil. Kajetans besonders beachtet zu werden. *) Die Klostergebäude sind nunmehr der Sitz des königlichen Ministerium der Finanzen und der verschiedenen denselben untergeordneten Bureaus. Die Kirche, eine der schönsten Deutschlands, welche durch ihre großartige Pracht an die St. Peterskirche zu Rom erinnert, wurde in den Jahren 1663 bis 1675 von Augustin Borella Architekt des Magistrats zu Bologna erbaut, die Forderseite, Facciata, aber erst im Jahre 1767 unter dem Kurfürsten Maximilian Joseph III. durch die Hofbaumeister Couvillier Vater und Sohn im neu-französischen Style vollendet. Die Kirche enthält kostbare Gemälde von Zanchi Cignani, Sandrat, Tintoretto, Liberi, Vanni, Karl Loth und Demare. Die schöne und große Sakristey ist, neben vielen andern sehenswürdigen Gemälden, mit

---

*) Sie sind auf dem gegenwärtigem Blatte durch das Eckhaus links verdeckt, aber auf dem Blatte die königliche Residenz von der Ost-Seite zum Theil sichtbar.

La Place de l'Odéon.

Cette place tire son nom de l'Odéon, que le manque d'espace ne nous a point permis de mettre en vue sur la planche ci-jointe.

Cet édifice, qui n'existe que depuis peu, est destiné aux solennités auxquelles l'intérieur de la résidence royale ne pourrait convenablement se prêter, telles que bals, concerts, etc. La nombreuse société des amateurs de musique vocale (Liederkranz), y tient aussi ses brillantes réunions. L'odéon a une salle magnifique et très-spacieuse, plusieurs petites salles et nombre de chambres. Les jours de sollennités, cet édifice, illuminé à l'italienne, offre un coup d'oeil superbe.

Vis-à-vis de l'odéon se trouve le palais de la famille ducale de Leuchtenberg, bâti dans le même style, mais d'une plus grande étendue, et remarquable comme auguste berceau d'impératrices et de reines. Ce palais se distingue par la richesse et le bon goût de son ameublement et sui-tout par sa galerie de peintures remplie de chefs-d'oeuvre et où l'on voit les célèbres Grâces de Canova. Tons ceux qui parcourront cette enceinte ne pourront refuser leur hommage aux exploits et à l'urbanité de son illustre édificateur, ni s'empêcher de déplorer avec nous sa perte prématurée. La place de l'odéon communique à la rue Louis (Ludwig-Strasse,) ò la rue Brienne (Brienner-Strasse) et aux deux rues Schwabing (Residenz- Schwabinger, et Theatiner-Schwabinger-Strasse.) On remarque sur-tout dans cette dernière rue l'ancien couvent des Théatins et l'église de cour St. Gaétan. *) Les bâtimens du couvent sont occupés aujourd'hui par le ministère des finances et les différents bureaux qui sont de son ressort. L'église, une des plus belles de l'Allemagne, et rappelant par sa magnificence l'église St. Pierre de Rome, fut bâtie pendant les anées 1663 jusqu'à 1675 par Augustin Borella, architecte du magistrat de Bologne; mais la façade ne fut achevée qu'en 1767, dans le style français moderne, par les architectes de la Cour Couvillier père et fils, et sous le règne de l'électeur Maximilien Joseph III. On voit dans cette église de précieux tableaux

---

*) Ces deux édifices sont cachés sur la planche ci-jointe par la maison du coin; mais on en voit une partie sur celle qui représente la Résidence royale du côté de l'Est.

de Zanchi, Cignani, Sandrat, Tintoretto, Liberi, Vanni, Charles Loth et Démarer. Entre autres beaux tableaux qui décorent la belle et grande sacristie, elle présente encore les portraits riants des illustres fondateurs, l'électeur Ferdinand Marie et sa digne épouse Henriette Adelaïde de Savoie, enlevés tous deux à la fleur de l'âge aux voeux de la nation. Sous le choeur se trouve le troisième et plus récent caveau destiné à la sépulture des souverains de Bavière et c'est là que reposent leurs cendres, et celles de leurs familles, depuis les fondateurs jusqu'au roi Maximilien I. d'ineffaçable mémoire. Le monument en marbre de Carrare, exécuté par le professeur Eberhard, et que sa Majesté la reine douairière fit ériger à sa fille, la princesse Maximilienne Joséphine Caroline, décédée le 4 février 1821, est un nouvel ornement pour cette église.

Les autres objets remarquables que présente la planche ci-jointe, tels que la résidence royale avec le nouvel édifice attenant, les arcades, et le Bazar, seront expliqués ailleurs.

La place de l'odéon recevra bientôt un nouvel embellissement fort intéressant en ce que Sa Majesté le roi a résolu d'ériger, en mémoire de l'inviolable fidélité, des exploits, et des sacrifices de l'armée Bavaroise, un obélisque dont les canons pris à l'ennemi fourniront les matériaux et qui sera placé au milieu de cette place.

den jeden Besucher freundlich ansprechenden Bildnissen der durchlauchtigsten Stifter des Kurfürsten Ferdinand Maria und seiner hochherzigen Gemahlin der savoischen Henriette Adelais, welche beyde im blühendsten Alter der Nation durch den Tod entrissen wurden, geziert. Unter dem Chor befindet sich die dritte und neueste Gruft der bayrischen Regenten, deren Aschen von dem Stifter an bis auf König Maximilian I. unvergeßlichen Andenkens bey denen ihrer Familien ruhen. Durch das schöne von Professor Eberhard im Karrarischen Marmor ausgeführte Denkmal, welches der verwittibten Königin Majestät ihrer am 4. Hornung 1821 verstorbenen Prinzessin Maximiliane Josephe Karoline setzen ließen, hat die Kirche eine neue Zierde erhalten.

Das übrige, was auf diesem Blatte Aufmerksamkeit verdient, die königliche Residenz mit dem neuen Königsbau, die Arkaden und der Bazar, findet anderswo Erläuterung.

Eine baldige höchstinteressante Verschönerung stehet dem Odeonsplatze bevor, weil des Königs Majestät beschlossen haben, zum Andenken der unverbrüchlichen Treue, der Großthaten und der Aufopferungen des bayerischen Heeres aus eroberten Kanonen gegossenen Obeliske in dessen Mitte aufstellen zu lassen.

ODEON-PLATZ.

München bei Hermann & Barth.

Bazar.   Hofgarten-Portal.   K. Residenz.

Der Obelisk am Karolinen-Platze.

Feierlich und erhaben schimmert die einfache, ehrwürdige, militärische Ehren-Denkfäule durch fünf schöne, gerade Straßen der Mar-Vorstadt auf dem zirkelförmigen, meistens von fremden Gesandtschaften bewohnten Karolinen-Platze, wo sich jene Straßen kreuzen, und die zum Theile Sieges-Namen aus dem französischen Befreiungs-Kriege von dem Jahre 1814 tragen. Auf drey Granit-Stufen strebt sie kühn ein hundert bayer'sche Fuß hoch empor in die Lüfte, diese Säule, nach Klenze's Zeichnung aus mehr als 600 Zentnern Bruchmetall, größtentheils Kanonen verschiedener Nationen, von Stieglmayr meisterlich gegossen, zum ewigen Andenken an die Großthaten des tapfern bayer'schen Heeres, zur Zierde der stolzen Königs-Stadt. Vier Widder-Köpfe, an den Ecken des Fußgestelles angebracht, tragen die sich um das Ganze windende Lorbeer-Kränze, in deren Zwischenräumen an den flachen Seiten die Inschriften angebracht sind:

„Den 30,000 Bayern, welche im russischen Kriege den Tod fanden."

„Errichtet von Ludwig I, König von Bayern."

„Vollendet am 18. Oktober 1833."

„Auch sie starben für die Befreiung des Vaterlandes."

Eine Ehrenwache der Infanterie ist daselbst aufgestellt.

Frankreichs Kaiser Napoleon, der gefürchtete Schnelleroberer fremder Länder, und unüberwindliche Völkerzwingherr seiner Zeit, hieß in den ersten Monaten des verhängnißvollen Jahres 1812 das erste und zweite bayer'sche Armee-Korps unter Deroy und Wrede als 19. und 20. Division der großen, von ihm selbst gegen Rußland geführten französischen Armee sich anschließen. Er drang mit dieser über die Weichsel, den Niemen u. s. w. Unsterblichen Ruhm erwarben die tapfern Bayern unter andern in dem glänzenden, dreitägigen Kampfe im August bei Polozk mit tausend Menschen-Opfern, und dem theuren Leben ihres greisen Führers Deroy, der dort sein erwünschtes Grab fand. In Moskau fand endlich Napoleon, den Schlußpunkt seiner gewohnten Siege. Bei dem Brande Kremlin's schien sich zum Erstenmale der Spruch im Schicksals-Buche ihm zu zeigen: „Bis hieher, und nicht weiter." Moskau's Flammen beleuchteten den gräßlichen Rückzug der zusammengesetzten großen französischen Heeresmacht; Frost, Hunger und Elend übersäete die ungeheuren Schnee- und Eis-Gefilde von der Moskwa bis an die Beresina mit Leichen und den letzten Trümmern jener zerrütteten, aufgelösten Macht. Wrede, der glorreiche Held, ward uns erhalten durch einen schützenden Genius, um sein thatenreiches Leben für die nachkommende wichtige Befreiungs-Periode zu bewahren, wozu der gewagte Zug nach Rußland den ersten, den großen Anfangs-Buchstaben dargeboten hatte. Er allein stund noch da, felsenfest inmitten der allgemeinen klimatischen Verheerung, vertrauensvoll umgeben von einem kleinen Häuflein treuer Bayern. Mit Ordnung, Ruhe und Ausdauer führte er sie zurück, in's trauernde Vaterland, obwohl Natur und Elemente, Mangel und Krankheit noch fortfuhr, mit ihnen zu kämpfen, vielgestaltiger Tod sich an ihre Fersen heftete.

L' Obélisque de la Place Caroline.

On voit s'élever, dans sa majestueuse simplicité, ce vénérable monument érigé à l'honneur militaire, au milieu de la place circulaire de Caroline, située dans le faubourg Maximilien, et habitée ordinairement par des légations étrangères; cinq rues alignées, dont quelques unes portent des noms qui rappellent la guerre de délivrance du joug français, en 1814, et qui aboutissent à cette place, permettent de voir briller au loin cette colonne, qui s'élève fièrement à cent pieds de hauteur, au-dessus de trois marches de granit. Cet obélisque, consacré à la mémoire des hauts faits de l'armée bavaroise, se compose de plus de 600 quintaux de métal fondu, provenant pour la plupart de canons de différentes nations, et a été supérieurement exécuté par Stieglmayr, sur un dessin de Klenze, pour servir d'ornement à l'orgueilleuse capitale. Quatre têtes de bélier, placées aux quatre coins du piédestal, portent les guirlandes de lauriers qui en font le tour, et au milieu desquelles on lit les inscriptions suivantes:

„Aux 30,000 Bavarois qui ont péri dans la campagne de Russie."

„Erigé par Louis I., Roi de Bavière."

„Achevé le 28. Octobre 1833."

„Eux aussi sont morts pour l'affranchissement de leur patrie."

Une sentinelle fait la garde autour de ce monument.

L'empereur des Français Napoléon, conquérant redouté, et despote invincible de son siècle, voulut que, dans les premiers mois de l'année fatale de 1812, le premier et le second corps de l'armée bavaroise, commandés par Déroy et Wrede, formassent la 19.ᵉ et 20.ᵉ division de la grande armée française, qu'il commandait lui-même, et qu'il dirigeait contre la Russie. Il pénétra victorieusement avec cette armée jusqu'au-delà de la Vistule, du Niemen etc. Les braves Bavarois acquirent entr' autres une gloire immortelle à l'affaire de Polozk, au mois d'août, où un glorieux combat, qui dura trois jours, leur coûta mille victimes et la précieuse vie de leur vieux général Déroy, qui trouva sur le champ de bataille le tombeau qu'il désirait. Moscou fut le terme des victoires de Napoléon. L'incendie du Kremlin sembla lui révéler un arrêt du destin, qui lui disait pour la première fois: „Tu n'iras pas plus loin." Les flammes de Moscou éclairèrent la terrible retraite de la grande-armée française, composée de tant de nations; le froid, la famine et la misère, couvrirent de cadavres et de débris de cette armée dissoute, l' immense étendue de terrain couvert de neige et de glace, qui se prolonge depuis la Moskwa jusqu'à la Bérésina. Un génie tutélaire nous conserva Wrede, pour offrir à ce héros une nouvelle occasion de déployer son activité dans l' importante période qui suivit la campagne de Russie, et dont cette campagne hasardée avait préparé la grande époque. Inébranlable au milieu des désastres que la rigueur du climat étalait autour de lui, il ramena dans leur patrie désolée une petite troupe de fidèles Bavarois, malgré tous les obstacles que les élémens, la disette et les maladies continuaient à lui opposer.

L'armée bavaroise avait déjà, après les glorieuses journées de Polozk, manifesté l'intention d'ériger un monument à la mémoire des braves qui avaient versé leur sang pour leur prince et leur patrie, tels que le valeureux général d'infanterie, de Deroy, le général de brigade, Siebein, le colonel du 8ᵉ et celui du 10ᵉ régiment d'infanterie de ligne, Wrede et le comte Preysing, le lieutenant-colonel du 1ᵉʳ bataillon d'infanterie légère, de Gédoin, et en général à tous les Bavarois qui avaient péri dans cette affaire. Mais la marche rapide et funeste des événemens, en obligeant les survivans à ne songer qu'à leur propre salut, empêcha l'exécution de ce noble dessein. Ce fut le Roi Louis, dont l'esprit élevé s'enflamme toujours pour ce qui est noble et grand, qui sauva cette idée du torrent où le temps menaçait de l'engloutir, pour la transmettre à la postérité, en la réalisant dans la capitale de son royaume d'une manière aussi mémorable qu'imposante. Il prit généreusement sur lui de payer de sa caisse de cabinet la somme de 50,000 florins qu'exigeait cette entreprise, et destina à la caisse des sous-officiers les 2380 fl. qui étaient résultés de la collecte faite à cet effet dans l'armée.

L'inauguration de cet obélisque fut célébrée avec une grande pompe militaire, le jour du vingtième anniversaire de la mémorable bataille de Leipzig. Toute la garnison ayant formé un carré autour du monument, le Roi parut lui-même, accompagné des princes du sang et d'un nombreux état-major, et il fut accueilli par des acclamations générales. Tous les généraux, officiers supérieurs et subalternes, sous-officiers, employés militaires, et bourgeois qui avaient fait la campagne de Russie et qui avaient été appelés à cette fête, formaient un cercle autour du maréchal, prince de Wrede, qui leur adressa un discours dont tous les coeurs furent pénétrés. Ensuite on dévoila solennellement l'obélisque, et le Roi passa en revue les troupes de toutes armes, qui défilèrent sur la place Maximilien.

La mémorable solennité de ce jour rassembla tous ces vieux vétérans de tous grades et de toutes armes, ainsi que ceux qui avaient passé aux administrations civiles ou à la vie bourgeoise; rappelant par leur âge et leurs cicatrices une époque funeste des temps passés, ils se trouvèrent réunis comme à une fête de famille, qu'ils terminèrent par un joyeux dîner, où les toast ne furent pas épargnés. Jamais ces braves Bavarois ne se verront plus ainsi réunis!

Schon damals, nach den siegreichen Tagen bei Polozk, entstand der allgemeine Wunsch in der bayer'schen Armee, ihrem, für Fürst und Vaterland verbluteten, tapfern General der Infanterie, von Deroy, dem Brigade-General Siebein, den Obersten des 8. und 10. Linien-Infanterie-Regiments, Wreden und Graf v. Preysing, dem Oberstlieutenant des 1. leichten Infanterie-Bataillons, von Gedoni, überhaupt allen dort gefallenen Bayern, ein würdiges Denkmal zu setzen. Inzwischen hemmten die eben so rasch als unglücklich sich aufeinander drängenden Kriegs-Begebenheiten die löbliche Ausführung dieses Vorsatzes, indem die noch übrigen Lebenden nur auf ihr eigenes Heil mehr bedacht seyn konnten. Da rettete König Ludwig, dessen erhabener Geist für alles Große und Würdige erglüht, auch diese schöne, erhabene Idee aus dem fortrauschenden Strome der Zeit, um sie auf denkwürdige und glänzende Weise in der Haupt- und Residenz-Stadt des Reiches an die Nachwelt zu knüpfen. Er übernahm es hochgesinnt, die Kosten von 50,000 fl. aus seiner Kabinets-Kassa zu bestreiten, und die zu solchem Zwecke im Heere zusammen geschossenen 2,380 fl. dem Unteroffizier-Unterstützungs-Fond großmüthig zuzuwenden.

Mit militärischem Glanze ward die Weihe und Enthüllung dieser Ehren-Denksäule am zwanzigsten Jahrestage der großen Völkerschlacht bei Leipzig begangen. Nachdem die ganze Garnison ein Viereck um die Säule gebildet hatte, erschien der König Selbst mit den k. Prinzen und einem zahlreichen Generalstabe, und wurde mit allgemeinem Jubelrufe empfangen. Alle, aus dem russischen Feldzuge noch übrigen, eigens einberufenen Generäle, Stabs-, Ober- und Unteroffiziere, Militär-Beamten und Civilisten, stunden in einem Kreise, und der k. Feldmarschall Fürst Wrede hielt an dieselben eine herzergreifende Rede. Hierauf ging die Enthüllung des Obelisken vor sich, und der König musterte nachher die paradirenden Truppen aller Waffen-Gattungen auf dem Maximilians-Platze.

Die ewig denkwürdige Feier dieses Tages führte freudig alle jene Veteranen der bayer'schen Armee von verschiedenen Graden und Waffen, sowie die inzwischen in Civildienste oder in's bürgerliche Leben getretenen Individuen als zeugende, benarbte und ergraute Ueberreste einer verhängnißvollen Epoche wieder zusammen, wie zu einem traulichen Familienfeste, welches mit einem fröhlichen Mahle und feurigen Toasten schloß. So vereint, werden sie hier sich nie wiedersehen, die wackern Bayern!

Am Anger.   # A l'Anger.

Hier war bis zu unsrer Zeit vorzüglich das Kloster merkwürdig. Die St. Jakobskapelle stand schon um das Jahr 1221. Damals wurde sie nebst einen daranstoßenden Nebengebäude den Mindern Brüdern des heil. Franciscus eingeräumet. Bald wurde durch frommes Almosen die Kapelle zur Kirche und das Haus zum Kloster vergrößert. Als Herzog Ludwig der Strenge im Jahre 1282 die Minoriten in die Nähe seiner Burg (des alten Hofes) versetzt hatte, wurden Kirche und Kloster auf den Anger den aus den Kloster zu Sefflingen bey Ulm berufenen Schwestern des Ordens der heil. Klara (Klarissinen) übergeben. Nach den Bayerischen Herzogen war das Patriziergeschlecht der Sendlinger ihr vorzüglichster Gutthäter. Ungeachtet ihres großen Reichthums und hohen Ansehens (die Abtissin gehörte zu den Landständen) lebten die Nonnen in strengster Armuth und Entbehrung, ganz von ihren auf das reichlichste ernährten, Franziskanern-Beichtvätern abhängig, unter der Botmäßigkeit dieser Mönche, wie sich der Geschichtschreiber des Klosters, Pater Barnabas Kirchhueber ausdrückt. Und doch haben drey Prinzessinen des Bayerischen Hauses dieses Kloster zu ihrer Bestimmung erwählt. Agnes, Tochter Kaisers Ludwig des Bayers, starb 18 Jahre alt 1352, Barbara Tochter Herzogs Albert III. starb 17 Jahre alt 1472, und Emanuela Theresia (Maria Anna Karolina) Tochter des Kurfürsten Maximilian Emanuel, starb 54 jährig 1750. Nach der allgemeinen Klösteraufhebung im Jahre 1803 wurden ihre Körper in die alte Fürsten-Gruft der Metropolitan-Kirche überbracht. Ein Theil der übrig gebliebenen Gebäude ist zu einer Elementar-Schule verwendet worden.

Gelegenheitlich der von Andechs in die St. Jakobs Kirche zur zeitlichen Verwahrung übersetzten Reliquien, und des den frommen Besuchern derselben verliehenen Päbstlichen Indults (Ablasses) entstand im Jahre 1388 die damals auf dem Anger abgehaltene, Münchner Jakobi-Dult.

Die in einem großartig einfachen Style vollendete neue Frohnfeste, welche zu den zweckmäßigsten und bedeutsamsten Gebäuden dieser Art in ganz Europa gehört, und von In- und Ausländern bewundert wird, wird den Namen ihres Architekten des Königlichen Ober-Bau-Raths Pertsch auf die späteste Nachwelt bringen. Die Verhörsäle imponiren durch Richterliche Würde, und die Behältnisse für die Gefangenen sind fest, geräumig, hell, trocken und gesund.

Dans cette partie de la ville, il y a eu de sur-tout remarquable jusqu' à nos jours le couvent. La chapelle St. Jacques existait déjà en 1221. Elle fut dans ce temps, conjointement à une mauvaise maison située à côté, cédée aus Frères mineurs de l'ordre de St. François. Bientôt, au moyen de pieuses aumônes, la chapelle fut transformée en église et la maison en couvent. Cependant, le Duc Louis le Sévère ayant, en 1282, transféré les Franciscains dans le voisinage de son château (le Altenhof), l'église et le couvent de l'Anger furent donnés aux Soeurs de l'Ordre de Ste. Claire, que l'on avait fait venir du couvent de Sefflingen, près de Ulm. Après les Ducs de Bavière, c'est sur-tout la famille patricienne des Sendling qui prodigua ses bienfaits à cet établissement. Malgré leurs grandes richesses et la haute considération dont elles jouissaient (l'Abbesse était membre des Etats du pays), ces religieuses vivaient dans l'indigence et la privation, et dans une entière dépendance de leurs confesseurs, les Franciscains, qui étaient splendidement nourris. („Sous la domination des Pères Franciscains" selon les propres expressions de l'historiographe du couvent, le P. Barnabas Kirchhueber). Ce couvent n'en fut par moins le lieu que choisirent pour leur retraite trois princesses de Bavière: Agnès, fille de l'Empereur Louis le Bavarois, décédée en 1352, dans la 18.ᵉ année de son âge; Barbe, fille du Duc Albert, décédée en 1472, dans sa 17ᵉ. année, et Emanuelle Thérèse (Marie, Anne, Caroline), fille de l'Electeur Maximilien Emanuel, décédée en 1750, à l'âge de 54 ans. Après l'abolition générale des couvents, survenue en 1803, les corps de ces princesses furent transportés à l'église Métropolitaine pour y être déposés dans l'ancien tombeau des princes. Une partie des bâtimens encore existans a été destinée à recevoir une école élémentaire.

Ce fut à l'occasion où l'on transporta dans l'église St. Jacques, pour y être conservées, les reliques qui se trouvaient à Andechs, et que le pape accorda son indult (indulgence) aux pieux pélerins qui iraient les visiter, que l'on établit, en 1388, la foire de St. Jacques, qui dans ce temps-là se tenait à l'Anger.

La nouvelle Prison, bâtie dans un style à la fois simple et majestueux, peut passer pour un des bâtimens de cette espece les mieux ordonnés et les plus considérables que l'on trouve en Europe; également admiré par les gens du pays et les étrangers, cet édifice ne peut manquer de porter à la postérité le nom de son architecte, le conseiller royal des bâtimens Pertsch. Les salles d'interrogatoire en imposent par la gravité de leur structure, et les lieux de réclusion pour les prisonniers sont solides, spacieux, clairs, secs et sains.

AM ANGER.

München bei Hermann & Barth

Metropolitan-Kirche.   Kuppel der Theatinerkirche.   Frohnfeste   St. Peters-Thurm.

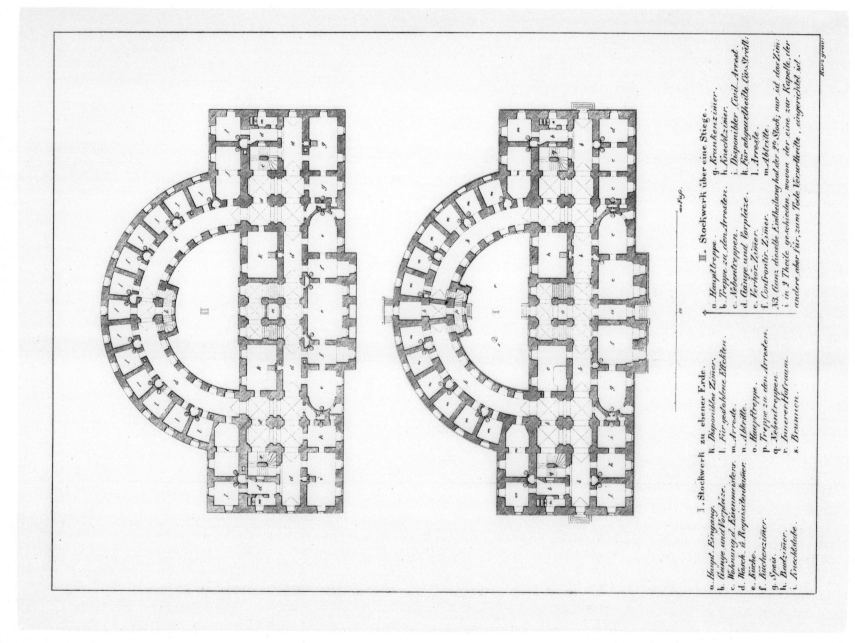

Angerthor.

Dieser ehrwürdige Ueberrest hohen Alterthums erneuert die traurige Erinnerung an die mehrhundertjährige häusliche Fehden, welche durch die unselige Landestheilungen veranlaßt, die Vergrößerung des Hauses Wittelsbach, wozu sich so manche gerechte und günstige Gelegenheit darbot, immer verhindert, Bayern gegen Bayern bewaffnet, Land und Leute durch Brand, Raub und Mord unglücklich gemacht haben, und nicht einmal durch die von Herzog Albrecht IV. am 8. July 1506 wohlthätig wieder hergestellte Untheilbarkeit, und das zugleich eingeführte Erstgeburtsrecht ganz gehoben werden konnten.

Nach dem Tode Herzogs Johann, im August 1397, war Münchens Besitz der Zankapfel zwischen dessen Söhnen Ernst und Wilhelm und dem Herzoge Stephan II. und seinem Sohne Ludwig den Bärtigen. Wohl scheint das Recht mehr auf Seite der Herzoge Ernst und Wilhelm gewesen zu seyn; aber Stephans und Ludwigs populäres, gefälliges, freundliches Benehmen hatte ihnen die Herzen der Bürger gewonnen. Eine große Mehrheit erklärte sich für dieselbe, und es kam endlich so weit, daß Ernst und Wilhelm sich bewogen fanden, die Stadt zu verlassen, und das Schloß Wolfrathshausen bewohnten, daß ihre wichtigsten Anhänger verbannt, und deren Güter eingezogen, andere um schwere Geldsummen gestraft, viele durch die Flucht sich zu retten gezwungen wurden. Doch büßten auch von der andern Parthey schon im Jahre 1400 drey der angesehensten Bürger, die durch sie bewirkten Umtriebe, mit dem Verlust ihrer Köpfe. Endlich gelang es der Klugheit des allseitig zum Schiedsrichter erkiesenen Burggrafens Friedrich von Nürnberg, durch Spruchbrief zu Freisingen 31. May 1403 Friede und Ruhe zurück zu führen. München huldigte den Herzogen Ernst und Wilhelm neuerdings, und die Verbannten kamen zurück, die Abtheilung der Bayerischen Linien München und Ingolstadt war vollendet.

Durch diese Vorfälle soll die Sperre des Angerthors veranlaßt worden seyn. Solches blieb bis zu unsern Tagen vermauert, und das Innere wurde zum Auslassen des Unschlitts benützt. Nunmehr ist durch dessen Wiedereröffnung auch für diesen Theil der Stadt der lebhafte Verkehr hergestellt.

La Porte de l'Anger.

Ce monument vénérable d'antiquité nous rappelle les tristes souvenirs des dissentions intestines qui, causées par le malheureux partage du pays, durèrent pendant plus de cent ans, s'opposèrent sans cesse à l'agrandissement de la Maison de Wittelsbach, que plus d'une occasion juste et propice aurait favorisé, armèrent le Bavarois contre le Bavarois, désolèrent le pays par le fer, le feu, et le pillage, et ne purent même être tout-à-fait accommodées par l'indivisibilité du pays, heureusement rétablie, le 8. Juillet 1506, par le Duc Albert IV., et le droit de primogéniture, institué en même temps.

Après la mort du Duc Jean VIII., survenue au mois d'Août 1397, la possession de Munich devint la pomme de discorde entre les fils de ce prince, Ernest et Guillaume, et le Duc Etienne II. et son fils, Louis le Barbu. Le droit semblait, à la vérité, pencher du côté des Ducs Ernest et Guillaume; mais les manières populaires, affables et engageantes d'Etienne et de Louis leur avaient gagné les coeurs des citoyens. Une grande majorité se déclara donc pour eux, et les choses en vinrent même au point qu' Ernest et Guillaume jugèrent à propos de quitter la ville et d'aller habiter le château de Wolfratshausen. Les plus distingués de leurs partisans furent bannis, et leurs biens confisqués; d'autres furent condamnés à payer de fortes amendes; et il y en eut beaucoup qui furent obligés de chercher leur salut dans la fuite. Mais le parté opposé n'en fut pas quitte ainsi, et dès l'an 1400, trois des citoyens les plus marquants de ce parti payèrent de leurs têtes les intrigues dont ils avaient été les auteurs. Enfin le Burgrave Frédéric de Nuremberg, choisi unanimement pour arbitre, parvint, par sa prudence, à rétablir la paix et le repos, en vertu d'une décision émanée de Freising en date du 31. Mai 1403. Munich prêta de nouveau serment aux Ducs Ernest et Guillaume; les exilés rentrèrent, et la division des lignes de la Bavière, Munich et Ingolstadt fut achevée.

C'est par suite de ces événemens que, selon toute apparence, on condamna la Porte de l'Anger, qui resta murée jusqu'à nos jours, et dont la partie intérieure servait pour aller y faire fondre le suif. L'ouverture de cette porte répand maintenant une circulation plus animée dans cette partie de la ville.

ANGERTHOR.

München bei Hermann & Barth

Frohnfeste.   St. Peter.

Das Karls-Thor.

Von der Brücke, welche in neuester Zeit die Herzogspital-Straße mit der Sonnen-Straße, in der Ludwigs-Vorstadt verbindet, zeigt sich das ehemalige Neuhauser Thor, mit seinen hohen, starken Thürmen, düstern Schutz- und Wehrmauern, dann tiefen Wassergräben als Ueberrest aus dem dreißigjährigen Kriege, wo unter Churfürst Max I. auch München durch diese und die außen herum geführten Erd-Wälle und Schanzen eine Befestigung erhalten mußte. Max Emanuel befahl auf die, von obigem Thore gegen das Sendlinger Thor laufende Stadtmauer eine Kasern auszubauen, schon von seinem Ahnherrn für das im Jahre 1622 errichtete churbayer'sche Leibregiment bestimmt, deren Mittelpunkt gegen die Herzogspital-Straße, das Ende an dem heutigen, im Jahre 1815 geöffneten Josephspital-Thore war. Churfürst Karl Theodor begann die unnütz gewordenen Festungs-Werke zuerst vor dem Neuhauser Thore niederlegen und ebnen, die Straße gegen den alten Stachelgarten und die neue Schießstätte in grader Richtung führen, und mit dem Thore im Halbzirkel simmetrisch gebaute Häuser in Verbindung setzen zu lassen, daher dieses Thor vom Jahre 1789 an, Karls-Thor hieß. Die Ausführung übertrug man dem für Bayern unvergeßlichen Generallieutenant der Artillerie, Benjamin Grafen von Rumfort, einem Engländer, genannt Tomson. In welche Periode dieses Werk fiel, zeigt das, auf der rechten Seite des Ausganges durch das Thor neben dem Stadtwappen links befindliche österreichisch-bayer'sche Reichsvikariats-Wappen. Unter Max IV. ward nach Erbauung der Hofgarten-Kasern in der Max-Vorstadt im Jahre 1801 der baufällige rechte Flügel der sogenannten Kreuzkasern mit dem Mittelgebäude abgebrochen, der linke hingegen statt dem demolirten Taschenthurm am Schiffer- (Einlaß-) Thore zum Militärgefängnisse verwendet. Der, nicht nur von der Herzog Max-Burg, sondern aus der neuen Residenz durch den Erbauer der letzten vom Schwabinger Thore im Innern der Stadtmauer angebrachte, sogenannte Hofgang leitete trocknen Fußes die frommen Fürstenpersonen zur altherkömmlichen Andacht bey Gottes Mutter bis hieher in die Herzogspital-Kirche, wurde aber durch die verschiedenen Unterbrechungen am Schwabinger- und Max-Thore in neuerer Zeit zerstört.

La Porte Charles.

Du pont qui, dans les temps récents, joint la rue de Herzog-Spital à la Sonnenstrasse (rue de soleil), dans le faubourg Louis, on voit l'ancienne porte de Neuhauser, avec ses massives et hautes tours, ses sombres remparts, et ses fossés profonds, restes de la guerre de trente ans, où, sous l'électeur Maximilien I, on fut obligé de fortifier aussi Munich, tant par les fossés, que par les terrasses et les redoutes que l'on éleva en dehors. Maximilien Emanuel fit achever une caserne que son aïeul avait commencé à faire bâtir sur le mur qui se prolongeait depuis cette porte, jusqu'à celle de Sendling, et qu'il destinait au régiment des gardes, formé en 1682; le centre de cette caserne était tourné vers la rue Herzog-Spital, et son extrémité aboutissait à l'actuelle porte Joseph, percée en 1815. L'électeur Charles Théodore eut l'idée de faire démolir les fortifications, devenues inutiles, et commença par celles de la porte Neuhauser; il fit en outre aligner la rue qui conduit à l'ancien jardin de Stachel et à la nouvelle maison des tireurs, et la fit correspondre aux maisons bâties simétriquement en demi-cercle des deux côtés de la porte; c'est pourquoi depuis l'année 1789, cette porte prit le nom de porte Charles (Karlsthor). Ce fut le général d'artillerie, comte de Rumfort, dont la Bavière conservera toujours la mémoire, et un Anglais nommé Tomson, que l'on chargea de l'exécution de cet ouvrage. L'époque de cet embellissement est indiquée dans les armes austriaco-bavaroises du vicariat de l'Empire que l'on voit à droite, en sortant de la porte, à côté des armes de la ville. Sous Maximilien IV la caserne bâtie dans le faubourg Maximilien, près du jardin de la cour, se trouvant achevée en 1800, on démolit l'aile droite et le centre de la vieille caserne dite de la Croix (Kreuz-Kaserne), et on n'en conserva que l'aile gauche, dont on fit une prison militaire à la place de la tour de Taschen (Taschenthurm), située près de la porte Einlass (Einlass-thor), qui avait été abattue. Le chemin, dit chemin de la cour (Hofgang), qui se prolongeait en dedans des murs de la ville, non seulement depuis cette partie de la ville jusqu'au château de Maximilien (Maxburg), mais qui fut étendu jusqu'à la nouvelle résidence par l'édificateur de ce palais, menait à pied sec les pieux princes jusqu'à l'église de Herzog-Spital, où ils venaient, selon l'ancien usage, offrir leurs voeux à la St. Vierge; mais dans les temps récents, ce chemin fut détruit par les différentes interruptions qu'il souffrit près de la porte Schwabing et de la porte Max.

La Porte de l'Isar.

Cette porte était sur le point d'éprouver le même sort que les autres portes extérieures, que l'on avait vouées à la destruction au commencement de ce siècle; c'est une des 4 portes principales de la ville, telles que la porte de Schwabing, qui fut démolie en entier, celle de Sendling, dont on démolit la tour du milieu, et celle de Neuhause, dont la destruction était déjà projetée, aussi bien que celle des trois portes secondaires, nommées porte de l'Anger, porte de Kost (nourriture) et porte d'Einlass (passage). Cette dernière était décorée d'un lion qu'on y avait peint en mémoire d'un évènement de l'an 1403. Les trois anciennes tours du fort de la porte de l'Isar étaient isolées du mur de la ville, et offraient un aspect difforme; deux de ces tours sont de forme ronde angulaire, et la troisième, formant l'arcade de la porte, présente un carré oblong. Le roi Louis, voulant éloigner ce coup d'oeil désagréable, ordonna non seulement de réparer ces tours et de les joindre par un mûr, comme elles l'étaient primitivement, mais il fit encore décorer ce mur d'un tableau historique, peint à fresque, représentant un des évènemens les plus remarquables pour Munich, celui de l'entrée triomphale qu'y fit l'empereur Louis le Bavarois, après la victoire qu'il remporta en 1322, entre Ampfing et Mühldorf, sur l'empereur son rival, Frédéric le Bel, d'Autriche, victoire en mémoire de laquelle on éleva sur les lieux une chapelle de campagne. On voit une scène relative à cette bataille dans un des tableaux à fresque qui se trouvent sous les arcades du jardin de la cour. On sait que cette glorieuse victoire avait été précédée de celle qui fut remportée en 1319 près de Moosbourg et de Gammelsdorf. On voyait encore sur la tour dite obere Thorthurn (tour de la porte supérieure) une peinture à fresque destinée à célébrer la mémoire de ce grand Empereur, à qui la ville doit tant de privilèges, d'immunités et d'embellissements. Cette tour, démolie depuis long-temps, fut aussi nommée la tour déserte, et ensuite, à cause de cette peinture, la belle tour, et elle portait la date de l'an 1381.

Le vaste tableau dont il est fait mention plus haut représente l'Empereur à cheval, en grand costume, avec la couronne, le sceptre et le globe impérial; il est précédé de hérauts et de porte-bannière et suivi de ses braves compagnons d'armes, de trophées et de gens de guerre. Le clergé et la bourgeoisie viennent respectueusement le recevoir. Les armoiries des héros du jour, au nombre de 32, sont peintes au haut des tours latérales, celles de la Bavière et de la ville sur la tour principale. Entre les trois arcades par où l'on passe, se trouvent la statue en pierre de St. Michel et celle de St. George, ayant huit pieds et demi de hauteur, et en haut, on voit en peinture, la Ste. Vierge avec l'Enfant-Jésus d'un côté, et St. Benno de l'autre, l'une comme patronne du pays, l'autre comme patron de la ville. Les ornements ajoutés à ces peintures sont tous gothiques.

A droite et à gauche de la porte de l'Isar s'étendent les deux rues nommées Herrnstrasse (rue des messieurs) et Frauenstrasse (rue des dames); la rue qui s'étend en droite ligne en venant de l'Isar et qui, à travers cette porte, conduit au Thal (où se trouvait la première demeure des ducs) en passant par la Hochbrücke (pont haut), et qui de là mène à la tour de l'hôtel de ville, se nomme Zweibrückenstrasse (rue de Deux-Ponts). Cette dernière tour et celle de la porte Schwabing, nommée plus tard tour de Muggenthal, et ensuite tour de Larosée, sont les seules des cinq anciennes tours intérieures des portes qui soient encore debout.

Das Isar-Thor.

Beynahe das nämliche Schicksal der Zerstörung wäre auch diesem von den ehemaligen 4 äußern Hauptthoren Münchens am Anfange dieses Jahrhunderts zu Theil geworden, wie dem Schwabinger Thore, oder wie sie an dem Sendlinger Thore bereits mit dem mittlern Thurme begonnen, dem Neuhauser Thore, nebst den 3 noch vorhandenen Nebenthoren, nämlich dem Anger-, Kost- u. Einlaß-Thore, vorläufig zugedacht gewesen. Letzteres war bis zum Abbruche mit einem angemalten Löwen geziert, zum Andenken eines Kriegs-Ereignisses vom Jahre 1403. Abgerissen von den Stadtmauern, und unförmigst vereinzelt standen die 3 alten Festungs-Thürme des Isar-Thores, 2 rund-eckige, und ein den Thorbogen bildender im länglichten Vierecke von ziemlicher Höhe. Da befahl König Ludwig nicht nur die planmäßige Verbindung und Wiederherstellung dieser Thürme, sondern auch die Ausschmückung der quer laufenden Mauer von einem Seitenthurm zum andern mit einem historischen Freskogemälde, eine der merkwürdigsten Erinnerungen enthaltend, nämlich den siegreichen Einzug Kaisers Ludwig des Bayers nach der, an Ort und Stelle durch eine Feldkapelle verewigten, glänzend gewonnenen Schlacht wider den Gegenkaiser Friedrich den Schönen von Oestereich zwischen Ampfing und Mühldorf, zu München im Jahre 1322. Eine, auf diese Schlacht bezügliche Scene befindet sich in einem Wandgemälde unter den Arkaden des Hofgartens. Bekanntlich war diesem herrlichen Siege jener bey Moosburg und Gammelsdorf im Jahre 1319 vorausgegangen. Ein altes Freskogemälde, das Andenken an diesen großen Kaiser verewigend, welchem die Stadt so viele stattliche Rechte, Freiheiten, Verschönerungen und milde Stiftungen verdankt, sah man an dem längst abgebrochenen obern Thorthurm, auch Kaufinger-Thor, in der Folge der öde Thurm, und endlich von obigem Gemälde der schöne Thurm genannt, mit der Jahreszahl 1381. An dem gegenwärtigen langen Mauerbilde erblickt man den Kaiser im Ornat mit Krone, Scepter und Reichsapfel zu Pferd, vor ihm Herolde und Pannerträger, nach ihm seine tapfern Waffengefährten, Trophäen und Kriegsleute. Geistlichkeit und Bürgerschaft empfängt hier den Sieger ehrfurchtsvoll. Die Geschlechts-Wappen der Helden des Tages, 32 an der Zahl, prangen oben an den Seitenthürmen rings herum angemalt, das bayer'sche und Stadt-Wappen an dem Hauptthurme. Zwischen den 3 Aus- und Eingangs-Bögen stehen die, 8½ Schuh hohen Steinbilder der heiligen Michael und Georg, oben erscheinen Maria mit dem göttlichen Kinde Jesus auf der einen, der heil. Benno auf der andern Seite, als Land- und Stadt-Patronen, angemalt. Die dabei angebrachten Verzierungen sind durchaus gothisch.

Rechts und links des Isar-Thores laufen außerhalb die Herrn- und Frauen-Straßen ab, während in grader Richtung von dem Isar-Strome her die Zweybrücken-Straße durch das nämliche Thor in das Thal (wo die erste herzogliche Wohnung sich befand) über die Hochbrücke dem Rathhaus-Thurme (ehemals Thalburger- oder unteres Thor) zuführt. Letzterer ist mit dem vordern Schwabinger Thor-Thurm, nachher der Muggenthaler-, dann Lorosee Thurm, der einzige, welcher von den 5 alten innern Stadt-Thoren noch stehen blieb.

CARLSTHOR

Militär-Gefängniss.

Gedruckt u. im Verlag bei J. M. Hermann in München.

ISAR-THOR.

Gedruckt und im Verlag bey J. M. Hermann in München.

Das Kost-Thor,

Kost-Thörchen genannt, hieß in der frühern Zeit das Wurzer-Thor, vielleicht von dem Namen eines nächstanwohnenden Bürgers. Nachher, als im Jahre 1449 Martin Ridler, aus einem der angesehensten und reichsten Patrizier-Geschlechte Münchens, und Mitglied des innern Raths, eine Stiftung für 6 arme Personen gemacht hatte, welche daselbst gespeist wurden, und deren Anzahl unter Verwaltung des Stadt-Magistrats, und durch Zuschüsse mehrerer Wohlthäter bedeutend anwuchs, erhielt es die Benennung Kost- oder Brod-Thor, unter welcher solches in den gleichzeitigen Saal-Büchern vorkömmt. Dasselbe ist mit der Jahrzahl 1526 bezeichnet. Der Name blieb, obgleich später das Almosen selbst auf den Frauen-Freithof übersetzt worden ist. Durch dieses Thor kömmt man rechts einem Theile des Königlichen Zeughauses, links den Königlichen braunen und weißen Hofbräuhäusern vorbey, auf das Plätzchen (Plätzl). Im Umfange des Thors selbst befindet sich rechts ein 1771 erbauter runder Thurm, der neue Thurm genannt, welcher für die Verwahrung jener Personen von Range, denen Civilverbrechen zur Last liegen, bestimmt ist. Links sieht man die an das Thor angebauten Werkstätte der Ouvriers für das Königliche Zeughaus. Zu den nächsten äußeren Umgebungen gehören vorzüglich die Königlichen Hofstallungen mit ihren Fourage-Magazinen, und die Königliche Artillerie-Kaserne.

Le Kost-Thor.

(Porte aux aliments.)

Cette porte, appelée ordinairement Kost-Thörchen (petite porte aux aliments), se nommait autrefois Porte de Wurzer, probablement du nom d'un citoyen qui habitait auprès. Plus tard, en 1449, Martin Ridler, appartenant à une famille patricienne des plus considérées et des plus riches, et membre du conseil intérieur, ayant fondé dans cet endroit un établissement où l'on alimentait six indigens, et ce nombre s'étant considérablement accru dans la suite, sous l'administration du magistrat de la ville, et par les largesses de plusieurs personnes bienfaisantes, cette porte reçut le nom de porte aux aliments, ou porte au pain, nom sous lequel il en est fait mention dans les livres contemporains, dits Saal-Bücher. D'après l'inscription qui s'y trouve, cette porte date de 1526. Son nom lui est resté quoique plus tard la distribution des aumônes se fit sur la place de l'église Notre-Dame. En sortant par cette porte, et laissant à sa droite une partie de l'arsenal royal, à sa gauche les brasseries de la Cour, on arrive à l'endroit dit Plätzl (Plätzchen, petite place). Dans l'enceinte même de la porte, à droite, on voit une tour ronde bâtie en 1771, nommée la nouvelle tour (neue Thurm) et destinée à recevoir les personnes de marque condamnées à la détention pour délits civils. A gauche, attenant à la porte, se trouvent les ateliers pour les ouvriers de l'arsenal. Il faut encore mettre au nombre des bâtiments voisins les plus marquants, les écuries royales avec leurs magasins à fourage, et la caserne de l'artillerie.

OSTTHOR

Gefaengniß (Neuthurm genannt) — München bei Hermann & Barth — K. Zeughaus.

Sendlinger-Thor.

In Münchens frühester Zeit war die Stadt südwestlich gegen Sendling mit dem, erst in unsern Tagen abgebrochenen, Ruffinithurme geschlossen. Unter Rudolphs I., Stifters der kurpfälzischen Linie, und seines jüngern Bruders, des nachmaligen Kaisers Ludwigs IV. Regierung erfolgte, die Erweiterung, und der Bau der äußern Thore. Das gegenwärtige Sendlingerthor ist durch feste altdeutsche Architektur vor den übrigen ausgezeichnet. Und doch hätte der, allem Alten unbedingt abholde, Zeitgeist dessen Zerstörung durchgesetzt, wäre nicht Königs Ludwig, des damaligen Kronprinzen, rettendes Vorwort dazwischen getreten. Diesem allein hat dasselbe seine Fortbauer, und die, im Vergleiche mit Augsburg, Nürnberg und Regensburg, an Denkmälern des Mittelalters keineswegs reiche, Haupt- und Residenz-Stadt zu verdanken, daß sie, neben dem Verluste der, in so mancher Rücksicht merkwürdigen, St. Lorenzkapelle im Altenhofe, nicht auch dieses, an die ruhmreiche Epoche Ludwigs des Bayers und seiner treuen Münchner großartig erinnernden Denkmahles entbehren muß. Durch den über die Thorbrücke sich langsam bewegenden Leichenzug wird die Nähe an der Thalkircher Straße liegenden, mit unzähligen, zum Theil sehr schönen Monumenten gezierten, allgemeinen Leichenackers für die drey christlichen Konfessionen des Königreichs und die Glieder der griechischen Kirche angedeutet. An der nämlichen Straße bey Mittersendling haben die Hebräer ihren Begräbnißplatz.

Der Thurm, welcher neben dem Thore rechts gesehen wird, gehört zur Allerheiligen-Kirche auf dem Kreuze. Diese wurde in den Jahren 1480 bis 1485 auf dem ehemaligen Haberfelde, das von hier bis zu dem Augustinerkloster reichte, anstatt der seit dem Ende des 13ten Jahrhunderts in der Mitte des Marktplatzes von dem Münchner Patrizier Ainweich dem Gollier gestifteten Gollierkapelle erbaut. In der Folge diente sie dem uralten, reichen und mächtigen Geschlechte der Sluder, Abstämmlinge der Sachsenhauser und Gollier, zum Erbbegräbniß.

Ob dieses Thor und die zu demselben führende Sendlingergasse ihre Benennung von dem schon in der ältesten Zeit bekannten Pfarrdorfe Sendling (Sentilinga) welches nun in Ober-, Mitter-, wozu auch die Wallfartskirche Thalkirchen gehört, und Untersendling abgetheilet ist, (eigentlich drey Dörfer), von dem Patriziergeschlechte der Sendlinger, aus dem Konrad III. Bischof zu Freisingen (erwählt 3. Oktobers 1314 gestorben 12. im April. 1322) entsprossen war, ableite, bleibt eine immer unentschiedene Frage.

Die Gegend um Sendling ist durch die Metzeley, welche am heiligen Christtage 1705

La Porte Sendling.

Dans les temps les plus reculés de Munich, la ville était close au sud-ouest par la tour de Ruffini, qui ne fut abattue que de nos jours. C'est sous le règne de Rodolphe I, fondateur de la ligne des électeurs palatins, et de son frère puîné, devenu dans la suite empereur sous le nom de Louis IV, que Munich éprouva des agrandissemens, et que l'on batit les portes extérieures. La Porte Sendling, que nous présentons ici, se distingue par la solidité de son ancienne architecture germanique; mais elle n'eût pourtant point résisté à l'esprit destructeur de notre siècle, ennemi déclaré de tout ce qui est ancien, sans l'intercession du roi Louis, alors prince royal. C'est á lui seul que nous devons la conservation de ce monument, d'autant plus précieux qu'il réveille dignement les souvenirs de la glorieuse époque de Louis le Bavarois et de ses fidèles sujets de Munich, et que d'ailleurs, en comparaison des villes d'Augsburg, de Nuremberg et de Ratisbonne, la capitale n'étant rien moins que riche en monuments du moyen âge, elle doit s'estimer heureuse de posséder un tel souvenir, après la perte de la chapelle St. Laurent, bâtie dans l'ancienne résidence, et remarquable sous tant de rapports. Le convoi funèbre, que l'on voit s'acheminer lentement sur le pont, indique le voisinage du cimetière, situé près de là, sur la route de Thalkirch, et destiné aux trois confessions chrétiennes du royaume, ainsi qu'aux membres de l'église grecque; il est orné d'un grand nombre de monuments, dont plusieurs sont de très-bon goût. Les Israélites ont leur cimetière à quelque distance de là, sur la même route, près de Mitter-Sendling.

Le clocher que l'on voit à droite, à côté de l'église, appartient à l'église Toussaint, (Allerheiligen-Kirche,) dans le quartier dit auf dem Kreuz. Cette église fut bâtie de 1480 à 1485, sur l'ancien champ d'avoine (Haberfeld,) qui s'étendait depuis cet endroit jusqu'au couvent des Augustins; elle prît la place de la chapelle de Gollier, située au milieu de la place du marché et fondée vers la fin du 12e siècle par le Patricien de Munich Ainweich le Gollier. Dans la suite elle devint le tombeau héréditaire de l'ancienne, riche et puissante famille de Sluder, descendants des Sachsenhauser et des Gollier.

Le village presbytéral de Sendling (Setilinga) est connu depuis les temps les plus reculés; il se divise en Sendling supérieur, moyen, et inferieur (Ober-, Mitter- et Unter-Sendling,) ce qui forme proprement trois villages, auxquels il faut encore ajouter l'église de Thalkirch, où l'on va en pélerinage; mais l'histoire n'a pas encor décidé si la porte Sendling et la rue qui y conduit tirent leur nom de ce village, ou de la famille patricienne des Sendling, dont Conrad III, evêque de Freising, élu le 3. octobre 1314, mort le 10 avril 1322, tire son origine.

Les alentours de Sendling sont devenus remarquables dans l'histoire par le massacre qui eut lieu le jour de Noël de l'an 1705, et où les défenseurs de la patrie succombèrent à la force supérieure d'un ennemi étranger.

Les champs environnans étaient, à une grande distance, couverts de morts et de blessés. On en évalue le nombre à plus de deux mille. Les vainqueurs firent aussitôt transporter dans la ville six cents mutilés, non par commisération: trois fois on avait promis le pardon, et trois fois on avait dédaigneusement violé sa promesse,) mais pour effrayer par ce spectacle les citoyens de Munich. Jetés dans les rues, étendus dans la fange, au milieu des rigueurs de l'hiver, ces malheureux blessés gémissaient privés de soins et de secours. Ceux qui survécureut à cette cruauté furent trainés, vers le soir, dans les hôpitaux. — Le monument consacré á ces patriotes, morts en combattant saintement pour la Bavière et les Wittelsbach, sera érigé sous peu.

fremde Uebermacht an den bayerischen Vaterlandsvertheidigern ausgeübt hat, historisch-merkwürdig geworden. „Weit umher lagen die Felder mit Todten und Verwundeten bedeckt. Derselben sollen über zweytausend gewesen seyn. Sechshundert Verstümmelte wurden von den Siegern sogleich in die Stadt gebracht, nicht zum Beweis des Erbarmens (dreymal war Pardon versprochen, und eben so oft höhnisch gebrochen worden), sondern den Bürgern von München zum schreckenden Schauspiel. In winterlicher Kälte und Nässe, hingeworfen in Koth, ächzten die Blutenden elend auf den Gassen ohne Verband und Erquickung. Wer die Grausamkeit überlebte, ward mit beginnender Nacht zu den Krankenhäusern geschleppt. „Das diesen im heiligen Kampfe für Bayern und Wittelsbach gefallenen Patrioten gewidmete Monument wird nächstens errichtet werden.

SENDLINGERTHOR.

München bei Hermann & Barth.

Kreuzthurm.

Die Königliche Residenz von der Nord-Ost-Seite.

Diese Seite der Königlichen Residenz enthält die Zimmer, welche durch das allgemein entzückende Familien-Leben des verewigten Königs Maximilian I., seiner erlauchtesten Gemahlin Karoline und der Königlichen Prinzen und Prinzessinnen geheiliget worden sind. Da die Königliche Residenz noch von einer andern Seite abgebildet erscheinen wird, bleibt dasjenige, was hierüber der Raum zu sagen gestattet, bis dahin vorbehalten.

Den hier dargestellten Theile gegenüber zeigt sich der Königliche Hofgarten. Derselbe wurde schon unter dem Kurfürsten Maximilian I. im Jahre 1614 angelegt, unter Maximilian Joseph III. vielfach verändert, und nun ist er durchaus mit Schattenspendenden Bäumen bepflanzt. Als Ueberrest vormaliger Pracht wird ein herrliches Standbild Bavaria aus Bronze, nach Candido's Zeichnung, auf der Kuppel der Rotunda bewundert. König Ludwig allesumfassenden Verschönerungs-Sinne ist die Wiederherstellung von vier Fontainen und die Errichtung eines marmornen Brunnens mit aufgestellter bronzenen Statue Neptuns zu verdanken.

Der Hofgarten hängt mit der Residenz durch Arkaden zusammen, welche ein kolossales, mit Armaturen reich verziertes Portal unterbricht. Den Theil dieser Arkaden, der von der Residenz bis zum Bazar reicht, hat König Ludwigs hoher Sinn für Vaterland, Geschichte und Kunst durch größtentheils meisterhafte Darstellungen einiger der glänzendsten Ereignisse in der Geschichte der hochherzigen Wittelsbacher, und der ihnen immer treuen Bayerischen Nation, in Fresko, unter Leitung von Herrn Ritter von Cornelius, durch seinen Freund Professor Zimmerman und ihre würdigen Schüler verzieren lassen. Die Gegenstände dieser Fresken sind: Befreyung des deutschen Heeres im Engpasse von Chiusa durch Otto den Großen von Wittelsbach, 1155. — Desselben Belehnung mit dem Herzogthum Bayern durch Kaiser Friedrich I., 1180. — Vermählung Otto des Erlauchten mit Agnes Pfalzgräfin bey Rhein, 1225. — Einsturz der Innbrücke bey Mühldorf mit den darüber fliehenden Böhmen, 1258. — Sieg Kaisers Ludwig des Bayers bey Ampfing, 1322. — Seine Kaiser-Krönung zu Rom, 1328. — Herzog Albert III. schlägt Böhmens Krone aus, 1440. — Herzog Ludwig des Reichen Sieg bey Giengen, 1462. — Herzog Albert IV. gründet das Recht der Erstgeburt zu der Regenten-Folge Bayerns, 1506. — Der Köllnischen Burg Godesberg Erstürmung durch die Bayern, 1583. — Maximilians I. Belehnung mit der Kurwürde, 1623. — Kurfürst Maximilian Emanuel erstürmt Belgrad, 1688. — Bayern, an ihrer Spitze

La Résidence royale du côté du nord est.

Cette partie de la résidence royale contient les appartemens que le Roi défunt Maximilien premier, dont la vie domestique a quelquechose de si touchant, a consacrés à son auguste épouse Caroline, et aux princes et princesses de la famille royale. Comme nous représenterons encore la résidence, prise d'un autre côté, nous nous réserverons jusque là d'en dire ce qui pourra y avoir rapport.

Vis-à-vis du côté que nous représentons ici se trouve le Jardin de la Cour. Ce jardin, qui prit son origine sous l'Electeur Maximilien I., en 1614, reçut des changemens considérables sous Maximilien Joseph III., et il est aujourd'hui, d'un bout à l'autre, orné d'arbres, qui répandent leur ombre agréable. On admire sur la coupole de la rotonde, comme un reste d'ancienne splendeur, une très-belle statue en bronze, représentant Bavaria, exécutée d'après le dessin de Candido. C'est au goût exquis du Roi Louis que l'on doit le rétablissement de quatre bassins à jet d'eau, et la construction d'une fontaine de marbre avec une statue en bronze, représentant Neptune, dont ce jardin est actuellement orné.

Le Jardin de la Cour est joint à la résidence au moyen d'arcades qui sont interrompues par une porte d'une grandeur colossale, décorée d'armures. Guidé par ses sentimens patriotiques et son goût pour l'histoire et les arts, le Roi Louis a fait, depuis la résidence jusqu' au Bazar, décorer ces arcades de peintures à fresque, la plupart d'une exécution parfaite, représentant quelques uns des événemens historiques les plus glorieux de la famille des magnanimes Wittelsbach et de la nation Bavaroise, toujours restée fidèle à leur dynastie. Ce travail, dirigé par Mr. le Chevalier de Cornelius, a été exécuté par son ami Mr. le professeur Zimmermann, et les dignes élèves de ces deux artistes. Les sujets de ces peintures sont: La délivrance de l'armée germanique au détroit de Chiusa, par Otto le Grand de Wittelsbach, en 1155. — La cérémonie où ce même Otto prend l'investiture du Duchè de Bavière, que lui donne l'Empereur Fréderic I., en 1180. — Le mariage d'Otto l'Illustre avec Agnès, Comtesse palatine près le Rhin, en 1225. — L'écroulement du pont de l'Inn, près de Muhldorf, avec les Bohémiens en fuite, qui se trouvent dessus, en 1258. — La victoire de l'Empereur Louis le Bavarois, près d'Ampfing, 1322. — Le couronnement de ce même Empereur à

Rome, en 1328. — Le Duc Albert III. refusant la couronne de Bohême, en 1440. — La victoire du Duc Louis le Riche, près de Giengen, 1462. — Le Duc Albert IV. établissant le droit de primogéniture dans la succession au trône de Bavière, en 1506. — La prise d'assaut du château fort de Godesberg, territoire de Cologne, par les Bavarois, en 1583. — La cérémonie où Maximilien I. est investi de la Dignité électorale, en 1623. — L'Electeur Maximilien Emanuel prenant d'assaut Belgrad, en 1688. — Des Bavarois, ayant à leur tête le prince électoral Charles Albert, montent les premiers à l'assaut pour enlever aux Turcs leur redoute principale, en 1717. — Maximilien Joseph III. fondant l'Académie des sciences, en 1759. — Des Bavarois prenant part à la bataille décisive d'Arcis sur Aube, en 1814. — Le Roi Maximilien I. octroyant à son peuple une Charte constitutionnelle, en 1818. — Ces tableaux ont donné lieu à un excellent commentaire historique, sorti de la plume de Mr. le Baron de Hormayr et qui devrait être le manuel de tout brave Bavarois instruit. A côté des peintures à fresque qui retracent des faits historiques viennent se ranger des figures allégoriques de Bavaria, des fleuves du Rhin et du Danube, du Main et de l'Isar, des emblèmes de différente espèce, des arabesques, des armures et des dévises.

Ces arcades, à commencer du Café Tambosi, s'étendent jusqu'au local de la société des amis des arts (Kunstverein), établissement qui contribue sur-tout à répandre et encourager les arts dans le pays; puis, en tournant à droite, du côté du nord, elles se prolongent jusqu'à la caserne de régiment du Roi. Réunies au Bazar, où l'on trouve, outre une société de lectures très-bien organisée, plusieurs magasins riches et de très-bon goût, ces arcades seront dans toute leur étendue, ornées de peintures (déjà commencées), dont les délicieuses contrées de l'Italie fourniront les sujets et qui seront exécutées par l'habile pinceau de Rottmann. C'est au dessus de la partie des arcades située vers le nord, que l'Electeur Charles Théodor fit établir la Galerie de tableaux, où l'on conserve dans huit salles plus ou moins grandes, le dépôt le plus précieux des productions de l'art, jusqu'à ce que l'on ait achevé la Pinacothèque, destinée à les recevoir. On voit encore sur la planche ci-jointe la coupole et les tours de l'église de Cour des Théatins, ainsi que les hôtels du Feldmaréchal Prince de Wrede, et du Comte d'Arco.

der Kurprinz Karl Albert erstürmen die ersten, die türkische Hauptverschanzung, 1717. — Maximilian Joseph III. stiftet die Akademie der Wissenschaften, 1759. — Bayern schlagen die Entscheidungsschlacht bey Arcis-sur-Aube mit, 1814. — König Maximilian I. giebt seinem Volke die Verfassungs-Urkunde, 1818. Die fraglichen Abbildungen haben einen ausgezeichnet-vortrefflichen historischen Kommentar des Freyherrn von Hormayr veranlaßt, welcher das tägliche Handbuch jedes biedern und gebildeten Bayers zu seyn verdient. Neben den geschichtlichen Fresken sieht man noch allegorische Vorstellungen der Bavaria, der Flüsse Rhein und Donau, Main und Isar, und verschiedene Sinnbilder, Arabesken, Wappen und Denksprüche.

Die Fortsetzung dieser Arkaden mit Tambosis italienischem Kaffeehause beginnend, reicht vorerst bis zum Lokale des, für Beförderung und Unterstützung der Kunst im Vaterlande höchstwohlthätigen Kunst-Vereines, und dann, gegen Nord gewandt, weiters bis zur Kaserne des Königlichen Leibregiments. So lang die Arkaden mit dem Bazar, welcher, neben dem literarischen Vereine, einer gut organisirten Lesegesellschaft, mehrere kostbare und geschmackvolle Waaren-Niederlagen enthält, vereiniget sind, werden sie, woran bereits angefangen ist, durch Ansichten aus Italiens paradiesischen Gegenden von Rottmann's kunstreichen Pinsel ausgeführt, verziert. Ueber dem untern, nördlichen Theile der Arkaden ließ Kurfürst Karl Theodor die Gemälde-Gallerie errichten, worin, in acht mehr und minder großen Sälen, der Hauptschatz von Gemälden bis zur Vollendung der Pinakothek verwahret wird.

Noch sind auf dem vorliegenden Blatte die Kuppel und die Thürme der Theatiner-Hofkirche, und die Hotels des Feldmarschalls Fürsten von Wrede und des Grafen von Arco zu sehen.

DIE K. RESIDENZ

von der N.O. Seite.

München bei Hermann & Barth.

Theatiner-Kirche. *Die Arcaden.* *Der Hofgarten.*

Neuer Festsaal-Bau.

(Hofgartenseite.)

Mit erhabenster Pracht zeigt sich dieser allein zu großen Hof-Festen, Audienzen, Tafeln, so wie zu den übrigen Attributen der glänzenden königlichen Hofhaltung bestimmte, von Ziegelsteinen erbaute und mit hydraulischem Kalk, dem Kellheimer Sandsteine ähnliche Pallast, nach dem Plane des geheimen Rathes Leo von Klenze vollführt.

Die imponirende Façade hält in der Länge 860 Schuh und steht mit den Hofgarten-Arkaden in Verbindung. Die großartige Mittelsäulenstellung auf verhältnißmäßigem Unterbau und mit verkropftem Gesimse, tritt mit einem Balcon hervor, dessen Giebel acht allegorische Figuren, die Regierungsbezirke des Königreiches, und am oberen und unteren Ende in gleicher Weise zwei sitzende Löwen aus Sandstein, verherrlichen, welche gleich den Basreliefs hinter der oberen Säulenreihe aus Bayerns reicher Geschichte von Professor Ludwig Schwanthaler ausgeführt sind.

Drei Hauptthore hat das Mittel-, eben so viele jedes der zwei Nebengebäude. Die äußeren Flügel harmoniren mit dem Pavillon in der Höhe, wie in der Gallerie; die Fensterstöcke haben langeckigte Form.

Im Inneren reiht sich Saal an Saal, der größte von ihnen der Thronsaal 57 Schuh hoch 75 breit und 112 tief mit zwei Tribünen zu beiden Seiten, wovon jede von 10 Säulen getragen wird, ist bestimmt nach Professor Ludwigs Schwanthalers Modellen von Inspektor Stiegelmayr in Erz gegossene und vergoldete 12 Statuen die Ahnen des erlauchten Königshauses vorstellend, aufzunehmen. Jede derselben ist 11, mit dem Piedestal 16 Schuh hoch.

An diesen an und gleichsam durch Fortsetzung einer ähnlichen Säulenreihe in Verbindung stehen der Habsburger Barbarossa und Karls-Saal, welche drei mit kolossalen bildlichen Darstellungen und den drei großen Epochen der deutschen Geschichte aus dem Leben Rudolphs von Habsburg, Friedrich Barbarossa und Karls des Großen ausgeschmückt werden, deren Entwurf und enkaustische Ausführung Professor Julius von Schnorr mit seinen Gehülfen vollführt.

Durch den großen Ballsaal, welcher ebenfalls am oberen und unteren Theil Tribünen von sechs Säulen getragen für Musik und Zuschauer hat, und zwei Spielkabinette, gelangt man am Ende in die östliche Schlußresolit, welche den Siegessaal enthält, der bestimmt ist die mit Oelfarben auf Leinwand gemalten Bilder der Künstler Peter Heß, Albrecht Adam, Wilhelm von Kobell, und D. Monten aufzunehmen und die Schlachten bayerischer Krieger aus diesem merkwürdigen Jahrhundert darstellen.

Salles des fêtes

dans la nouvelle résidence du côté du jardin de la Cour.

Cette partie du palais est exclusivement destinée à des grandes fêtes, à des receptions, audiences royales, banquets et à des bals, enfin à toutes les cérémonies qui constituent une Cour brillante. Les plans en ont été faits par Leon de Klenze, Chambellan de S.M., Conseiller intime, Intendant de bâtiments royaux &. &.

La façade sur le jardin de la cour est en grande partie construite en briques recouvertes par un enduit de mortier hydraulique, elle a 860 pieds de longueur et communique avec les arcades du jardin de la Cour.

Le corps avancé au milieu se compose d'un soubassement à arcades portant au 1^r étage une loge ou portique ouvert par 9 arcades de face et une à chaque extrémité entre ces arcades sont des colonnes isolées d'ordre Jonique en pierre de sable supportant un entablement complet se retraitant au-dessus de chaque arcade; au-dessus et sur un socle sont placées huit figures de forte proportion représentant les différens cercles de la Bavière, et a chaque extrémité deux lions accroupis. Toutes ces statues en pierre calcaire, ainsi que les bas-reliefs en platre posés dans les parties cintrées au fond de cette Loggia et représentant des sujets tirés de l'histoire de Bavière ont été exécutés par le Professeur Louis Schwanthaler.

Trois grandes portes donnent entrée sous le grand avant corps du milieu, et 3 portes en arcades se trouvent au milieu de chacune des ailes, qui pour la hauteur sont en harmonie avec le pavillon principal; les fenêtres du 1^r étage sont d'une grande dimension.

L'intérieur est composé d'une enfilade de salles dont la salle du trône qui est la plus grande a 112 pieds de long, 75 de large et 57 de hauteur, elle est décorée d'un magnifique ordre corinthien à colonnes canellées isolées supportant une tribune à chacun des longs côtés; entre ces colonnes seront placées 12 statues en bronze doré représentant les illustres aïeux de la maison royale. C'est d'après les modèles du Professeur Louis Schwanthaler, que l'Inspecteur Stiegelmayr a coulé les statues en bronze, elles ont 11 pieds de haut et avec le piédestal 16 pieds. Toute cette salle est faite en scagliola blanc (stuc de plâtre) et riche de dorures et de décors.

A cette salle et séparée seulement par des colonnes vient se joindre la salle de Habsbourg, ensuite celles de Barbarousse, et de Charlemagne, lesquelles seront toutes décorées de grands sujets historiques peints sur murs à l'encaustique, et représentant les 3 grandes époques de l'histoire d'Allemagne, c'est-à-dire, des momens remarquables de la vie de Rudolphe de Habsbourg, de Fréderic Barbarousse et de Charlemagne. Ces peintures faites d'après les cartons du Professeur Jules Schnorr, seront exécutées en partie par lui même. Les plafonds de toutes ces salles sont d'une grande richesse d'ornements, de caissons, de dorures et de couleurs. Les parquets seront en bois précieux, hors la salle du trône dont le plancher sera en marbre factice à riches compartiments.

De la salle de bal ayant deux tribunes soutenues chacune par 6 colonnes en stuc (scagliola) destinées à l'orchestre et aux spectateurs, on entre dans deux salons de jeu et ensuite dans la salle des victoires, occupant tout le pavillon du coin au levant. Là seront représentées les batailles remarquables gagnées par les Bavarois pendant les guerres de ce siècle, sur des tableaux peints sur toile par Mrs. Pierre Hess, Albert Adam, Guillaume de Kobell et D. Monten.

Au rez-de-chaussée au-dessous de cette salle, se trouve une tour remarquable par sa forme massive qui a été entourée par les nouvelles constructions; mais ce qui la rend principalement intéressante c'est d'avoir servi de prison au Duc Christophe de Bavière surnommé le Fort. De cette tour on passe dans la salle qui renfermera à l'avenir le trésor de la maison royale.

Six pièces du rez-de-chaussée sont destinées à contenir des sujets peints pris dans l'Odyssée, et exécutés à l'encaustique par G. Hiltesperger, d'après les compositions de Louis Schwanthaler.

Unter diesem im Erdgeschoß befindet sich der, wegen seiner alterthümlichen Bauart sowohl, als vorzüglich, daß Herzog Christoph der Starke von Bayern hier gefangen saß, historisch merkwürdige Thurm, durch welchen man in den Saal gelangt, der den künftigen Hausschatz aufnehmen wird.

Sechs Gemächer dieses Erdgeschosses, welche nicht zum königlichen Haushalt bestimmt sind, werden nach Professors Ludwig Schwanthalers Composition Bilder zu den Gedichten der Odyssen enthalten und enkaustisch von G. Hiltesperger gemalt.

DIE KÖNIGLICHE RESIDENZ
von der Hofgarten Seite.

Druck u. Verlag bei J. M. Hermann in München.

Der Königsbau
gegen den Max-Josephs-Platz.

Nach dem Plane des Geheimen-Raths Leo von Klenze ist dieser Theil der jetzigen Residenz des Königs und der Königin mit Quaderbekleidung aus inländischem grünlichem Kellheimer Sandstein würdevoll erbaut, wozu König Ludwig I. Selbst im Jahre 1826 den Grundstein gelegt hat, und welche 1835 bei Gelegenheit der 25jährigen Jubiläums-Feyer des erlauchtesten Herrscherpaares bezogen ward. Der Stirnaufriß beträgt in der Länge 450 Schuhe; das Ganze hat ein Stockwerk über das Erdgeschoß, mit Ausnahme des zweistöckigen Mittelpavillons von 135 Schuh Höhe; die Seitenflügel sind mit offenen Gallerien versehen, und mit Kupfer bedeckt. Drei Hauptthore nach dieser Seite, hohe Bogenfenster mit großen Krystaltafeln zieren den Palast. Die innern Prachträume desselben sind ganz mit Sculpturen und Malereien neuerer Künstler reich ausgeschmückt, und zwar das Erdgeschoß links des Einganges (die rechte Seite wird von der Hofhaltung eingenommen) in fünf großen Abtheilungen ausschließlich mit einer Reihenfolge von bildlichen Darstellungen zu dem Gedichte: der Niebelungen al Fresko, von Professor J. v. Schnorr gemalt.

In der obern Etage rechts im ersten und zweiten Vorzimmer, Service-, Thron- und Speis-Saale, Empfang-, Schreib-, Ankleid- und Schlaf-Zimmer des Königs erblickt man Malereyen zu griechischen, links in eben so vielen Sälen und Gemächern, von der Königin bewohnt, zu deutschen Dichtungen in Fresko oder enkaustischer Weise ausgeführt. Die Professoren: H. Heß, J. v. Schnorr, Ludwig Schwanthaler und C. Zimmermann, so wie die Künstler Foltz, Gassen, Hermann, Kaulbach, Lindenschmid und Neureuther fertigten hiezu die Compositionen, deren Ausführung sie zum Theil selbst unternahmen, oder unter ihrer Leitung bewerkstelligen ließen.

Das zweite Stockwerk ist den geselligen Vergnügungen des Hofes gewidmet. Der Tanzsaal von ovaler Form zeigt in Enkaustik gemalt getheilte Chöre der Musen an den Wänden; Reihen musizierender und tanzender Figuren am Friese. Die Nebenzimmer enthalten altgriechische Scenen aus dem Volksleben, dann aus der Mythe der Venus, Reliefs in Gyps und dgl. von Professor Schwanthaler. Auf der entgegengesetzten Seite kömmt man aus dem Tanz- in den Gartensaal, der mit seinen duftenden Blumen und blühenden Bäumen den heitern Hoffesten im engern Zirkel die angenehmste Mannigfaltigkeit von Kunst und Natur darbietet. Auf den Seitengallerien im Freien prangt die herrliche Orangerie zur geeigneten Jahreszeit. Den Max-Joseph-Platz belebt übrigens das Hof- und National-Theater, dann das königl. Post-Gebäude. In der Mitte desselben prangt das, von der Stadt München, nach Professor Rauch's Composition, und Inspector Stiegelmeyer's Ausführung in Erzguß, errichtete Monument, den höchstseligen König Maximilian Joseph I. im Krönungs-Ornate und in sitzender Stellung, die Rechte segnend über Seine Bayern ausgestreckt darstellend.

Nouvelle Résidence
sur la place Maximilien Joseph.

Cette nouvelle partie de la résidence a été construite dans le style florentin sur les plans de L. de Klenze Conseiller intime et Intendant des bâtimens royaux, l'édifice est entièrement revêtu en pierre de taille verdâtre (pierre de sable) Sa Majesté le Roi Louis en posa Lui même la Iere pierre et l'habite avec Son Auguste Epouse depuis l'anniversaire de la 25eme année de Son mariage.

La façade a 450 pieds de long, elle se compose d'un rez-de-chaussée, d'un premier étage et au milieu d'un second étage ayant de chaque côté une terrasse entourée de balustrades. La hauteur totale est de 135 pieds, le bâtiment ainsi que les terrasses sont couverts en cuivre. Trois grandes portes richement sculptées donnent entrée dans un beau vestibule décoré de colonnes de marbre, toutes les fenêtres sont cintrées et garnies de carreaux en glace d'une énorme grandeur. L'intérieur est décoré avec toute la richesse imaginable en peinture, sculpture, sgaliola et stucs. Le rez-de-chaussée à gauche de l'entrée est exclusivement destiné à des tableaux représentant les principales scènes du poème des Nibelungen exécutés à fresque dans 5 grandes salles par le Professeur Jules de Schnorr. La droite du rez-de-chaussée est occupée par les officiers de la bouche.

Au Ier étage l'appartement de S. M. le Roi est décoré de peintures dont les compositions ont été tirées des poëtes grecs; les anti-chambres, la salle de service, la salle du trône, la salle à manger et les autres pièces destinées au Roi sont toutes décorées dans ce style. La partie à gauche contenant autant de pièces compose les appartemens de S. M. la Reine elle est décorée de peintures faites d'après des poësies allemandes, exécutées à fresque ou à l'encaustique. Les Professeurs H. Hess, J. de Schnorr, L. Schwanthaler, C. Zimmermann; les Peintres Foltz, Gassen, Hermann, Kaulbach, Lindenschmitt et Neureuther en ont fait les compositions et en ont exécuté la majeure partie.

Le second étage est destiné aux bals et réunions de la Cour. Les parois de la salle de danse (de forme ovale) sont décorées de figures de Muses dansantes, le plafond à caissons est d'une grande richesse et de la plus parfaite élégance. Toutes les peintures des parois sont exécutées à l'encaustique. Les pièces voisines contiennent des peintures tirées de la vie des Grecs, des bas-reliefs représentant l'histoire de Venus composés et exécutés par le Professeur L. Schwanthaler. Le côté opposé de la salle de danse est occupé par une grande salle entièrement remplie d'arbustes odorants et offrant aux invités à la Cour le délicieux contraste de l'art et de la nature. Dans la belle saison les terrasses sont couvertes d'orangers et autres arbrisseaux.

Le grand Théâtre de la Cour, le Nouvel Hôtel des postes enrichissent la place et y donne de la vie. Le milieu en est occupé par le monument élevé aux frais de la ville de Munich représentant la statue colossale de feu Maximilien Joseph revêtu de ses ornemens Royaux, assis et étendant la main droite pour benir la Bavière. Cette statue ainsi que le double piédestal qui la porte est entièrement exécuté en bronze d'après la composition du Professeur Rauch de Berlin, par Stiegelmaier Inspecteur de la fonderie royale de Munich. Le tout repose sur 4 hautes marches de marbre verdâtre.

Eglise paroissiale de la Ste. Vierge dans le faubourg d'Au près de Munich.

Depuis long-tems le besoin d'une église plus grande que celle qui existe dans ce faubourg le plus populeux de Munich s'était fait sentir de ses nombreux habitans. Un plan fut proposé par A. Ohlmüller Conseiller, et obtint l'approbation de S. M. le Roi Louis I. qui voulut bien donner 100,000 florins pour en commencer l'exécution; par ce don généreux la commune put en faire poser la première pierre en 1831 et l'achever cette année 1839 en ajoutant les sommes nécessaires.

Cet édifice est bâti dans le pur style Gothique, le grand portail, les 2 vitraux de devant, les 3 roses, le couronnement qui joint la tour aux côtés, ainsi que la flèche ou partie supérieure de la tour sont construits en pierre de sable, le reste du monument est entièrement en briques apparentes sans enduit extérieur. La tour a 270 pieds de haut y compris la croix en bronze doré de 5 pieds; la flèche qui termine cette tour est octogone et entièrement travaillée à jour avec beaucoup d'art et de délicatesse. De chaque côté il y a une petite flèche également en pierre. Le toit de l'église est garni autour à l'aplomb des contreforts de petites flèches ou tourelles construites en briques. Les fenêtres de 32 pieds de haut sur 12 de large sont au nombre de 19; elles seront décorées de superbes peintures sur verre données par Sa Majesté. Ces peintures représentent l'histoire de la Vierge; plusieurs artistes attachés à la manufacture royale de porcelaine de Munich, tels que Fischer, Röckel, Eggert etc., les ont peintes sous la direction du Profess. Henri Hess. Les 6 vitraux du choeur sont entièrement couverts de peintures, les autres auront en bas un tableau terminé par une riche décoration gothique également peinte. Les ornemens partie considérable de cette décoration ont été composés par A. Ainmüller Inspecteur de la fabrique de porcelaine.

L'intérieur de ce monument est divisé en trois nefs, celle du milieu à 255 pieds de long, la largeur totale est de 81 pieds et la hauteur sous la voûte d'à-peu-près 80. Les voûtes reposent sur 16 piliers ronds ornés de colonnettes autour. De chaque côté du maître-autel s'en élèvent deux autres.

C'est à la piété d'un Prince amateur des arts, que ce lieu consacré à Dieu doit non seulement sa fondation mais aussi plusieurs de ses plus beaux ornemens.

Die Pfarrkirche (Maria-Hilf) in der Vorstadt Au bei München.

Schon längst war ein großes Gotteshaus Bedürfniß der zahlreichen Bewohner dieser größten Vorstadt Münchens, was dem König Ludwig I. von Bayern Veranlassung gab, den von dem Regierungs-Baurath Ohlmüller entworfenen Plan zu genehmigen und zur Erbauung dieses Gotteshauses 100,000 fl. aus Seiner Cabinets-Cassa zu schenken, wodurch es der Gemeinde möglich wurde, im Jahre 1831 diesen Bau zu beginnen und mit Zuschießung eigener Mittel im Jahre 1839 zu beenden.

Er erscheint im reinen altdeutschen oder Spitzbogen-Style nach der alten Fialen-Gerechtigkeit, das Hauptportal, die beiden Vorder- und die drei Rosenfenster, die Krönung der an den Thurm sich anschließenden Nebenseiten, so wie der Riese des Thurms sind von Sandsteinen, das Uebrige aus Ziegelsteinen, ohne äußern Mörtels-Anwurf; der Thurm (mit Kreuz, zu 5 Schuh), 270 Fuß hoch, mit Spitzbedachung von durchbrochener Arbeit ist einzig in seiner Art, und hat zwei Nebenthürmchen, so wie derlei kleinere rings um das Kirchendach stehen. Auf beiden Seiten und dem Chor sind 19 Fenster über 32' hoch und 12 Fuß breit. Der königliche Gründer läßt dieselben mit Glasmalereien schmücken und bestreitet die Kosten dafür ebenfalls aus Seiner Cabinetskassa; selbe zeigen in einer Reihenfolge die Freuden und Leiden der Mutter Gottes Maria. Die Compositionen hiezu, so wie die Ausführung in Farben, haben unter der Leitung des Professors Heinrich Heß mehrere Künstler der hiesigen königlichen Porzellain-Fabrik, Fischer, Röckel, Eggert und Andere bewerkstelliget, wovon die 7 Chorfenster ganz mit Malereyen, die übrigen aber nur unten ein Hauptbild haben, und wovon der obere Theil mit Laubwerken reich verziert ist. Das Ornamentale, ein sehr bedeutender Theil dieser Malerei, wurde vom Inspector Ainmüller geschaffen.

Der innere Raum des Tempels, 3 Schiffe bildend, hat 255 Schuh Länge, 81' Breite und gegen 80' Höhe. Die Gewölbe ruhen auf 16 mit Rippen durchzogenen Säulen. Außer dem Haupt-Altar erheben sich zu beiden Seiten 2 Nebenaltäre. Der Pietät eines kunstliebenden Fürsten haben diese Gott geweihten Hallen nicht allein ihr Entstehen, sondern auch mehrere erhabene Zierden zu verdanken.

DIE KÖNIGLICHE RESIDENZ
mit dem Max-Josephs-Platz

Druck u. Verlag bei J. M. Hermann in München.

DIE PFARR. KIRCHE
in der Vorstadt Au.

Druck u. Verlag bei J. M. Hermann in München.

Die Dompfarrkirche zu unser lieben Frau.

Bedeutend war die Bevölkerung Münchens zu Anfang des 13ten Jahrhunderts angewachsen. Die St. Peters-Pfarrkirche wurde zu engfängig, der Pfarrsprengel zu weitschichtig. Daher entstund ein, Gottes Mutter Maria geweihtes Kirchlein, welches der 27te Bischof Konrad II. von Freysing im Jahre 1271 für die zweyte Pfarrey bestimmte, daher man es mit einer Sakristey, einem Taufstein und Leichenacker versah. Herzogliche und bürgerliche Wohlthäter trugen nicht nur zum Unterhalte des Pfarrers, seiner Gehülfen, des Schulmeisters und der Sänger, sondern zur innern Ausstattung des Bethauses bey. Auch die erste Fürstengruft wurde daselbst durch die Kaiserin Beatrix, und nachher durch ihren Gemahl, Ludwig den Bayer, eröffnet im Jahre 1347.

Schon bey Abtretung der gemeinschaftlichen Regierung Bayerns von Seite des gottesfürchtigen Herzogs Sigmund an seinen Bruder Albert den Weisen faßte jener den großartigen Gedanken, nach dem Beyspiele Roms und anderer fürstlicher und bischöflicher Städte der Christenheit, das so schön aufgeblühte München mit einem würdigen Prachttempel des Herrn in erhabenem gothischen Style zu schmücken, und denselben als schönes Denkmal der Baukunst damaliger Zeit der dankbaren Nachwelt zu hinterlassen. Wirklich, am Sonntage nach Lichtmeß (9. Hornung) 1468 legte der 29jährige Prinz unter großer Feyerlichkeit den Grundstein zur neuen unser lieben Frauen-Pfarrkirche außerhalb dem alten, nachhin bis auf die Gruft abgebrochenen Kirchlein, welchen der 44te Bischof Johann IV. von Freysing in Gegenwart des dießseitigen 9ten Pfarrers, Pr. Ernest Pütrich, des Dechants und Pfarrers zum heil. Peter, Pr. Rudolph Volkart v. Häring, der Reihe nach der 17te, der Kirchenpröbste Martin Katzmayr, aus dem innern, des Bürgers Sanfftl, aus dem äußern Stadtrathe, dann des Baumeisters Georg von Haslbach weihte. In 20 Jahren stund der majestätische Kirchenbau mit den beyden Glockenthürmen fertig da, und am 14. April 1494 geschah die kirchliche Einsegnung. Derselbe ist über dem Sokel durchaus von Bakfteinen aufgeführt. Zum Steine verhärtet erscheint selbst das schmale Mauerband; ein Zeitraum von Jahrhunderten konnte beyde nicht zur Verwitterung bringen, während sie des äußern gewöhnlichen Anwurfes entbehren. Die Ueberlieferung sagt aber, daß die fleißigst bearbeiteten Steine doppelt gebrannt, genau untersucht, und ausgewählt worden seyen. Der Grundplan befindet sich in Wenings Topographie aufgezeichnet. Die Hauptmauern der Kirche haben 5, die der Thürme 11 Schuh Dicke. Der erstern Länge beträgt 336, die Breite 128, die Höhe bis an die Deckenwölbung, diese einen flachen Stein dick, von 24 achteckigen, 7 Schuh dicken Säulen unterstützt, welche das Ganze in 3 Schiffe theilt, 115 Schuhe. Um den Chor im Osten ist sie abgerundet; an der nördlichen Seite hat man die Sakristey angebaut. An der Südseite erblickt man eine künstliche Sonnenuhr vom Jahre 1514, 1758 und 1829 erneuert, welche die Veränderung des Winters und des Sommers, die Monate, den Thierkreis, die Planeten, 12 Tagsstunden u. s. w. anzeigt. Unter dieser, am Portale, sind die zwey Denksteine der Erbauung. Westlich erheben sich die zwey gleichen, viereckigen Thürme eben so hoch in die Lüfte, als die Kirche lang ist. Diese haben bis zum First des Gotteshauses 7, etwas eingezogene Absätze, und verwechseln dann das Viereck mit

L'Eglise cathédrale de Notre-Dame.

La population de Munich s'était considérablement accrue au commencement du 13e siècle. L'église de St. Pierre commençait à devenir trop peu spacieuse; la paroisse était trop étendue. On se vit donc obligé de bâtir une autre petite église, que l'on consacra à la Vierge, et que l'évêque de Freysing, Conrad II., institua seconde église paroissiale en 1271; à l'effet de quoi elle reçut une sacristie, les fonts baptismaux et un cimetière. Des bienfaiteurs de la classe des ducs et de celle des citoyens contribuèrent non seulement à l'entretien du curé, de ses adjoints, du maître d'école et des chantres, mais encore à la décoration intérieure de cette petite église. Le premier caveau pour les princes y fut ouvert en 1347, par l'impératrice Beatrix, et plus tard par son époux, Louis le Bavarois.

Depuis l'époque où le pieux duc Sigismond céda à son frère Albert-le-Sage, la part du gouvernement qu'ils avaient exercé en commun, ce prince avait conçu la grande idée d'orner sa belle et florissante ville de Munich, d'un temple magnifique, tel qu'en possédaient Rome et plusieurs autres résidences de princes et d'évêques de la Chrétienté, et il voulut par ce noble édifice, bâti en style gothique, transmettre à la postérité reconnaissante un digne monument de l'architecture de ces temps reculés. En effet, le 9. Février 1468, premier dimanche après la Chandeleur, ce prince, âgé de 29 ans, posa solennellement, en dehors de l'ancienne petite église, qui fut dans la suite entièrement démolie, à l'exception du caveau, la première pierre de la nouvelle église de Notre-Dame, qui fut ensuite consacrée par le quarante-quatrième évêque de Freysing, Jean IV. Au bout de 20 ans, ce majestueux édifice, avec ses deux clochers, fut achevé, et la cérémonie de sa consécration eut lieu le 14. Avril 1494. Toute cette église, au-dessus du socle, est construite en briques et le ciment qui les unit est tellement pétrifié, que la main destructive des siècles n'a pu y porter la moindre atteinte, non plus qu'aux briques, quoique les murs extérieurs ne soient recouverts d'aucun enduit. Aussi la tradition dit-elle que les briques furent cuites deux fois, et soigneusement examinées et choisies. Le plan fondamental de l'édifice se trouve dans la Topographie de Wening. Les murs principaux de l'église ont 5 pieds, ceux des clochers, onze pieds d'épaisseur. L'église a 336 pieds de longueur, 128 de largeur et 115 de hauteur, à compter du bas jusqu'au plafond voûté, qui est de l'épaisseur d'une brique, et que soutiennent 24 grosses colonnes octogones de 7 pieds d'épaisseur, divisant tout l'intérieur de l'église en 3 nefs. Du côté de l'Est, où se trouve le choeur, l'église est arrondie, et la sacristie est bâtie du côté du Nord. Du côté du sud, il y a un cadran solaire de l'an 1514, renouvelé en 1758 et en 1829, qui indique le changement de l'hiver et de l'été, les mois de l'année, les signes du zodiaque, les planètes, les 12 heures du jour etc. Sous ce cadran, dans le portail, se trouvent les deux pierres qui indiquent l'époque de l'édification. Du côté de l'Ouest s'élèvent deux clochers quadrangulaires d'égale dimension, dont la hauteur est égale à la longueur de l'église. Ces clochers ont, jusqu'au faîte de l'église, 7 contractures, et quittent alors la forme quadrangulaire pour prendre la forme octogone. Les coupoles rondes, couvertes en cuivre, sont surmontées de deux grosses pommes en laiton tout unies, dont chacune contient deux boisseaux et demi de grain; on y monte par un escalier de 450 marches. Chacun des clochers a une horloge sonnante et quatre cadrans, dont les chiffres ont trois pieds et demi de long. Dans l'un de ces clochers se trouve la demeure du guet, ou garde pour avertir des incendies, et il s'y trouvait en outre anciennement 9 couleuvrines en fer, de dix palmes de longueur, pouvant être chargées par derrière, et que l'on tirait à l'occasion des fêtes de réjouissance, ainsi qu'on le faisait sur les tours de la ville et sur les remparts. Il y a en outre dans ces clochers 10 cloches; la grande cloche de salut pèse 125 quintaux, la petite 66 quintaux et 60 livres; et la cloche de St. Benno, 45. Chaque clocher a vers le bas deux fenêtres gothiques, 4 au-dessus des horloges, et 16 au-dessous de la coupole. L'ouverture intérieure est de onze pieds. Le toit de l'église a 125 pieds de hauteur; on a employé pour le construire 1400 radeaux de 15 à 16 arbres chacun; il y a en outre une poutre tout arrangée et désignée comme devant être placée à un certain endroit, quoiqu'il n'en manque nulle part, ce qui n'est qu'une ruse de charpentier du bon vieux temps. Quatre portes latérales gothiques, et entre les tours, un grand portail, ouvrent l'entrée de l'église. En entrant par ce portail, on aperçoit au milieu, parmi les pavés de Kellheim, un pavé marqué d'une semelle, et en mettant le pied sur ce pavé, on n'aperçoit aucune des 30 grandes fenêtres de l'église, qui ont la plupart 70 pieds de hauteur et des vitraux en couleur, artificieusement coulés par Egide Trautenwolf. Les chapelles latérales, dont les autels sont des fondations particulières, s'élèvent également jusqu'à la voûte. Mais l'autel de Putrich est plus ancien de 100 ans que l'église, et cet autel, ainsi que la fontaine d'eau bénite qui se trouve près de la porte de derrière, du côté de la Löwengrube, portant les armes de la famille Putrich et l'année 1447, provient de l'ancienne petite église. Outre cet autel, il y en a encore 24 autres, non compris le superbe maître-autel, bâti par Maximilien I., en 1620, ayant 90 pieds de haut et un tableau peint par Candide; on remarque encore l'autel impérial, et l'autel de St. Benno; il y avait déjà une messe de fondée pour le premier de ces deux autels du temps de la petite église, en 1443; et le second fut doté d'une messe perpétuelle par le roi de Pologne Sigismond, en 1627, par le susdit Maximilien en 1649 et par l'électeur Ferdinand Marie en 1676. Pour donner plus d'importance à ce temple (qui était en même temps l'église de la cour) le duc Albert IV. y fit transférer et incorporer la fondation d'Illmunster et celle de Schliersee, en 1494. Ce même Maximilien I., voulant éloigner l'uniformité et décorer dignement cet édifice, fit ériger à l'entrée du presbytère et au-dessus d'une partie du choeur, une élégante arcade en plâtre, qui couvre 4 autels latéraux et un autel mitoyen, et qui est ornée de peintures à fresque, exécutées par Pierre Candide. Au bout de cette arcade, au-dessus de la seconde élévation, se trouve le superbe monument érigé par le susdit Maximilien à l'empereur Louis, et qui fut exécuté en 1622 par Jean Grumper de Weilheim, d'après l'invention de Candide. Devant la grille du grand autel se trouve la pierre mémoriale du premier caveau, dont il a déjà été fait mention. On voit suspendu au plafond du choeur, pour éterniser la mémoire de cet évènement, le chapeau du cardinal de Melchior Claselius, qui, de fils d'un simple bourgeois de Munich, parvint, par ses qualités personnelles, à s'élever jusqu'à la dignité de cardinal et d'évêque de Vienne. Il y a de même contre un pilier, vis-à-vis de la chaire, un autre monument: c'est un drapeau que l'empereur Maximilien Emanuel enleva aux Turcs à Belgrade, en 1688. Du reste on admire généralement comme un chef-d'oeuvre de l'art le grand orgue, (il y en a un plus petit dans le choeur) qui fut construit en 1633, moyennant la faible somme de 5065 florins. Il a 12 soufflets et 17 jeux. Le plus grand tuyau carré de la basse a 34 pieds de long, le plus petit tuyau rond en buis qui dépasse les autres, en a 24.

Et maintenant, avant de quitter ce temple, consacrons un moment à la mémoire de son modeste architecte, qui termina ses jours en même temps que son glorieux ouvrage, et dont les restes reposent dans un coin du clocher méridional, recouverts d'une simple pierre portant une inscription. Non loin de là se trouve son modeste portrait ainsi que celui du maître charpentier, peints au naturel; mais malheureusement, la tradition ne nous a pas même conservé le nom de ce dernier. L'ancien curé de cette église, Jean Tulbek, qui fut dans la suite évêque de Freysing (Jean IV.), après avoir recommandé son église aux soins de son successeur, vint de même se livrer dans cette enceinte au repos éternel, en 1476, ainsi que l'indique la pierre sépulcrale placée dans le clocher occidental, près de l'autel dont il fut le fondateur.

der achteckigen Form. Die mit Kupfer gedeckten runden Kuppeln haben große, einfache Knöpfe von Messing, deren jeder 2½ Schäffel Getreid faßt; 450 Stufen führen dahin. Beyde sind mit einer Schlaguhr, 8 Zifferblättern, mit 3½ Schuhe langen Ziffern, versehen, und in einem Thurme ist die Wohnung des Thürmers oder Feuerwächters, wo vor Zeiten bey Freudenfesten 9 Feldschlangen, 10 Spannen lang, von Eisen und rückwärts zu laden, gleich wie auf den Stadtthürmen und Festungs-wällen, abgefeuert worden sind. Ferner befinden sich in diesen Thürmen 10 Glocken, wovon die große Salveglocke 125 Zentner, die kleine 60 Zentner 60 Pfund, die heil. Bennoglocke 45 Zentner wiegt. Im Erdgeschoße besitzt jeder 2, ober den Uhren 4, unter der Kuppel 16 gothische Fensteröffnungen. Die innere Lichte beträgt 11 Schuhe; hiezu sind 1400 Flöße, jeder von 15 — 16 Bäumen, verwendet worden, nebst Hinterlassung eines zugerichteten, an einen sichern Ort gehörigen Balkens, da doch keiner abgeht, als Zimmermeister-Kniff biederer alter Zeit. Vier gothische Seitenthüren, und zwischen den Thürmen ein Hauptportal, eröffnen den Eingang. Durch das letztere tretend, gewahret man in der Mitte unter den Kellheimer Pflastersteinen einen, mit einer Fußsohle bezeichnet, von wo aus man keines der 30, größtentheils 70 Schuhe hohen, mit künstlich geschmolzenen, farbigen Gläsern von Egid Trautenwolf versehenen Fenstern sieht. Auch die Seitenkapellen, in welchen gestiftete Altäre sind, haben gleiche Höhe bis an das Gewölbe. Der Pütrich Altar ist aber um 100 Jahre älter als die Kirche, daher, gleich dem, an der hintern Kirchenthüre gegen die Löwengrube befindlichen Weihbrunnkessel mit der Pütricher Wappen und der Jahreszahl 1447, aus dem alten Pfarrkirchlein herrührend. Außer diesem befinden sich, nebst dem herrlichen, von Max I. 1620 erbauten, 90 Schuh erreichenden Hochaltar mit Candids Gemälde, noch 24 Altäre hier, worunter der Kaiser- und St. Benno-Altar merkwürdig, auf welch erstern schon in dem alten Frauenkirchlein 1443 heilige Messen fundirt gewesen, auf letztern König Sigmund von Pohlen 1627, obiger Maximilian 1640, und Churfürst Ferdinand Maria 1676 eine ewige Messe stifteten. Um dem Tempel (zugleich Hofkirche) mehr Ansehen zu verschaffen, ließ Herzog Albert IV. die Kollegiatstifte Illmünster und Schliersee 1494 hieher versetzen und einverleiben. Der nämliche Max I. ließ im Jahre 1603 zu Entfernung der Einförmigkeit, und Verleihung eines zierlichen, zugleich ehrwürdigen Ansehens in diesen heiligen Hallen, beym Eintritte in das Presbiterium und über einen Theil des Chores eine zierliche Arkade aus Gypsguß errichten, welche 4 Seiten- und einen Mittelaltar bedeckt, und mit Freskogemälden von Peter Candid geschmückt ist. Am Ende derselben, über der zweyten Erhöhung, steht das prächtige Grabmal Kaisers Ludwig, ihm von oft erwähntem Max geweiht, nach Candids Erfindung im Jahre 1622 durch Hans Grumper von Weilheim ausgeführt. Vor dem Gitter des Hochaltars liegt der Denkstein der ersten, bereits erwähnten Fürstengruft. Hoch von der Decke des Chores herab hängt zum ewigen Andenken der Münchner Bürgerssohnes Melchior Clefelius, welcher durch persönliche Vorzüge sich zu der Würde eines Kardinals und Bischofes zu Wien emporgeschwungen. Ein anderes Denkmal ist an einem Pfeiler, der Kanzel gegenüber, eine türkische Fahne, welche Max Emanuel im Jahre 1688 bey Belgrad erobert hat. Jedermann bewundert übrigens das Meisterwerk der, 1633, mit dem geringen Kosten von 5065 fl. hergestellten großen Orgel; (eine kleinere befindet sich auf dem Chor) sie hat 12 Blasbälge und 17 Register. Die größte viereckige Pfeife bey dem Subpaß ist 34, die hervorstehende runde aus Buchsbaumholz 24 Schuhe lang.

Und ehe man diesen Prachttempel verläßt, sey ein Augenblick stiller Erinnerung dem anspruchslosen Meister geweiht, welcher mit dem rühmlichen Werke sein Leben beschlossen hat, und dessen Gebeine in einem Winkel des südlichen Glockenhauses ein einfacher Stein mit Schrift bedeckt. Eben so einfach ist auch unfern davon seine, und des Zimmermeisters gemalte Abbildung nach dem Leben, leider hat aber des letztern Namen die Schrift nicht einmal aufbewahrt. Selbst der frühere Pfarrer dahier, und nachmalige Bischof von Freysing, Johann Tulbek, (Johann IV.) nachdem er seine Kirche der Obhut des Nachfolgers empfohlen, legte in diesen Mauern das müde Haupt zur ewigen Ruhe im Jahre 1476, wie der Grabstein bey dem von ihm gestifteten Altar am nördlichen Kirchthurme beweiset. Ferner haben Familien-Begräbnisse die Preysing, Füll, Wampl, Pütrich, Katzmayr, Mandl, Liegsalz, Mayr, Riedler, Barth, Schwegerle, Sendlinger, Neuhauser, u. a. m. Außen, an der vordern südlichen Kirchenthüre gewahrt man noch den merkwürdigen Grabstein des blindgebornen Meisters der Musik, Konrad Paulmann, Ritter aus Nürnberg, † 1488, u. s. w.

DIE DOMKIRCHE
(zu unsr. lieb. Frau.)

Gedruckt und im Verlag bey J. M. Hermann in München.

Die Pfarrkirche zum heiligen Peter am Rindermarkte.

Münchens bekannter Erbauer, Herzog Heinrich der Löwe, gab um so unzweifelhafter auch der ersten Pfarrkirche für die zahlreichen Bewohner ihr Daseyn, als um das Jahr 1164 in einer Urkunde des Klosters Schöftlarn neben Hartwich, Dechant zu Böhringen, schon Heribort, Dechant zu München, vorkommt. Der 29te freysingische Bischof Enicho, aus dem Hause Wittelsbach, erneuerte im Jahre 1294 die Einweihung der, durch Beyträge frommer Christen erweiterten heil. Peterskirche mit 3 Altären, als Konrad Wildbrecht, ein Bürgerssohn aus München, der 7te Pfarrer daselbst war. Inzwischen (um das Jahr 1280) war noch die Kapelle auf den Widen (zu unserm Herrn auf der Wiese) entstanden, nachdem die St. Peters-Pfarrey einen Theil ihrer zahlreichen Gemeinde bereits 1271 an die neue Pfarrey zu unser lieben Frau abgegeben hatte.

Eine fürchterliche Feuersbrunst vernichtete im Jahre 1327 den dritten Theil der jungen Stadt, und verwandelte auch das Pfarr-Gotteshaus St. Peter in Asche. Größer und schöner aufgebaut, mit 2 Thürmen verherrlicht, ward es wieder durch gesammelte Gaben, selbst in dem benachbarten Tyrol, mit landesherrlicher Bewilligung. Pabst Niklas V. verlieh denjenigen einen Ablaß ihrer Sünden, welche zur Wiederherstellung dieser Kirche Opfer und Beyträge spendeten. Die Einsegnung derselben, nebst noch zwey neuen Altären, geschah 1365 durch den 36ten Oberhirten des Bisthumes Freysing, Paulus, ein edler von Harrach, (derjenige, welcher die Loszählung Kaisers Ludwig, des Bayers, von dem Kirchenbanne nach seinem Tode bewirkte) unter Beystands-Leistung der Aebte Heinrich von Tegernsee, Albert von Benediktbeuern, Stephan von Ebersberg, und Ulrich von Weihenstephan. Auf dem umgebenden Leichenacker stand die schon erwähnte Wieskapelle, unfern davon die St. Niklaskapelle.

Im Jahre 1607 zündete ein Blitzstrahl beyde Thürme, und legte sie in Schutt. Bayerns Herzog Maximilian I. ließ im nämlichen Jahre zwischen deren Grundpfeilern nur mehr einen, in's längliche Viereck gestellten Kirchthurm aufführen, denselben ringsherum mit einem vergitterten Gange für die da wohnenden Feuerwächter und Thürmer, mit einer großen, auf vier Seiten, und zwar unten und oben mit acht Zifferblättern, zeigenden Schlaguhr, dann sieben Glocken versehen, mit einer durchsichtigen Kuppel, dann einer schön geformten, viereckigen, hohen Spitzsäule, alles mit Kupfer eingedeckt, krönen, worauf ein messingner Knopf nebst Wetterkreuz prangt. Zwischen der untern Uhr und der Gallerie sind auf den langen Seiten sechs, auf den schmalen vier hohe, gothische Fensteröffnungen angebracht. Man kann die Spuren der alten Thürme noch deutlich wahrnehmen bey Betrachtung jener beyden Flügelgebäude, welche bis an das Kirchendach reichen, und dort abschüßig eingedeckt, dem neuen Thurme als tüchtige Strebepfeiler dienen. Zu gleicher Zeit wurde die Kirche in den innern Theilen bedeutend verschönert, und mit den, auf acht Bögen ruhenden Seitenchören geziert. Sie hat unter dem Thurme ein Hauptportal und vier Nebeneingänge, dann einen solchen in die Sakristey, welche um das Schiff zugebaut ist. Dieses erscheint selbst,

L'Eglise paroissiale de St. Pierre, près du marché au bétail.

Il est d'autant moins douteux que ce fut le fondateur de Munich, Henri-le-Lion, qui érigea la première église paroissiale de cette ville, devenue nécessaire à ses nombreux habitans, qu'il est déjà fait mention d'un Heribort, doyen de Munich, dans un document du couvent de Schoeftlarn, de l'an 1164, où l'on parle d'un doyen de Voehringen, Hartwig. Le 29.e évêque de Freysing, Enicho, de la maison de Wittelsbach, renouvela, en 1294, la consécration de l'église de St. Pierre, qui avait trois autels, et qui s'était agrandie par les dons de pieux chrétiens; c'était Conrad Wildbrecht, fils d'un bourgeois de Munich, qui était alors 7.e curé de cette église. Pendant ce temps, (vers l'an 1280) on avait bâti la chapelle dite auf den Widen (consacrée à notre Seigneur dans la prairie), et l'église St. Pierre avait cédé à la nouvelle paroisse de Notre-Dame, une partie de ses nombreux paroissiens, qui se montaient déjà à 1271.

Un terrible incendie qui détruisit en 1327 la troisième partie de la ville naissante, réduisit aussi en cendres l'église de St. Pierre. Elle fut rebâtie plus grande et plus belle, et ornée de deux clochers, au moyen de collectes, que l'on fit, avec la permission du souverain, même dans les provinces adjacentes du Tyrol. Le pape Nicolas V. accorda une rémission de leurs péchés à ceux qui avaient contribué par des offrandes et des dons au rétablissement de cette église. Elle fut, ainsi que deux nouveaux autels, consacrée en 1365 par le 36.e évêque de Freysing, Paulus, de la famille noble de Harrach (le même qui obtint pour l'empereur Louis le Bavarois, après la mort de ce prince, l'absolution de l'excommunication prononcée contre lui); il fut assisté dans cette cérémonie par les abbés Henri, de Tegernsee, Albert, de Benedictbeuern, Etienne, d'Ebersberg, et Ulrich, de Weihenstephan. Dans le cimetière qui entourait l'église se trouvait la chapelle susdite, et non loin de là, la chapelle de St. Nicolas.

En 1607, la foudre mit feu aux deux clochers et les incendia. Le duc de Bavière, Maximilien I. fit construire, dans la même année, entre les deux piliers principaux de ces clochers, un seul clocher de forme carrée oblongue, entouré d'une galerie grillée pour les guets, ou gardes, qui y demeurent; il a en outre une horloge sonnante à huit cadrans, c'est-à-dire deux de chaque côté dont l'un en haut et l'autre en bas, 7 cloches, une coupole diaphane, une belle et haute pyramide quadrangulaire, le tout recouvert de cuivre et surmonté d'une pomme en laiton et d'une girouette en forme de croix. Il y a entre le cadran d'en bas et la galerie, 6 hautes fenêtres gothiques, du côté large, et 4, du côté étroit. On voit encore distinctement les traces des anciens clochers, lorsque l'on considère attentivement les deux bâtimens attenans qui s'élèvent jusqu' au toit de l'église, et qui, étant recouverts en pente, tiennent lieu au nouveau clocher de deux solides piliers boutans. En même temps, l'église fut considérablement embellie au-dedans, et elle fut ornée des choeurs latéraux, reposant sur 8 arcades. Elle a uu grand portail sous le clocher et 4 entrées latérales, plus une entrée dans la sacristie, qui est fermée de l'autre côté de la nef. Cette nef, qui s'étend obliquement, semble elle-même avoir été ajoutée, en sorte que le tout ne présente point au-dehors un plan régulier d'architecture: mais l'intérieur offre un temple magnifique, dont toutes les proportions sont en parfaite harmonie: il est éclairé par plus de 80 fenêtres longues, rondes, ou ovales. Aux 5 autels dont il a déjà été fait mention, on en a ajouté 11 autres. On trouve surtout d'une beauté remarquable l'autel du choeur. Il présente une multiple rangée de colonnes de l'ordre corinthien, toutes en marbres de Tegernsee, et un groupe de statues dorées, représentant les 4 évangélistes entourant St. Pierre, assis sur le siège, exécuté par Egide Asam. Ces embellissemens, ainsi que les tableaux du plafond, peints par Zimmermann, de même que les statues dorées représentant les 12 apôtres, qui décorent les piliers latéraux, exécutées par Faistenberger, ont eu lieu depuis l'an 1770 jusqu' à 1780. C'est dans notre siècle que l'on a construit le nouveau grand orgue de cette église. On y trouve les tombeaux des familles: Barth (de l'an 1362), Rechberg, Wachlenstein, Daun, Kolb; en dehors de l'église: Ligsalz, Schweiger, Seehofer, Kirmayer, Schowinger, Montgelas, Ruffin.

über quer laufend, erst angehängt worden zu seyn. Das Ganze gewährt daher von Außen keine architektonische Vereinigung, bildet jedoch im Innern einen herrlich harmonirenden Tempel, den in Allem über 80 lange, runde und ovale Fenster beleuchten. Zu den bereits erwähnten fünf Altären kamen indessen noch eilf. Von vorzüglich schöner Bauart findet man aber den Choraltar. Ganz aus Tegernseer Marmor zeigt er eine mehrfache Säulenreihe nach korinthischer Ordnung, und eine Gruppe von vergoldeten Statuen, die vier Kirchenlehrer vorstellend, welche den, auf dem Stuhle sitzenden heil. Petrus umgeben, von Egid Asam. Diese Verschönerungen, so wie die Deckengemälde, von Zimmermann, dann die, an den Seitenpfeilern angebrachten vergoldeten Statuen der 12 Apostel, von Faistenberger, fallen in die Jahre von 1770 bis 1780. In gegenwärtigem Jahrhunderte wurde die neue große Orgel hergestellt. Familien-Grabmäler besitzen endlich in der Kirche: Barth, (von 1362), Rechberg, Wachlenstein, Daun, Kolb; außen: Ligsalz, Schweiger, Seehofer, Kirmayer, Schowinger, Montgelas, Ruffin.

Die Basilika zum heiligen Bonifazius.

König Ludwigs I. frommes Gemüth hat auch diese geheiligten Hallen mit wahrhaft königlich prachtvoller Ausschmückung aus Seinem Privat-Schatze für die katholische Mit- und Nachwelt in's Leben gerufen, und zwar durch eigenhändige Grundsteinlegung im Jahre 1835, zur religiösen Feyer Seines 25 jährigen Ehejubileums.

Inspector Ziebland ward mit Entwerfung des Planes und der Ausführung beauftragt.

Von der Carlsstrasse in der Max-Vorstadt führen aus dem mit acht Säulen versehenen Vestibüle drey Thore in das innere 262 Schuh lange und 124 breite, von 58 Bogenfenstern beleuchtete Gotteshaus, wo Marmorsäulen, 64 an der Zahl, das Hauptschiff von 85 und 4 Seitenschiffe von 43 Schuh Höhe, und zwey andere Säulen das Orgelchor tragen. Die ganze äussere Länge beträgt 307, die Breite 134 Fuß.

Die Dachkonstruktion, ein Häng- und Sprengwerk, bleibt sichtbar, da sich die eigentliche Decke nicht wie gewöhnlich unter, sondern über dieselbe mittelbar unter der Dachesfläche befindet, und auf blauem Grunde mit gelben Sternen, den gestirnten Himmel versinnlicht.

Des Hauptschiffes Wände schmücken gemalte Fresken des Professors Heinrich Heß, das Leben des heiligen Bonifazius, so wie jenes der vorzüglichsten Apostel Deutschlands und im Presbyterium die Ecclesia triumphans vorstellend.

Unter dem Presbyterium befindet sich die Gruftkapelle und unter den Sakristeyen Katakomben zur Bestattung angelegt.

Basilique de St Boniface.

C'est à la piété du Roi actuellement régnant qu'est dû l'érection de ce monument destiné au culte catholique romain. La première pierre en fut posée par Sa Majesté elle même l'an 1835 époque de la 25ᵉ année de Son union avec la Reine Thérèse notre bonne et excellente Souveraine.

Tous les frais de cette construction qui sera d'une grande magnificence sont supportés par la caisse particulière de S. M. le Roi. Les plans en ont été faits et l'exécution confiée à Ziebland Inspecteur des bâtimens civils.

Le porche donnant sur la Karlstrasse dans le faubourg Max est décoré de 8 colonnes de marbre, on entre par 3 grandes portes dans l'intérieur de la basilique entièrement construite comme les basiliques antiques, dont la longueur est de 262 pieds et la largeur de 124; elle est éclairée par 58 grandes fenêtres cintrées. La nef principale a 85 pieds de hauteur et les 4 nefs de côté 43 pieds, elles sont séparées par 64 colonnes de marbre d'une seule pièce avec des chapiteaux sculptés et des bases en marbre blanc. Les orgues sont dans une tribune soutenue par 2 colonnes pareilles. Toute la longueur extérieure de l'édifice est de 307 pieds et la largeur 134.

La construction du toit est comme dans beaucoup de monumens anciens à charpente apparente travaillée avec beaucoup de soin, le plafond touchant immediatement le dessus de cette charpente et supportant la couverture en cuivre du monument, est peint en bleu et orné d'étoiles couleur d'or pour rappeler aux fidèles la voûte azurée.

Les parois de la nef principale seront décorées de peintures à fresque par le Professeur Henri Hess; elles représenteront la vie de St. Boniface et celle des principaux apôtres de l'Allemagne. Le presbytère sera décoré de peintures représentant l'église triomphante, sous ce presbytère se trouve la chapelle principale et sous la sacristie une cripte ou catacombe.

Eglise de St. Louis.

Ce magnifique temple du Seigneur fut bâti d'après le desir de S. M. le Roi Louis I. et commencé en 1829 d'après le projet de Gaertner Conseiller supérieur des bâtimens.

La façade de 140 pieds de haut s'élève dans la Ludwigsstrasse vis-à-vis de la Löwenstrasse, on y a employé une excellente pierre calcaire blanche mais qui avec le tems prend un ton gris jaunâtre; les deux tours ont 270 pieds de haut et se trouvent aux côtés de la façade formant un leger avant corps, elles sont terminées piramidalement et bâties de la même pierre que le reste de la façade.

Cinq niches avec autant de statues représentant le Christ et les quatre évangélistes, au-dessus une rose en pierre très artistement découpée ornent le haut de la façade terminée par la forme rectangulaire du toit et surmontée par une croix en bronze doré, les 2 pieds droits supportent les statues des apôtres St. Pierre et St. Paul qui ainsi que les autres, dont nous avons déjà parlé ont été exécutés par le Professeur L. Schwanthaler.

Le bas de la façade est enrichi d'un porche à 3 arcades en plein cintre qui ainsi que toute l'église est dans le style bysantin; on arrive à ce porche par quelques larges marches, 3 portes introduisent dans l'intérieur du temple présentent une nef principale de 250 pieds de long en 2 bas côtés ayant chacun 3 chapelles, toutes les voûtes sont supportées par de forts piliers.

Les murs ainsi que les voûtes des 3 nefs et de celle formant la croix sont décorées de peintures à fresque d'après la composition de Mr. le Directeur P. de Cornelius et exécutées par lui.

Le tableau du maître autel représente dans une très grande dimension le jugement dernier; Dieu le créateur et le conservateur du monde, Jésus le sauveur et le juge. La réunion des saints composant l'esprit et la foi de l'église catholique et apostolique romaine &c. &c.

Le toit est couvert en tuiles émaillées de différentes couleurs et par ses compartimens imite une mosaïque ou un tapis qui couronne toute l'église.

De chaque côté du monument se trouvent des arcades formant une galerie et communiquant à la demeure du curé et à celle du sacristain.

La munificence de S. M. a contribué puissamment à la construction de cette église dont le reste de la dépense est supporté par la ville de Munich.

Die Ludwigskirche.

Auf des Königs Ludwig I. Veranlassung, ward im Jahre 1829 der Bau dieses Prachttempels des Herrn nach Oberbaurath von Gärtners Plan in der Ludwigsstraße begonnen.

Die Façade erhebt sich 110 Schuh hoch, der Löwenstraße gegenüber, von erprobtem weißen Kalkstein, der durch die Zeit einen gelblich grauen Ton annimmt, und aus dem auch die an den beiden Seiten stehenden gleichen pyramidenförmig endenden Glockenthürme von 270 Schuh Höhe erbaut sind.

Das Mittel zieren fünf Nischen; Christus und die 4 heiligen Evangelisten, dann eine große Fensterrosette, den rechtwinklichten Giebel das Zeichen des Kreuzes, die beiden Seiten desselben die heiligen Apostel Petrus und Paulus, sämmtliche Statuen von Professor Ludwig Schwanthaler ausgeführt.

Ueber breite Stufen gelangt man in drey Eingängen und durch eine Säulenvorhalle (deren Kreuzgewölbe im Innern das Orgelchor tragen) in das Haus Gottes, von 250 Schuh Länge, welches ein Mittelschiff und Seitenschiffe bildet, jedes der Letztern in drey Kapellen abgeschlossen, deren Gewölbe von massiven Pfeilern getragen werden.

Wände und Wölbung der drey Chöre des Mittel- und Querschiffes prangen mit Freskomalereyen von der Composition und Ausführung des Directors P. von Cornelius.

Das Hauptbild stellt am hohen Choraltare das jüngste Gericht im ausgeführtesten Ideale dar, unter Gott dem Vater, Schöpfer und Erhalter der Welt, den Sohn und Weltheiland und Richter, den Geist der Gemeinschaft der Heiligen und der christkatholischen Kirche und so weiter.

Die Bedachung ist musivisch mit buntgebrannten Platten versehen, breitet sich wie ein gewirkter Teppich über das Ganze.

Durch äußere Bogengänge ist übrigens die Verbindung des Tempels zu beiden Seiten mit den Pfarr- und Meßnerwohnungen hergestellt.

Außer den bedeutenden Schenkungen des Königs wurde dieses Gotteshaus aus den Mitteln der Haupt- und Residenzstadt erbaut.

BASILIKA

zum heil. Bonifacius.

Druck u. Verlag bei J. N. Hermann in München.

LUDWIGSKIRCHE.

Gedruckt und im Verlag bei J. M. Hermann in München.

Die evangelische Kirche.

Bekannt ist, mit welchem Eifer gleich beym Anfange der großen Kirchen-Trennung die bayerischen Herzoge Wilhelm IV. und Ludwig, besonders jener, sich derselben widersetzte, und wie kräftig seine beyden Ecke, der thätige, staatskluge, aber auch ränkevolle Kanzler Leonhard von Ecke, und der ultraorthodoxe Disputator zu Ingolstadt Johann Eccius, gegen welche die Bischöfe nicht mit der erforderlichen Strenge einzuschreiten schienen, hiebey mitgewirkt haben. Seit Georg der Wagner am 8. Hornung 1527 der erste zu München den Scheiterhaufen bestiegen hatte, kam es an die Tagesordnung, die Bekenner der neuen Lehre mit Feuer und Schwerdt auszurotten. Selbst der Vater der bayerischen Geschichte, der gelehrte und biedere Hanns Thurmayr (Aventinus) entging, als verdächtig, der Verfolgung nicht. Er wurde zu Abensberg in dem Hause seiner Schwester verhaftet, zwar bald wieder in Freyheit gesetzt; aber der gute alte Mann hatte seine Heiterkeit verloren, und diese Behandlung trug zur Beschleunigung seines Todes bey. Inzwischen war doch Luthers Lehre ingeheim in den Städten und auf dem Lande verbreitet worden, und unter Herzog Albert V. wurde auf den Landtägen zu Landshut und München in den Jahren 1553 und 1556 in Religionssachen von der Ritterschaft und den Städten und Märkten eine sehr laute und nachdrückliche Sprache geführt. Sie warfen der Geistlichkeit ihre tiefe Unwissenheit, ihre rohen Sitten in derben Ausdrücken vor, und bestanden auf der Forderung des Kelchs, des Abendmahls unter beyden Gestalten unabweichlich. Auch fand sich der Herzog bewogen, den Gebrauch des Kelches und den Genuß der Fleischspeisen an den verbotenen Tägen, unter bestimmten Bedingnißen, bis zu erfolgender Entscheidung der Kirche zu gestatten. Später ordnete derselbe seinem Rath Augustin Paumgartner und den Jesuiten Johann Courvillon an den zu Trient versammelten Kirchenrath ab, um die Reformation der Geistlichkeit, die Aufhebung des Cölibats und die Bewilligung des Abendmahls unter beyden Gestalten auszuwirken. Schauderhaft ist die Schilderung, welche Paumgartner in seiner am 27. Brachmonats 1562 vor den versammelten Väter gehaltenen Rede von der damaligen Lage Bayerns in religiöser Hinsicht dargestellet hat. Ungeachtet derselben, und obschon auch zu gleicher Zeit Kaiser Ferdinand I. für seine Erblande das Nämliche dringend gefordert hatte, löste die Tridentiner Kirchen-Versammlung sich auf, ohne hierauf die geeignete Rücksicht zu nehmen, und auch der Papst willfahrte dem nachher an ihn gestellten Gesuche keineswegs, wodurch die Kirchentrennung unheilbar wurde. Nun nahm der, der alten Kirche immer treue Herzog die einstweiligen Bewilligungen zurück, und in dem Zeitraum weniger Jahre waren, mit Ausnahme der Ausgewanderten, alle ge-

L'Eglise Protestante.

On sait avec quel zèle, dès le commencement de la grande séparation de l'église, les ducs de Bavière Guillaume IV. et Louis, sur-tout le premier, s'opposèrent au nouveau culte et combien Guillaume fut énergiquement soutenu par les deux Eck, c'ést-à-dire le chancelier Leonard d'Eck, homme d'état actif, habile, mais intrigant, et le disputeur ultra-orthodoxe d'Ingolstadt, Jean Eccius, qui se plaignait de ce que les évêques n'usassent point de toute la rigueur nécessaire. Depuis que George Wagner avait le premier péri sur le bûcher à Munich, le 8. Février 1527, on se fit une règle d'exterminer avec le fer et la flamme les sectateurs du nouveau dogme. Il n'y eut pas jusqu'au père des historiens de la Bavière, le savant et loyal Jean Thurmayr (Aventinus) qui fût persécuté comme suspect. Il fut arrêté à Abensberg, dans la maison de sa soeur; et quoiqu'on lui eût bientôt après rendu la liberté, le bon vieillard n'en avait pas moins perdu sa gaîté ordinaire, et le traitement qu'il avait éprouvé accéléra sa mort. Cependant la doctrine de Luther s'était répandue secrètement dans les villes et les campagnes, et sous le duc Albert V., la Noblesse, les Villes et les Bourgs firent, aux diètes de Landshut et de Munich, dans les années 1553 et 1556, de fortes et expressives remontrances en matière de religion. Ils reprochèrent au clergé, en termes énergique, sa crasse ignorance, ses moeurs grossières, etc., et persistèrent immuablement à demander le Calice, c'est à dire la communion sous les deux espèces. Le duc se détermina, en attendant une décision de l'Eglise, à accorder l'usage du Calice et la permission de manger, à certaines conditions, de la viande les jours maigres. Plus tard il expédia le conseiller Augustin Paumgartner et le Jésuite Jean Courvillon au concile de Trente pour y effectuer la réforme du clergé, l'abolition du célibat et la communion sous les deux espèces. On est saisi d'horreur à la lecture du discours que prononça Paumgartner, le 27 juin 1562, en présence des pères assemblés et où il peint l'état de la Bavière sous le rapport religieux. Malgré cela, et quoique l'empereur Ferdinand I. eût fait en même temps les mêmes demandes pour ses états héréditaires, le concile de Trente se sépara sans prendre en considération, comme il l'aurait dû, les représentations qu'on lui avait faites, et le pape même ne condescendit aucunement aux demandes qui lui furent adressées dans la suite, en sorte que la séparation de l'Eglise devint irrémédiable. Le Duc, constamment fidèle à l'ancienne Eglise, retira alors les concessions qu'il avait faites provisoirement, et, dans l'espace de peu d'années, tous ceux qui s'étaient séparés de l'Eglise, à l'exception des émigrants, furent, soit par la persuasion, à quoi les Jésuites contribuèrent sur-tout, soit par la force, rendus au culte catholique-romain. Depuis ce temps, ce culte régna dans toute la Bavière avec une sévérité orthodoxe, et Munich, la capitale, fut généralement honorée du titre de la Rome d'Allemagne. Il faut encore remarquer que les efforts réunis du monarque et des évêques étaient déjà parvenus depuis long-temps à effectuer la réforme aussi nécessaire que bienfaisante du clergé.

C'est au règne glorieux du roi Maximilien I. qu'il était réservé d'assurer à jamais la liberté entière de la religion protestante, tant dans les provinces nouvellement acquises, que dans l'ancienne Bavière, où elle avait déjà été introduite auparavant. Dès l'an 1806, on transforma une salle de la résidence en une église protestante de cour, simple et sans pompe. La Constitution du 26 mai 1818, Titre IV. §. 9. et Supplément II, accorde aux confessions catholique, protestante, et réformée les mêmes droits civils et politiques. Les Etats du royaume, dans leur délibération du 11 Septembre 1825, arrêtèrent qu'il serait bâti à Munich, aux frais de l'Etat, une église paroissiale protestante. On choisit pour emplacement de cette église le milieu de la Sonnenstrasse (rue du soleil), et on en commit l'exécution à un architecte distingué, le conseiller royal des bâtimens, Jean Népomuc Pertsch. Les fondemens furent posés le 5 août 1827, et maintenant, vers la fin de l'année 1830, la partie, extérieure et le clocher, presque entièrement achevés, présentent à l'oeil un édifice à la fois grand et modeste. L'intérieur sera décoré d'un plafond de l'invention de Cornelius. Le nombre des paroissiens protestants de Munich est de plus de 8000, et la population protestante du royaume se monte à un million cent cinquante mille ames.

trennt durch Belehrung, wenigstens von den Jesuiten und durch Zwang den römisch-katholischen Glauben zurückgegeben. Dieser herrschte von solcher Zeit an wiederum im ganzen Bayern mit orthodoxer Strenge, und besonders wurde die Haupt= und Residenzstadt München allgemein als das deutsche Rom gepriesen. Unbemerkt darf nicht gelassen werden, daß dem vereinigten Wirken des Landesherrn und der Bischöfe die so nothwendige als wohlthätige Reformation der Geistlichkeit längstens gelungen war.

Der glorreichen Regierung Königs Maximilian I. blieb es vorbehalten, die vollste Freyheit der evangelischen Religion nicht nur in den neuacquirirten Provinzen, sondern auch in Altbayern für immer zu begründen. Bereits im Jahre 1806. wurde in der königlichen Residenz ein geräumiger Saal, einfach und prunklos, zur evangelischen Hofkirche umgestaltet. Die Konstitution vom 26. May 1818. Tit. IV. §. 9. ertheilet den katholischen, evangelischen und reformirten Kirchengesellschaften ganz gleiche bürgerliche und politische Rechte. Der Abschied der Reichsstände vom 11. September 1825. verordnete, daß zu München eine evangelische Pfarrkirche aus Staatsmitteln erbaut werden soll. Hiezu wurde die Mitte der Sonnenstraße am Karlsplatze bestimt, und der Bau dem ausgezeichneten Architecten, dem königlichen Oberbaurathe Johann Nepomuk Pertsch übertragen.

Die Grundsteinlegung geschah den 5. August 1827., und gegenwärtig, zu Ende des Jahres 1830, steht das Außere mit dem Thurme, großartig, doch bescheiden, beynahe ganz vollendet da. Das Innere wird durch einen Plafond von Cornelius Erfindung verherrlicht werden. Die Anzahl der Münchner Pfarrgemeinde übersteigt 8000, die protestantische Bevölkerung des Königreichs beläuft sich auf eine Million hundert und fünfzigtausend Seelen.

DIE EVANGELISCHE KIRCHE.

München bei Hermann & Barth.

Carls-Platz.　　　　　　　　　　　　　　　　　　　Sonnen-Straße.

Die dermalige griechische Kirche.

An der Prannersstraße ließ Bayerns Herzog Albert IV. die Salvator-Kirche erbauen, deren Umgebung den Leichenacker für die unser lieben Frauen-Pfarr in der Art bildete, wie jene der Allerheiligen-Kirche an der Kreuzgasse für die St. Peters-Pfarr. Die Kirche, im gothischen Style, hat 3 Portale, einen ansehnlichen, unten in 3 Absätzen viereckigen, oben in gerundeter Kuppel endenden Glockenthurm, 11 hohe Fenster mit herrlichen, später zum Theile leider vernichteten Glasmalereyen, schöne Wölbungen, und eine Emporkirche mit Malerwerk, dann der Jahreszahl 1494, renovirt 1774. Drei Altäre schmückten sie, so wie mehrere alte Gemälde von Ulrich Führer, Hanns Mielich und Mächselkircher. Das Choraltarblatt, Mariens Himmelfarth, von Georg Fischer, befindet sich gegenwärtig in der neuen Domsakristey. Schon ein Jahr vor der Erbauung vergabte hiezu des regierenden Herzogs Bruder, Sigmund, ein ihm gehöriges, gegenüber gelegenes Haus mit Scheune und Hofstatt. Eine einfache steinerne Säule, in Mitte des Leichenackers gestellt, mit breitem Aufsatze, religiöser Verzierung und gothischer Umschrift:

„Albert Pfalzgraf bey Rhein, Herzog in ober und nieder Bayern hat das Werk machen lassen anno 1494."

sollte das Andenken an den Stifter verewigen. Allein bey Anlegung des allgemeinen Begräbniß-Platzes vor dem Sendlinger Thore, und Einebnung des Kirchhofes, ward die Säule, statt in die Kirche, auf jenen versetzt, wo sie in unhistorischer Bedeutsamkeit noch, aber sehr verwittert, zu sehen ist.

Bey der allgemein nothwendig erachteten Verminderung der Bethäuser am Eingange des 19ten Jahrhunderts hat man auch diese Nebenkirche abgewürdigt, nachher den freien Platz zu einem 2ten Victualien-Markte verwenden wollen. Indessen, bey längerem Aufenthalte mehrerer Griechen in Bayerns Hauptstadt, befahl König Ludwig zu ihrem Gottesdienste die zweckmäßige Restaurirung im Jahre 1829, dessen Ausübung einem Archimandriten mit dem nöthigen Sängerchor übertragen ist, welch letzteres abwechslungsweise mit erstem Hymnen und Psalmen singt. Es wurde zu diesem Ende ein einfacher, in der Mitte freystehender Altar mit Seitenflügeln und Hintergrund zur heiligen Handlung errichtet, auf welchem plattgemalte Heiligen-Bilder sich befinden, da alle geschnitzten oder gegossenen, gleich der Instrumental-Musik, verbannt sind. Die griechische Kirche unterscheidet sich übrigens von der katholischen blos durch einige Verschiedenheit der Lehre, durch jährlich viermalige Fasten-Zeit, durch eigenthümliche Spende einiger der 7 heil. Sakramente, u. s. w. Das Ceremonielle ist hiebey von großem Umfange.

Später wurde die griechische Pfarr-Gemeinde in München außer den in dem königl. Kadeten-Corps gebildeten Jünglingen mit einem Knabenlehr-Institut, dann einer Gesandtschaft vermehrt.

L'Eglise actuellement destinée au culte grec.

Le duc de Bavière Albert IV. fit bâtir, près de la rue de Pranner, l'église de St. Sauveur (Salvotor-Kirche), dont les alentours formaient le cimetière de la paroisse Notre-Dame, de même que ceux de l'église de Toussaint (Allerheiligen-Kirche), située dans la rue de la croix (Kreuz-Gasse), servaient de cimetière à la paroisse de St. Pierre. Cette église, bâtie dans le style gothique, a trois portails, et un clocher d'assez belle apparence, quadrangulaire vers le bas, où il a trois contractures, octogone vers le haut et terminant en une coupole ronde; elle est éclairée par onze hautes fenêtres dont les vitraux avaient autrefois de belles peintures, malheureusement détruites en grande partie aujourd'hui; elle a en outre de belles voûtes et un ambon orné de peintures, portant l'année 1474, renouvelé en 1774. Elle était décorée de trois autels, ainsi que de plusieurs tableaux d'autel, peints par Ulrich Fuhrer, Jean Mielich et Mächsel-Kircher. Le tableau du maître-autel, représentant l'ascension de Marie, peint par George Fischer, se trouve maintenant dans la nouvelle sacristie du dôme. Le frère du duc régnant, Sigismond, avait déjà un an avant que l'on commençât à bâtir l'église, fait donnation à cet effet d'une maison avec une grange et une cour. Une simple colonne de pierre, placée au milieu du cimetière, ayant un large chapiteau et des ornemens religieux, devait perpétuer la mémoire du fondateur de l'édifice. Elle portait l'inscription suivante en caractères Gothiques:

„Albert, Comte palatin du Rhin, Duc de la Bavière supérieure et inférieure,
„a fait faire cet ouvrage en 1494."

Mais lorsque l'on établit le nouveau cimetière, situé hors de Sendling, et que l'on nivela celui de cette église, on transporta en cet endroit cette colonne, qui y conserve encore aujourd'hui son importance historique, quoiqu'elle soit fort abîmée par le temps.

Lors de la diminution des églises qui eut lieu au commencement du 19.e siècle, par suite d'un besoin généralement senti, on abandonna cette église secondaire et on voulut transformer la place qui y aboutit en un second marché aux victuailles. Mais plusieurs Grecs ayant depuis quelque temps fixé leur séjour dans la capitale de la Bavière, le Roi Louis ordonna, en 1829, de restaurer cette église, pour qu'ils puissent y tenir leur culte, et on en commit l'office à un archimandrite grec qui, assisté d'un choeur de chantres, y célèbre le rite en chantant, alternativement avec le choeur, des hymnes et des pseaumes. On érigea à cet effet, au milieu de l'église, un autel ayant deux ailes et un fond, et des images de saints, peintes à plat, vu que tous les ouvrages de sculpture ou de fonte, sont bannis des églises grecques, de même que la musique instrumentale. Du reste, le culte grec ne diffère au catholiqeu que par quelques différences de dogme, par un carême long et rigoureux, répété quatre fois l'année, par la manière porticulière d'administrer quelques uns des sacrements etc. Le cérémonial y est très étendu

Plus tard, la communauté grecque de Munich fut augmentée d'un établissement d'instuction pour des garçons, sans compter les jeunes gens élevés au corps des cadets, et d'une légation.

DIE GRIECHISCHE KIRCHE
(A. Salvator)

Die Allerheiligen-Hofkirche.

Nach dem Muster sogenannter byzantinischer Kirchen des 11ten Jahrhunderts, jedoch ohne äußere Kuppelform, ward im Jahre 1826 dieses religiöse Bau-Denkmal Königs Ludwig I. nach geheimen Rath von Klenze's Plane begonnen. Am Festtage Allerheiligen 1837 wohnte der König dem ersten feierlichen Gottesdienste bei. Die Kirche hat 165 Schuh Länge, 100 Schuh Breite, 80 Schuh Höhe, ein vorgothisches Portal, zu welchem Stufen führen, ober demselben in der Lünnette eine Sculptur, der segnende Welterlöser, zu beiden Seiten knieen Maria und Johannes der Täufer in Relief, dann zwei Statuen des heiligen Petrus und Paulus von Eberhard aus Sandstein.

Die Façade ist auf dem Giebel und rückwärts mit dem steinern Zeichen des Kreuzes, am Rande mit Alkanthus-Blättern, auf den Seitengesimsen vorn und rückwärts mit 16 Nischenthürmchen, die Mitte derselben endlich mit künstlicher Fenster-Rosette geziert. Das ganze zählt im Haupt- und Nebenbau 42 gothische Fensteröffnungen.

Dieser Prachttempel Gottes im Innern steht, östlich mit der alten und neuen Residenz in Verbindung, gegen den Marstall-Platz, der königlichen Reitbahn gegenüber. Rückwärts des Chores ober der Sakristey laden zwei, auf freistehendem eisernen Glockenstuhle mit Kupferdach befindliche Glöckchen die Gläubigen zum Gebet ein. Beim Eintritt überrascht vor Allem die wohlthätige Wirkung, daß nirgends der Lichtschein der Fenster das Auge trifft. Gemüthergreifend ist der Eindruck der ganzen bei uns einzigen Kunst-Schöpfung dieser Art.

Acht Marmorsäulen mit vergoldeten Capitälern und vier Pfeiler tragen die zwei königlichen Logen, wie die Emporen zur Aufnahme des Hofes, und scheiden die Schiffe; auf zwei Säulen ruht der Orgelchor. Die Wände sind von Stückmarmor-Mosaik, die Böden mit Pflastersteinen künstlich belegt. Im Winter wird das Ganze durch Röhren-Beheizung erwärmt.

Der reiche Bilderschmuck beider Kuppelrotunden, Wölbungen und Nischen auf Goldgrund in Fresken ist das Werk von Professor Heinrich Heß und seinen Gehülfen, enthält kirchliche Beziehungen des alten und neuen Testaments durch Darstellung der Hauptepochen und der darin Handelnden, als: Jehovah, Gott der Vater, Christus, Gott der Sohn, Gabe, Wirkung und Segnung unserer Kirche, Gott der Christ mit allen Heiligen.

L'Eglise de la Toussaint.

(Chapelle de la Cour)

Ce monument religieux du Roi Louis I. a été commencé en 1826 d'après les plans et dessins de L. de Klenze Conseiller intime et Intendant des bâtimens royaux, sur le modèle ou d'après le genre d'églises soi disant Bysantines du 11me siècle.

Le jour de la Toussaint 1837 cette église fut inaugurée avec une grande pompe en présence du Roi, de la Famille royale et d'une grande quantité de personnes distinguées.

Le bâtiment a 165 pieds de long, 100 pieds de large et 80 pieds de haut, on monte par quelques marches à la porte, dont la partie supérieure est ornée d'un bas-relief en sculpture, représentant le Sauveur du monde, donnant sa bénédiction d'un côté la Vierge et de l'autre St. Jean Baptiste à genoux; sur les colonnes les statues de St. Pierre et de St. Paul. Toutes ces sculptures ont été exécutées en pierre de sable (Sandstein) par Eberhard. La façade est ornée d'une rose en pierre et vitraux; au sommet de l'édifice s'élève une croix en bronze doré supportée par un culot d'ornemens. Les contreforts on piliers saillants supportent 16 tourelles à niches. Tout l'édifice est éclairé par 42 fenêtres à plein cintre genre bysantin.

L'intérieur de ce magnifique temple se joint avec l'ancienne et la nouvelle résidence au moyen de corridors de communication; la face d'entrée est à l'Est vers la place des écuries royales et en face du grand manège.

Derrière le choeur et au-dessus de la sacristie se trouve un petit clocher isolé construit en fer et couvert en cuivre, dont les 2 cloches invitent les fidèles à la prière.

Lorsque l'on entre dans ce monument on le trouve parfaitement éclairé sans pourtant appercevoir aucune fenêtre, cet effet et l'impression produite par ce monument en général, élève l'ame et la dispose à la prière.

Huit colonnes de marbre ornées de chapiteaux dorés et quatre gros piliers se trouvent sur la longueur des 2 côtés de la nef et portent les tribunes royales ainsi que les autres tribunes. Celle de l'orgue au dessus de la porte d'entrée est également soutenue par 2 colonnes de marbre. Les murs sont décorés en sgaliola imitant une mosaïque et des compartiments de marbre; le sol est carrelé en marbre à compartiments extrêmement riches et du meilleur effet. En hiver cette église est chauffée par des tuyaux de chaleur.

Les riches ornemens de peinture à fresque sur fond d'or ainsi que les sujets historiques qui ornent les coupoles, arcs doubleaux et les autres parties, sont de la composition et ont été exécutés par le Professeur Henri Hess et quelques autres artistes. Les époques principales de l'ancien et du nouveau testament, Jehovah ou Dieu le Père; Jésus Christ, les dons de Dieu, la bénédiction de notre église, le Christ avec tous les Saints y sont représentés.

Dans la niche du maître autel est peinte la Vierge mère de Dieu, à ses côtés St. Pierre et St. Paul, Moyse et Elie; au dessus desquels on voit le Christ avec la gloire, Dieu le Père et le St. Esprit rendant perceptible la trinité. Au dessus de l'un des autels de côté on voit Jésus Christ adoré par St. George et St. Hubert, protecteurs des ordres de la maison royale; au-dessus de l'autre autel latéral, la St. Vierge avec l'enfant divin, devant elle St. Louis et Ste. Thérèse patrons de l'illustre Fondateur de cette église et de la Reine son Epouse.

La rue Louis.

(Ludwigstrasse.)

Cette rue, fondée dans le faubourg Maximilien, et s'étendant depuis la place de l'Odeon jusqu'à la banlieue près le village de Schwabing a une longueur considérable est certainement la plus belle de la capitale, et à cause de cela une véritable rue royale. Elle peut être comptée parmi les rues les plus imposantes de l'Allemagne.

Une porte triomphale s'élevant sur un espace demi circulaire fermera majestueusement l'entrée extérieure et en même tems sera le terme des édifices bâtis dans cette rue.

La Ludwigstrasse renferme les plus beaux palais particuliers et des monuments publics presque tous exécutés d'après les plans et sous les ordres de Mr. de Gaertner Conseiller supérieur des bâtimens. Dans le nombre se trouve l'église paroissiale de St. Louis, et les 2 pavillons qui y sont joints par des galeries; l'université Louis Maximilien; les chancelleries des salines et des mines; l'institut des aveugles; le bâtiment du chapitre des chanoinesses; l'institut des Demoiselles nobles; le séminaire nommé Georgianum; la bibliothèque royale; les archives de l'état et le ministère de la guerre. Le palais du Duc Maximilien de Bavière se distingue parmi les hôtels qui ornent cette belle rue.

De plus le monument qui sera érigé au Baron de Kreitmayr Chancelier d'état l'embellira encore.

ligen, u. s. f. Die Choraltar-Nische zeigt unter andern Gestalten Gottes-Mutter Maria, zur Seite Petrus und Paulus, Moses und Elias, über diesen Christus in der Gloria, Gott der Vater und Gott der Geist, die heilige Dreieinigkeit versinnlichend. Die zwei Seitenaltäre enthalten Christus in der Höhe, anbetend vor ihm die Beschirmer der Königlichen Hausorden, St. Georg und St. Hubertus; dann die heilige Maria mit dem göttlichen Kinde Jesus, vor ihr die Schutzheiligen des erlauchten Gründers dieser Kirche und Seiner Gemahlin, Ludwig und Theresia.

Die Ludwigstrasse.

Sie ist in der Maximilians-Vorstadt angelegt, die schönste Strasse der Hauptstadt und deßhalb eine wahrhafte Königsstrasse, ja eine der imposantesten in Deutschland, und erstreckt sich von dem Odeonsplatze in beträchtlicher Breite bis an den Burgfrieden, nahe dem Pfarrdorfe Schwabing.

Eine auf halbrundem Raume sich emporhebende Triumphpforte soll den äussern Eingang, und für Fremde angenehm überraschend, zugleich von Innen den herrlichen Schluß großartiger Bauten-Reihen bilden, denn die schönsten öffentlichen und Privatpalläste enthält die Ludwigsstrasse, größtentheils nach Oberbauraths von Gärtners Plänen vollführt, nehmlich unter erstern die Ludwigs-Pfarrkirche sammt Pfarrhofe, die Ludwigs-Maximilians-Universität, Salinen- und Bergwerksbureau, Blindeninstitut, Damenstift, adeliges Fräulein-Institut, Klerikal-Seminär (Georgianum), die Hof- und Staats-Bibliothek nebst dem Reichs-Archiv und das Kriegsministerium, unter Letzteren das Herzog-Max-Palais, nebst mehreren Adels- und Gesandtschaftshotels, so wie das Monument des bayerischen Staats-Kanzlers Freyherrn von Kreitmayr diese Strasse zieren wird.

ALLERHEILIGEN-KIRCHE.

Druck u. Verlag bei J. M. Hermann in München.

DIE LUDWIGSSTRASSE MIT DER K. BIBLIOTHEK.

Druck u. Verlag bei J. M. Hermann in München.

Neuhauser- und Kaufinger-Strassen.

Die Neuhauserstrasse leitet ihre Benennung von dem benachbarten uralten Dorfe Neuhausen her. Von dem Neuhauser- (Karls-) Thor an bis zum ehemaligen Jesuiten-Gebäude ist nur links der, im Jahre 1710 vollendete Bürgersaal sehenswürdig, ein freundlicher für die Andachten und Versammlung der Bürgerkongregation bestimmter Saal ohne Säulen, zu welchen man über zwey Seitentreppen hinaufsteigt, mit einem schönen Plafond von Knoller geziert.

Das ehemalige Jesuitenkollegium wurde von ihrem großen Freunde, dem Herzog Wilhelm V. in den Jahren 1582 bis 1597 erbaut, mit einer Pracht, welche die mehrmal wiederholte Vergleichung mit dem spanischen Escurial rechtfertigt; aber auch mit einem die damaligen Kräfte der bayerischen Finanzen weit übersteigenden Aufwande: wogegen die vereinigten dringendsten Vorstellungen des Ministeriums, des Hofes, der Landschaft und selbst der herzoglichen Mutter, der frommen Anna von Oesterreich fruchtlos blieben.

Die Kirche zum heiligen Michael, eine nunmehrige Hof- und zugleich die Militärkirche, hat 248 Fuß in der Länge, und 114 Fuß in der Breite. Ihr Inneres bildet ein Schiff, welches, ohne Säulen, mit einem, jedem Beschauer überraschenden, halbzirkelförmigen Tonnengewölbe bedeckt ist. Schon anderswo ist richtig bemerkt worden, daß ungemein kühne und großartige Verhältnisse mit dem leichten, zarten und Anmuthigen gepaart, dem vorherrschenden Typus in der Bauart dieses herrlichen Tempels bilden. Die Ordnung der hohen Pilaster ist korintisch mit vergoldeten Kapitäler, eben so zierlich als massiv. Ueber den Pilastern füllt eine Attila-Ordnung den Raum bis zu dem Gewölbe. Zwischen und über den Pilastern befinden sich in Nischen lebensgroße Engel von Gyps, die Embleme der Passion haltend, und vorn über dem Chor zwey Reihen von Statuen der Propheten, Apostel und Evangelisten. Der Hochaltar und die Seitenaltäre enthalten Gemälde von Christoph Schwarz, aus Rubens Schule, von Titian, Hanns von Aachen und Candido. Der Kirchen-Schatz an Juwelen und Perlen, Kunstwerken von Elfenbein und Ebenholz, reichen Ornamenten und Parnamenten gränzte an das Unglaubliche. Das reine Gold wurde auf 37 Pfund, das Silber auf 62 Zentner berechnet. Baumeister des Kollegiums und der Kirche war der Steinmetz Wolfgang Müller in Bayern, ein wahrlich großer Architekt, der aber vor der gänzlichen Vollendung starb. Diese wurde dem Andreas Gundelfinger übertragen; jedoch schienen auch jesuitische Dilettanten, der Rektor Simon Heindel mit einigen Layenbrüdern an dem Werke gestümpert zu haben. Die-

Rues de Neuhauser et de Kaufinger.

La rue de Neuhauser tire son nom de Neuhausen, village voisin très-ancien. Depuis la porte Neuhauser (ou porte Charles) jusqu'à l'ancien bâtiment des Jésuites, à main gauche, il n'y a de remarquable que la Salle des Bourgeois (Bürgersaal), achevée en 1710 et destinée aux dévotions et aux assemblées des corporations bourgeoises; cette salle, d'un aspect riant, n'a point de colonnes; on y monte par deux escaliers latéraux et elle est décorée d'un beau plafond, peint par Knoller.

L'ancien collége des Jésuites fut bâti par un grand ami de cet ordre, le duc Guillaume V, durant les années 1582 jusqu'à 1597; la magnificence de cet édifice justifie la comparaison qu'on en a souvent faite avec l'Escurial d'Espagne; mais aussi les dépenses qu'il causa surpassèrent de beaucoup les moyens financiels qu'avait olors la Bavière, et ce fut en vain que le ministre, la Cour, les Etats provinciaux et même la duchesse mère, la pieuse Anne d'Autriche, firent à ce sujet les plus vives remontrances.

L'église St. Michel, aujourd'hui église de la Cour et de la garnison, a 248 pieds de longueur, sur 114 de largeur. L'intérieur forme un vaisseau, recouvert d'une imposante voûte en berceau, en forme de demi-cercle, et sans colonnes. Des proportions hardies et majestueuses, jointes à la légèreté, la grâce et l'élégance des formes, sont, comme il a déjà été remarqué ailleurs, le caractère principal qui domine dans l'architecture de ce temple magnifique. Les hauts pilastres, à la fois élégants et massifs, sont de l'ordre corinthien, ayant des chapiteaux dorés. L'espace depuis le haut des pilastres jusqu'à la voûte est rempli par un ordre attique. Entre les pilastres et au-dessus, on voit, dans des niches, des anges en plâtre, de grandeur naturelle, tenant les emblêmes de la passion, et sur le devant, au-dessus du choeur, deux rangées de statues représentent les prophètes, les apôtres et les évangélistes. Le maître-autel et les autels des côtés offrent des tableaux de Christophe Schwarz (de l'école de Rubens), de Viviani, de Jean de Aachen (Aix-la-Chapelle) et de Candide. La quantité d'objets précieux, tels que pierreries, perles, ouvrages superbes en ivoire et en ébène, riches ornements et parements, que possédait cette église va jusqu'à l'incroyable. On en évalua l'or pur à 37 livres, et l'argent à 62 quintaux. Le collége et l'église furent bâtis sous la direction du tailleur de pierre Wolfgang Müller, Bavarois et grand architecte assurément, mais qui mourut avant que l'ouvrage fût entièrement achevé. On en confia la direction à André Gundelfinger; mais il parait que plusieurs Jésuites, amateurs d'architecture, entre autres le recteur Simon Himdel et quelques frères laïques se mêlèrent maladroitement de cet ouvrage. C'est ce qu'on remarque sur-tout à la façade principale de l'église, tournée vers la rue Neuhauser, car, malgré le grand nombre de statues qui s'élèvent jusqu'au comble de l'édifice; malgré les deux hauts portails en marbre rouge et la statue colossale placée entre, représentant St. Michel, exécutée en bronze par Jean Krumper de Weilheim, d'après un dessin de Candide; cette façade présente une bigarrure qui contraste d'une manière très-désagréable avec la grandeur simple et morne de l'intérieur. Sous le choeur de l'église se trouve le second caveau des princes où reposent le pieux fondateur Guillaume V et son 'digne fils, l'électeur Maximilien I. avec leurs épouses et plusieurs autres princes et princesses des lignes Bavaroises et Palatines. Cette église a encore été enrichie, dans la courant de cette année (1830), d'un très-bel ornement; c'est le superbe monument du duc de Leuchtenberg, vrai chevalier sans peur et sans reproche, que Louis XVIII appelait le modèle des princes, ét qui fut trop tôt enlevé à nos voeux; c'est Phidias Thorwaldsen qui en est le sculpteur. On y voit le héros dans l'attitude d'une majesté simple, dépouillé de toutes les marques ordinaires de grandeur, n'ayant que le glaive de général à son côté, et remettant à Clio, assise à sa droite et occupée à écrire, cette couronne de lauriers qu'il sut si dignement mériter et accroître sans cesse sous les pyramides d'Egypte, près de Marengo, aux rives du Mincio, sur les champs de bataille de Raab et de Malojaroslawetz, et qu'il conserva même intacte dans les neiges de la Russie et dans la journée malheureuse de Sacile. A sa gauche on voit l'ange de la mort, tenant son flambeau éteint tourné vers en bas, la tête couronnée de pavots fermés et les ailes baissées vers la terre. Serrée contre lui, mais comme semblant s'arracher de ses bras, pysyché prend son vol en étendant ses ailes de papillon; sa tête est ornée, comme pour une fête, de roses à demi épanouies; son flambeau alumé s'élève vers le ciel. Ce groupe ingénieusement inventé et exécuté avec la plus admirable déliatesse peut, sans contredit, être comparé aux plus beaux ouvrages plastiques de ce

ſes iſt beſonders an der gegen die Neuhauſerſtraße gekehrten Hauptfacade der Kirche ſichtbar, welche, ungeachtet der vielen bis zum höchſten Giebel reichenden Statuen, der zwey hohen Portale von rothem Marmor, und des zwiſchen denſelben aufgeſtellten koloſſalen Standbildes des heiligen Michael nach Candid's Zeichnung, von dem Weilheimer Hanns Krumper in Bronze ausgeführt, mit der reinen und ſtillen Größe des Innern einen höchſt widerlichen, ſchnörkelhaften Kontraſt bildet. Unter dem Chor der Kirche befindet ſich die zweyte Fürſtengruft, worin der fromme Stifter Herzog Wilhelm V. und ſein großer Sohn Kurfürſt Maximilian I. mit ihren Gemahlinnen, und mehrere Fürſten und Fürſtinnen der bayeriſchen und pfälziſchen Linien ruhen. Eine neue und ſehr vorzügliche Zierde hat dieſe Kirche durch das, im laufenden Jahre (1830) aufgeſtellte, herrliche Monument des zu früh verewigten Herzogs von Leuchtenberg, welchen Ludwig XVIII. das Muſter der Fürſten nannte, des wahren Ritters ohne Furcht und Tadel, von Phidias=Thorwaldſen erhalten. Der in einfacher Hoheit vortretende Heros, entkleidet von allen Zeichen des gewohnten Glanzes, nur das Schwert des Feldherrn an der Seite, übergiebt der rechts neben ihm ſitzenden und ſchreibenden Clio den unter Aegyptens Pyramiden, bey Marengo und am Mincio, auf den Feldern bey Raab und bey Maloja-roslawiz hochverdienten und immer vergrößerten, ſelbſt auf Rußlands Schnee-Wäſſern und am unglücklichen Tage bey Sacile unbefleckt erhaltenen Lorbeerkranz. Zur Linken ſteht der Genius des Todes mit ausgelöſchter, nach unten gekehrter Fackel, das Haupt mit geſchloſſenen Mohnblumen bekränzt, und die Flügel zur Erde geſenkt. An ihn angeſchmiegt, und doch zugleich wie aus ſeinen Armen ſich entwindend, ſchwebt Pſyche mit ausgebreiteten Schmetterlingsflügeln, das Haupt mit aufblühenden Roſen, wie zu einem Feſte geſchmückt, die Fackel brennend und aufwärts gerichtet. Dieſe tiefgedachte und mit der bewundernswürdigſten Zartheit ausgeführte Gruppe kann unbedenklich und ohne zu verlieren, den ſchönſten plaſtiſchen Werken dieſer Art, die von griechiſcher Kunſt auf uns gekommen ſind, an die Seite geſtellt werden. Ober dem Haupte des Herzogs prangt ſein. in allen Fällen unabweichlich befolgter Wahlſpruch: Honneur et fidélité, und der Fuß des Grabmahles enthält die einfache und rührende Inſchrift:

Heic placide ossa cubant
Eugenii Napoleonis
Regis Italiae vices quondam gerentis.
nat. lutet. Parisior. d. 3. Sept. 1781.
def. Monachii. d. 21. Febr. 1824.
Monumentum posuit vidua mocrens
Augusta Amalia
Maximil. Ios. Bav. Regis filia.

Der Eingang in die Gruft der Jesuiten, welche die sterblichen Ueberreste in verschiedener Rücksicht merkwürdiger Männer verwahrt, ist in der Kreuzkapelle.

Um den außerordentlichen Umfang dieses ehemaligen Jesuitenkollegiums zu beurtheilen, darf man nur in Erwägung ziehen, welche Anstalten für den Staat, die Wissenschaft und die Kunst gegenwärtig hierin Raum finden.

Für den Staat: Das königliche Reichsarchiv, diese unerschöpfliche Fundgrube für die bayerische Geschichte, zuerst unter dem Ministerium des Grafen von Montgelas eröffnet. Welche Schätze der Ritter von Lang, der jetzige Vorstand Freyherr von Freyberg und der geheime Rath Freyherr von Hormayr bereits zu Tag gefördert haben, ist den Gelehrten bekannt. Für die Zukunft sind durch deren rastlos fortgesetzte Bemühungen, unter thätigster Mitwirkung der bey dieser Behörde angestellten unermüdeten Geschichtsforscher Hungershausen, Huschberg, Moritz und Zenker, reiche Erndten zu erwarten.

Für die Wissenschaft: Die königliche Hof- und Staatsbibliothek, eine der reichsten und wichtigsten Europas, welche unter vortrefflicher Leitung ihres Vorstandes Directors v. Lichtenthaler, und ausgezeichneter Beyhülfe des Bibliothekars Schnettinger und der Kustoden Rott, Krabinger, Schmeler und Schmiedhammer, einer hohen Vollkommenheit immer näher gebracht wird. Sie ist in mehr als sechzig großen und kleinern Sälen, Zimmern und Korridoren aufgestellt, und enthält, nach einem sehr mäßigen Anschlage in runden Zahlen, wenigstens 16000 Handschriften, über 50 xylographische Denkmale, mehr als 103000 Inkunabeln, wenigstens 250000 Werke, wenn jedes Werk nur zu 2 Bänden berechnet wird, wirft sich eine halbe Million heraus, weit mehr als 100000 Dissertationen, gewiß dreymal so viel andere kleine Schriften. Unter der besondern Abtheilung Cimelien wird ein zahlreicher und höchst bedeutender Schatz von Handschriften bewahrt, welche wegen ihres hohen Alterthumes, als Autographa, durch kunstreiche Gemälde, in Rücksicht ihrer kostbaren Einbände von Gold und Silber mit Edelsteinen besetzt, vorzügliche Aufmerksamkeit verdienen.

Das reiche, besonders durch die ihm einverleibte cousinysche Sammlung merkwürdige königliche Münzkabinet, dessen Geschichte von dem würdigen Konservator Bischofe und Dompropste von Streber vortrefflich beschrieben worden ist.

Die königliche Akademie der Wissenschaften, mit dem Sitzungssaale, den Bureaus des Präsidenten und der Klassen-Sekretäre, den naturgeschichtlichen und mathematisch-physikalischen Sammlungen, dem brasilianischen Museum und der mechanischen Werkstätte.

Die königliche Ludwig-Maximilians-Universität durch die ruhmbekränzten Männer, ihrer Professoren Ast, Buchner, Döllinger, Dresch, Fuchs Görres, Mannert, Martius, Maurer, Ohm, Ringseis, Röschlaub, Schilling, Schubert, Thiersch, Walther ꝛc. weit über Europas Gränzen

genre que nous transmis l'art des Grecs, sans crainte de rien perdre à cette comparaison. Au dessus de la tête du Duc parait la devise qu'il suivit si fidèlement dans toutes les circonstances: „Honneur et Fidélité" et au pied du monument on lit cette épitaphe aussi simple que touchante.

Heic placide ossa cubant Eugenii Napoleonis Regis Italiae vices quondam gerentis. Nat. Lutet. Parisior. d. 3 Sept. 1781. Def. Monachii d. 21 Febr. 1824. Monumentum posuit vidua moerens Amalia Augusta Maximil. Jos. Bav. Regis Filia.

L'entrée du caveau de l'église des Jésuites, qui renferme les dépouilles mortelles d'un grand nombre d'hommes remarquables sous divers rapports, est dans la Chapelle de la Croix (Kreuz-Kapelle).

Pour juger de l'immense circuit, de cet ancien collége des Jésuites, on n'a qu'à considérer combien il contient maintenant d'établissements pour l'Etat, les Sciences, et les Arts.

Pour l'Etat: Le bureau des archives du Royaume; source inépuisable pour l'histoire de Bavière.

Pour les Sciences: La bibliothèque royale de la Cour et de l'Etat, l'une des plus riches et des plus importantes de l'Europe, et qui sous l'excellente direction de son chef actuel, le directeur de Lichtenthaler, et la coopération distinguée du bibliothécaire Schrettinger, et des custodes Rott, Krabinger, Schmeler et Schmidthammer, approche de plus en plus d'une haute perfection. Elle est rangée dans plus de soixante pièces, consistant en salles, en chambres plus ou moins grandes et en corridors, et elle contient, d'après une évaluation modique et en nombre ronds, 16000 manuscrits, plus de 50 monuments xylographiques, au-delà de 10300 incunables, au moins 25000 ouvrages (en ne comptant que deux volumes pour chaque ouvrage quoiqu'il y en ait de 25, 50, et même 100 volumes, nous aurons un demi million de volumes), bien plus de 100000 dissertations, au moins trois fois autant d'autres petites brochures. On conserve encore dans une section particulière, sous le nom de Cimélies, un riche trésor de manuscrits très-important et dignes d'une attention particulière soit à cause de leur haute antiquité, soit comme autographes, soit par de précieuses peintures, soit enfin à cause de leur magnifique reliure en or, en argent, en pierreries, etc.

Le Cabinet de médailles, riche et sur-tout remarquable par la collection de Cousiner qui y a été jointe, et dont le digne conservateur de Streber, évéque et prévot du chapitre, a supérieurement écrit l'histoire. L'Académie royale des sciences avec sa salle de séances, les bureaux du président et des secrétaires de classes, les cabinets d'histoire naturelle et de physique, le musée Brésilien et l'atelier mécanique.

L'Université royale Ludovico-Maximiliane que les noms glorieux des professeurs Ast, Buchner, Döllinger, Dresch, Fuchs, Görres, Mannert, Martius, Maurer, Oken, Ringseis, Röschlaub, Schelling, Schubert, Thiersch, Walther, etc. ont rendue célèbre bien au-delà de l'Europe, avec ses salles d'auditoire, sa riche bibliothèque, les restes de la salle orbanique, sa chancellerie, etc.

Le Seminaire philologique.

Pour les Arts: L'Académie royale des arts plastiques, fondée en 1759 sous l'electeur Maximilien Joseph III, constituée comme elle l'est aujourd'hui sous le roi Maximilien I. en 1805, parfaitement organisée par le digne directeur de Langer, portée à un très-haut degré de perfection sous la direction actuelle du grand peintre Cornelius, et des professeurs distingués Amsler, Gärtner, Hess, Schorn et Zimmermann, avec sa grande et sa petite salle d'antiquités, les chambres pour dessiner des modèles, pour les compositions pittoresques, pour la sculpture, pour l'architecture et pour la gravure, etc. On se sert aussi de ce local pour l'exposition des productions de l'art, qui a lieu tous les trois ans.

Le Cabinet d'estampes, recueil extrêmement riche, et parfaitement arrangé par l'inspecteur Brouillot, célèbre pour ses connaissances en fait de monogrammes.

Le nom de Kaufinger-Strase provient probablement des marchands (Käffl, Ceuffl) qui s'y établirent les premiers pour y faire leur trafic. C'est une des plus animées et des plus commerçantes. On y trouve les hôtels de l'Aigle noir et de la Croix d'or; les librairies de Fleischmann, Lentner, Lindauer et le magasin d'estampes de Hermann.

Sur la planche ci-jointe on voit encore la grand' garde, la tour de la maison de ville et le haut de la tour de l'église St. Pierre.

hinaus berühmt, mit ihren Hörsälen, ihrer reichen Bibliothek, dem Ueberreste des Orbanischen Saales, der Kanzley. ꝛc.

Das philologische Seminar.

Für die Kunst: Die königliche Akademie der bildenden Künste, unter Kurfürsten Maximilian Joseph III. 1759 gegründet, unter König Maximilian I. 1805 in gegenwärtigen Stand umgeformt, von dem verdienstvollen Direktor von Langer vortrefflich eingerichtet, unter der Direction des großen Malers Cornelius, von den um die Kunst hochverdienten Professoren Amsler, Eberhard, Gärtner, Heß, Schorn und Zimmermann, auf eine hohe Stufe der Vollendung gebracht, mit dem großen und dem kleinern Antikensaale, den Zimmern zur Modellzeichnung, zur malerischen Komposition, für Bildhauerkunst, Architectur und Kupferstecherkunst ꝛc. Dieses Lokal wird auch zu der in jedem dritten Jahre stattfindenden Kunstausstellung benützt.

Die ungemein reichhaltige, von dem, durch seine Monogrammen-Kenntnisse rühmlichst bekannten Inspector Brulliot auf das zweckmäßigste geordnete königliche Kupferstich-Sammlung.

Das vormahlige Jesuiten-Collegium wird von dem vormaligen Kloster der Augustiner-Eremiten nunmehr königlicher Justiz-Pallast, worin das Justizministerium, das Oberappellationsgericht und das Stadtgericht ihre Sitzungen halten, und die Maut-Halle, durch die Weitengasse getrennt.

Auf der entgegengesetzten Seite, vom Neuhauserthor rechts ist das Pschorrische Bräuhaus durch Umfang des Gebäudes und Gewerbes merkwürdig.

Die Benennung Kaufingerstrasse ist wahrscheinlich von den Kaufleuten (Käffl, Cueffl) welche sich zuerst in solcher angesiedelt, und ihr Gewerb getrieben haben, entsprungen. Sie gehört zu den lebhaftesten und gewerbreichsten. In ihr befinden sich die Gasthöfe zum schwarzen Adler und zum goldenen Kreuz, die Buchhandlungen von Fleischmann, Lentner, Lindauer und die von Hermannsche Kunsthandlung.

Auf dem vorliegenden Blatte sieht man noch die Hauptwache den Rathhausthurm und den obern Theil des St. Petersthurmes.

NEUHAUSER- UND KAUFFINGER-STRASSE

München bei Hermann & Barth

K. Academie der bild. Künste.   St. Michaels Kirche.   Mauthalle.   Rathhaus-Thurm.   St. Peters-Thurm.

Das Portal des Botanischen Gartens.

Der Botanische Garten gehört zu den vielen großartigen Schöpfungen des verewigten Königs Maximilian I. Er ist vor dem Neuhauser- (Karls) Thore entlegen, und sein ganzer Umfang beträgt 13½ Bayerische Tagwerke 8762 Fuß. Obschon, neben mehreren andern Hindernissen, der unebene, steinige, magere, unfruchtbare Boden ganz umgeschaffen, zur Herleitung des nothwendigen Wassers vom allgemeinen Krankenhause her, ein langer Kanal hergestellt werden mußte, und ungeachtet des höchstunvortheilhaft einwirkenden Klima, wurde er doch in wenigen, und zwar meistens kriegerischen Jahren, auf eine Weise vollendet, welche ihn berechtiget, mit den meisten ähnlichen Anstalten Europa's rühmlichst zu wetteifern, besonders seit er, ohne die Königliche Schankungen und die zahlreichen Beyträge in- und ausländischer Naturfreunde anzurühmen, mit den kostbaren Naturschätzen Brasiliens so vorzüglich bereichert worden ist. An das Portal, wovon das vorliegende Blatt eine treue Abbildung liefert, und welches mit der Inschrift: „Florum Daedalae Telluris gentes dissitae Maximiliani Jos. R. Numine consociatae 1812" bezeichnet ist, schließt sich eine 3 Fuß hohe Mauer mit eisernen Staffeten. Die herrlich gediehenen Baumpflanzungen gewähren den freundlichsten Anblick. Das Gewächshaus, welches 462 Fuß lang und in der Mitte 36 Fuß hoch ist, mit 17 Fuß hohen Fenstern, hat, neben der höchst zweckmäßigen innern Einrichtung, das Verdienst einer äußern gefälligen architektonischen Form. In sechs Abtheilungen, welche nur durch Glaswände geschieden sind, leben die Pflanzen in ihren, künstlich hervorgebrachten, eigenthümlichen Klimaten, und überall bildet die Decke eine Ellipse, durch welche Licht auf die Gewächse erflektirt wird. Zwey andere Abtheilungen werden, die gegen West zur Aufbewahrung der Sämereyen, die gegen Ost als Hörsaal für Botanische Vorlesungen, benützt. Beyde sind mit passenden Inschriften, jene: Hic ver continuum atque alienis mensibus aestas, diese: Hic intra. Hic Florae soboles et lecta propago, geziert. Aus sehr triftigen Gründen wird das Gewächshaus nicht durch Kanäle, sondern von eisernen Oefen geheizt. Der hintere Theil wird gegen die Nordwinde durch einen Korridor geschützt, der zugleich dazu dient, das Holz und verschiedene Geräthschaften aufzubewahren. Im Arboretum sind alle bekannte sowohl einheimische als ausländische Bäume und Gesträuche, nach ihren verschiedenen Geschlechtern, in malerischen Gruppen gepflanzt. Unter den Attributen dieser Anstalt gebührt dem Herbarium, einem der reichsten in Europa, die vorzüglichste Stelle. Ausgezeichnete Verdienste um den Botanischen Garten haben sich erworben, aus den Verstorbenen: der Akademiker Dr. Göthe, der Intendant der Königlichen Gärten Ritter von Sckell und dessen Sohn der Botanische Gärtner Wilhelm Sckell;

Le Portail du Jardin Botanique.

Le Jardin Botanique est un des nombreux établissemens dont la Bavière est redevable à la munificence du roi défunt, Maximilien I. — Il est situé à quelque distance de la Porte Neuhauser (ou Porte Charles) et embrasse un circuit de 8762 pieds de Bavière. Quoique l'on ait eu à vaincre, entre autres obstacles, celui d'un terrain inégal, pierreux, maigre et stérile, et que l'on ait eté obligé d'amener l'eau au moyen d'un long canal, qui s'étend jusqu'à l'Hôpital général; malgré l'influence nuisible du climat, ce jardin n'en atteignit pas moins en quelques années, la plupart pluvieuses, un degré de perfection qui l'autorise à rivaliser dignement avec le plus grand nombre des établissemens de ce genre qui se trouvent en Europe, sur-tout de puis que, sans compter les donations qu'il a reçues de la Cour, et des amis de l'art, tant du pays qu'étrangers, il s'est vu si considérablement enrichi des précieuses productions du sol brésilien. — Le Portail, que la planche ci-jointe représente fidèlement, porte pour inscription: „Florum Daeda„lae Telluris gentes dissitae Maximiliani Jos. R. Numine con„sociatae 1812."

Le Jardin est entouré d'un mur de trois pieds de haut, surmonté d'une grille de fer, et lequel vient se joindre au portail. Les plantations d'arbres, qui ont très-bien prospéré, offrent un coup d'oeil charmant. La serre, qui a 462 pieds de longueur, 36 pieds de hauteur dans le milieu, et dont les fenêtres ont 17 pieds de haut, joint aux avautages d'une excellente distribution intérieure, le mérite d'une architecture tres-élégante à l'extérieur. Six répartitions, qui ne sont séparées que par des vitrages, renferment les plantes, qui vivent chacune dans le climat artificiel qui lui est propre, et partout la couverture du bâtiment forme une ellipse au moyen de laquelle la lumière se réfléchit sur les plantes. Deux autres répartitions, aux deux extrémités, sont destinées, l'une, vers l'Ouest, à conserver les semences, l'autre, à l'Est, à y tenir les cours de botanique. L'une et l'autre sont ornées d'inscriptions analogues à leur objet; on lit sur la première: „Hic ver „continuum atque alienis mensibus aestas." — Sur l'autre: „Hic in„tra. Hic Florae soboles et lecta propago." — C'est pour de bonnes raisons que l'on ne chauffe point au moyen de conduits, mais par des poiles en fer.

La partie de derrière du bâtiment est garantie des vents du Nord par un corridor, qui sert en même temps à conserver le bois et autres ustensiles. L'arboretum contient toutes les espèces d'arbres et arbustes, tant indigènes qu'étrangers, formant, d'après leurs différents genres, autant de groupes pittoresques. On doit sur-tout mettre au nombre des attributs de cet établissements son herbarium qui est un des plus riches de l'Europe. Les hommes qui se sont principalement distingués par rapport à cet établissement sont, parmi les décédés: l'académicien, Dr. Guthe; l'intendant royal des jardins, chevalier Sckell, et son fils, le jardinier botaniste Guillaume Sckell; parmi les vivans: le Nestor des botanistes allemands, chevalier de Schrank, le conseiller de la Cour, Charles de Martius, et, dans les temps plus récents, le professeur Zuccarini et le jardinier botaniste actuel Seitz. — Ceux qui désirent des instructions scientifiques trouveront de quoi se satisfaire dans les ouvrages imprimés de l'Académie royale des sciences, année 1813: dans l'ouvrage du chevalier de Schrank qui a pour titre: „Plantis rarioribus „Horti Monacensis," et sur-tout dans les programmes du chevalier Martius: „Hortus botanicus R. Academiae Monacensis, seu horti botanici, „qui Monachii floret, historia breviter enarrata, et praesens „conditio descripta, 1825."

Vis-a-vis du jardin botanique, du côté du Sud, est situé le palais du Duc Clement, qui n'est séparé du dit jardin que par la rue Elise; ce bâtiment, divisé en plusieurs pavillons, avec un grand jardin attenant, fut habité en dernier lieu par la Duchesse douairière Marie Anne, décédée le 25. Avril 1790, laquelle a sur-tout bien mérité de la Bavière relativement à la conservation de l'intégrité de ce pays. Maintenant, cet édifice est occupé par le Corps des Cadets, institut qui, fondé en 1747 par l'Electeur Maximilien Joseph, s'est vu depuis étendu, et perfectionné dans son organisation sous le gouvernement royal. Plus de 150 Elèves sont formés dans cet établissement pour devenir d'habiles officiers de toutes les armes; ou les fait instruire dans les sciences, les langues et les arts par des professeurs et des maîtres distingués. Cet établissement est présentement sous la direction du Major-Général, Chevalier de Tausch, homme de mérite qui remplit son poste avec autant de dignité que de lumières. Entre autres personnages distingués dont s'honore l'armée bavaroise, nous citerons le Colonel de Heidegger, dont la renommée en qualité d'homme, de militaire et d'artiste s'est répandue au delà des limites de l'Europe, et qui doit sa première instruction à cet Institut.

aus den noch lebenden: der Nestor der deutschen Botaniker Ritter von Schrank, Hofrath Ritter von Martius, und in der neuesten Zeit, Professor Zuccarini und der dermalige Botanische Gärtner Seitz. Wer wissenschaftliche Belehrung sucht, wird sie in den Denkschriften der Königlichen Akademie der Wissenschaften für das Jahr 1813, in des R. v. Schrank Plantis rarioribus Horti Monacensis, und besonders in den Programma des R. v. Martius: Hortus botanicus R. Academiae Monacensis, seu horti botanici, qui Monachii floret, historia breviter enarrata, et praesens conditio descripta 1825. reichlich finden.

Den Botanischen Garten Südlich gegenüber, und nur durch die Elisen-Straße getrennt, liegt das, aus mehreren Pavillons bestehende, Herzog-Klementinische Palais, mit seinen großen Garten welches zuletzt die um Bayerns erhaltene Integrität hochverdiente verwittibte Herzogin Maria Anna bis zu ihren am 25. April 1790 erfolgten Tod bewohnt hat, und nunmehr für das Königliche Kadetenkorps benützt wird. Dieses Institut, von den Kurfürsten Maximilian Joseph III. im Jahre 1747 gegründet, ist unter der Königlichen Regierung sehr erweitert, und vielfach zweckmäßig verbessert worden. Mehr als 150 Jünglinge werden hier zu tüchtigen Offizieren von allen Waffengattungen gebildet, und erhalten in Wissenschaften, Sprachen und Künsten von ausgezeichneten Professoren und Lehrern vortrefflichen Unterricht. Der, das ganze mit Kenntniß und Würde thätigst leitende Vorstand, ist gegenwärtig der verdienstvolle General-Major von Tausch. Diesem Institute verdanket, mit vielen andern Zierden des Bayerischen Kriegsheeres, auch der Oberst von Heidegger, welcher seinen Ruhm als Mensch, Militär und Künstler über die Europäischen Gränzen hinaus verbreitet hat, seine erste Bildung.

PORTAL
des botanischen Gartens.
München bei Hermann & Barth

Das k. Hof- und National-Theater.

Nachdem durch Aufhebung und Niederreißung der, an den linken Flügel der landesherrlichen Residenz anstoßenden Ridler Nonnen- und Franziskaner Mönch-Klöster ein großer freier Raum (Max Joseph-Platz) gewonnen worden war, ließ König Maximilian I. in dessen Hintergrund neben dem alten Opernhause durch den Architekten Karl von Fischer und Hofbaumeister Franz von Paula Thurn auf Kosten des Münchner Magistrats ein neues prächtiges Hof- und National-Theater aufführen. Den Grundstein legte hiezu den 12ten Oktober 1811 der damalige Kronprinz Karl Ludwig von Bayern. Am 12ten Oktober 1818 geschah die glänzende Eröffnung dieser herrlichen Kunsthallen. Allein schon den 12ten Jänner 1823 wurden sie leider ein Raub der Flammen.

Bey der schleunigst beschlossenen Wiedererbauung mit aller innern Einrichtung hat man die architektonischen Formen des, von Fischer entworfenen ursprünglichen Planes mit wenigen Ausnahmen beibehalten, jedoch die beiden Seitenflügel zu Conzerten, Redouten u. d. gl. bestimmt, abermal ganz weggelassen. Schon am 2ten Jänner 1825 ward die zweite Eröffnung der Schaubühne bewerkstelligt.

Das Prachtgebäude ist im schönsten, erhabensten Style mit großer Dauerhaftigkeit aufgeführt, mißt 333 Schuhe in der Länge, 185 Schuhe in der Breite, und bis zum Giebel 149 Schuhe. Nach der Länge des äußern Front-Einganges sind steinerne Stufen, welche zu den 3 Hauptthüren führen, nachdem man den, von 8 hohen und dicken korintischen Steinsäulen unterstützten Vorsprung passirt hat, unter welchem auch auf beiden Seiten, wie bey den 2 Nebenthüren, an- und abgefahren werden kann. Das Ganze wird äußerlich durch 4 große Candelaber von Eisenguß zur Nacht-Zeit beleuchtet. In der Vorhalle mit ihren 4 Säulen erblickt man rechts und links große Hauptstiegen von Marmor zu den königl. Logen und Appartements, in welch letztern während der Carnaval soupirt, und Hofball gegeben werden kann. Von der Vorhalle tritt man in die Fojiers, und über 2 Vorplätze durch 5 Thüren in das Logenhaus, einen Zirkel-Raum von 80 Schuhen im Durchmesser haltend, wo man auf beider Seits doppelten Wendeltreppen in die 4 Range und auf die Gallerie kommt. Hinter den herumlaufenden Mittelgängen sind die Garderobe- und andere Zimmer angebracht. In das 66 Schuhe lange und breite Parterre gelangt, begegnet dem Auge zunächst dem schönem Portalvorhange das Proszenium mit kanelirten Säulen geziert, an welchem sich übereinander 3 schmuckvolle Logen für die königliche Familie erheben. An das Proszenium reihen sich ebenfalls übereinander beyder Seits Logen-Brüstungen mit Arabesken-Malereyen versehen. Ober ihnen ist die Volks-Gallerie, oder der sogenannte Juhe, unter ihnen die Parterre-Gallerie. Die Zahl der Logen beträgt 90, jede zu 7 Personen. Das Parterre faßt 900, die oberste Gallerie 350, das Ganze 2060 Personen, auch noch darüber. Im Hintergrunde, in gerader Richtung auf die Schaubühne, erhebt sich im prachtvollsten Glanze die königliche Hauptloge, welche Alles vereinigt, was Kunstsinn, Zierlichkeit, Fleiß in der kurz bedungenen Zeit zu liefern im Stande war. Das ganze Innere des Theaters wird außer dem Spiele durch einen herablassenden Luster erhellt; bey feyerlichen Gelegenheiten kann durch mehrfache Wandleuchter, an den Logen-Wänden von Aussen angebracht, der blendendste Lichtschimmer mit jenem

Le Théâtre Royal et Nationnal.

Le couvent de cordeliers et celui de religieuses, contigus à la résidence des souverains, ayant été supprimés et démolis, le roi Maximilien I fit construire dans le fond de la grande place (place de Maximilien) où se trouvaient ces édifices, un superbe nouveau théâtre à côté de l'ancien; ce monument royal et national fut érigé par l'architecte Charles de Fischer et le directeur des bâtimens, François de Paula Thurn, aux frais du Magistrat de Munich. La pierre fondamentale en fut posée, le 12 Octobre 1811, par le prince royal d'alors, Charles Louis de Bavière. L'ouverture de ce magnifique temple des arts eut lieu le 12 Octobre 1818; mais malheureusement il fut déjà la proie des flammes le 12 Janvier 1823.

On décida promptement de rebâtir ce théâtre, avec toute sa distribution intérieure, sur l'ancien plan dressé par Charles Fischer, et d'en conserver toutes les formes architectoniques avec quelques légères modifications, en omettant toutefois cette fois-ci, comme la première, les deux bâtimens latéraux, destinés à y tenir des concerts, des redoutes, etc. La nouvelle ouverture de la scène eut déjà lieu le 25 Janvier 1825.

Ce pompeux édifice, bâti dans le plus noble style et avec beaucoup de solidité, a 333 pieds de longueur, 185 de largeur et 149 de hauteur. On arrive aux trois portes principales par un escalier en pierres, qui s'étend tout le long de la façade, et après avoir passé un péristile soutenu par 8 hautes et grosses colonnes en pierre, de l'ordre corinthien; il y a en outre deux portes latérales pour les voitures. Quatre grands candelabres en fer de fonte éclairent l'édifice pendant la nuit. En entrant dans le vestibule, décoré de quatre colonnes de marbre, on aperçoit à droite et à gauche deux grands escaliers également en marbre, qui conduisent aux loges royales et aux appartements attenants, où, pendant le carnaval, la cour donne parfois des concerts et des bals. Du vestibule, on passe dans les foyers et, traversant deux larges corridors, on entre par cinq portes dans l'enceinte où sont les loges, qui offre une circonférence de 80 pieds de diamètre, et où, de chaque côté, un double escalier en limaçon conduit aux quatre rangées de loges ainsi qu'à la galerie. On a pratiqué derrière les corridors intermédiaires, la garde-robe et quelques autres chambres. Arrivé dans le parterre, qui a 66 pieds de largeur et autant de longueur, l'oeil est d'abord frappé à la vue de la grande toile et de l'avant-scène, décorée de colonnes cannelées, entre lesquelles sont pratiquées, l'une au-dessus de l'autre, trois élégantes loges pour la famille royale. A l'avant scène viennent se joindre, également l'une au-dessus de l'autre, les quatre rangées de loges, dont les appuis sont décorés d'arabesques. Au-dessus des loges est la galerie pour le peuple, dite paradis; au-dessous, la galerie du parterre. Les loges sont au nombre de 90, contenant 7 personnes chacune; le parterre contient 900 personnes, le paradis 350; tout le théâtre 2060 personnes. Dans le fond, vis-à-vis de la scène, s'élève pompeusement la grande loge royale, qui présente toute ce que l'art pouvait étaler d'élégance dans le court espace de temps qui lui était assigné. Tout l'intérieur est éclairé par un grand lustre, que l'on baisse jusqu'au lever de la toile et pendant les entr'actes; les jours de solennité, on produit une brillante illumination en ajoutant à celle de ce lustre la lumière des plaques pratiquées en dehors des loges. La scène a 100 pieds de largeur, sur 90 de longueur; elle a 16 rangées de coulisses et on peut encore, au besoin, en augmenter considérablement l'étendue, en y joignant la salle pour les peintres, qui est également large de 100 pieds et longue de 43. Les jours de bal, pendant le carnaval, on élève le parterre au niveau de la scène et l'on transforme ainsi tout l'intérieur en une immense salle à danser. Les parties du théâtre qui sont en bois, sont recouvertes d'un enduit, qui les préserve contre le feu. La construction de la machinerie est un chef d'oeuvre et on peut la nommer unique dans ses détails. Le théâtre se chauffe au moyen de tuyaux souterrains qui circulent au loin dans l'édifice. Le toit est recouvert de cuivre et on peut le parcourir en dehors. L'appareil contre les incendies consiste en 21 réservoirs en cuivre plus ou moins grands, contenant ensemble plus de 1000 seaux d'eau, et en 4 pompes foulantes, au moyen desquelles on peut continuellement faire remonter l'eau des espaces inférieurs jusqu'au-dessous et au-dessus du toit.

vereinigt werden. Die Bühne selbst ist 100 Schuhe breit, 90 Schuhe lang, mit 16 Coulissen-Reihen versehen, gewinnt im Falle Bedürfens bedeutend an Raum durch den ebenfalls 100 Schuhe breiten, 43 Schuhe langen Maler-Saal. Bei Bällen zur Karnavals-Zeit wird das Parterre der Bühne gleich aufgehoben, und in einen ungeheuren Tanz-Saal umgeschaffen. Die Holztheile des Theaters sind mit Feuer sicherndem Anstriche versehen. Meisterlich in ihrer Construirung ist die Maschinerie, und diese einzig in ihrem Detail zu nennen. Die künstliche unterirdische, weit sich ausbehnende Beheizung in dem Gebäude geschieht durch Röhren. Die Dachung ist mit Kupfer eingedeckt, und kann von Außen beschritten werden. Die Feuerlösch-Vorrichtungen bestehen aus 21 großen und kleinen gefüllten kupfernen Wasser-Reserven, über 1000 Eimer haltend, aus 4 Hauptdruckwerken, aus welchem das Wasser unausgesetzt von den untersten Räumen bis unter und über das Dach getrieben wird.

Altes Theater · Decorations Gebäude

DAS KÖNIGL. HOFTHEATER.

Gedruckt und im Verlag bey J. M. Hermann in München.

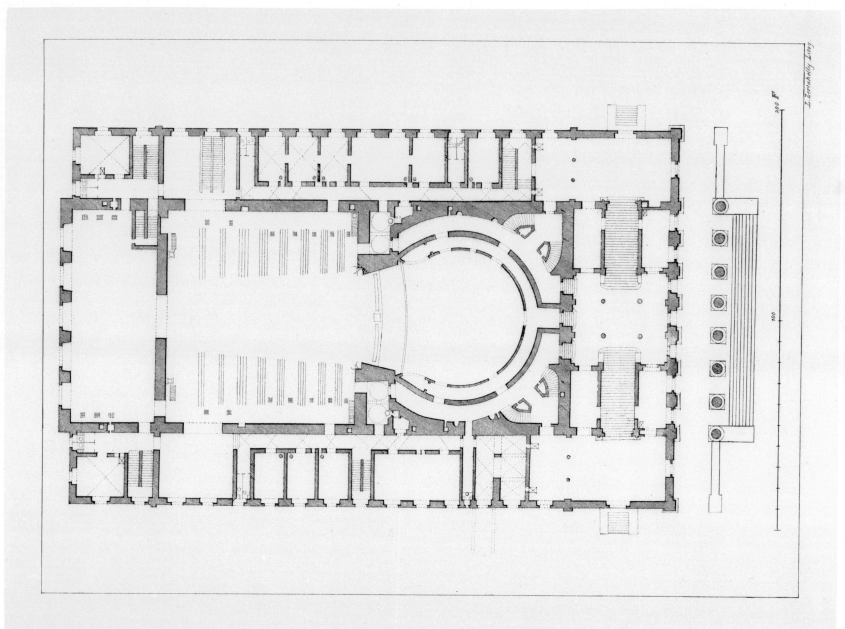

GRUND-PLAN DES K. HOFTHEATERS.
bei J.M. Hermann in München.

Glyptothek.

Die von In- und Ausländern öfters gemachte Vergleichung Münchens mit Athen unter Perikles und mit Florenz unter den Medizeern ist in Hinsicht der Kunst keineswegs unbescheiden: denn, abgesehen von dem, was unter den frühern Regenten von Herzog Albert V.. bis König Maximilian I. ruhmvoll geschehen ist, wird sie schon durch diese erste Schöpfung Königs Ludwig glorreich gerechtfertiget, welche an Reichthum und Wichtigkeit ihrer antiken und modernen Kunstschätze mit den ersten Museen Europa's wetteifert, und durch die Auszierung ihres Lokals mit dem Großartigsten und Prachtvollsten, was die ewige Roma der Art aufweiset, sich gleich stellt.

Der Plan zur Glyptothek ist von dem Herrn Geheimen Ober-Baurath Ritter von Klenze entworfen und ausgeführt worden. Vier Flügel bilden einen innern, zum Garten bestimmten Hofraum, um welchen sich die Säle ziehen. Die nach dem Platze an der gegen Nymphenburg führenden Straße gewendete Hauptfaçade ist 225 Fuß lang, ganz aus Marmor, und hat in ihrer Mitte ein Peristyl von 12 jonischen Marmorsäulen und 4 Pilastern.

Die beiden ersten Säle links vom Eingange sind den Werken der egyptischen, etrurischen und ältesten griechischen Skulptur bis zum Zeitalter des Phidias gewidmet. Mit dem zweiten Saale steht der dritte, ausschlüssig der auf der Athen gegenüberliegenden Insel Aegina gefundenen, der Epoke des heiligen Styls angehörenden, für die alte Kunst und ihre Geschichte unschätzbaren Sammlung bestimmte, in der engsten Verbindung. Hierauf folgen die Säle der Barberinischen Muse, des Bacchus und der Niobiden, deren Inhalt aus Werken der höchsten griechischen Kunst seit Phidias besteht. Die zweite Abtheilung rechts vom Eintritte beginnt mit einem Saale für die Werke der Toreutik und Polychromatik, auf welchen der Saal mit den griechischen Bildnissen, und der sehr große, mit allem, für die ehemalige Weltherrscherin geeigneten, und zugleich ihre sinkende Kunst deckenden, Reichthume der Architektur, ausgeschmückte Römersaal folgen. Den Cyklus beschließt ein für die Werke der neueren Kunst bestimmter Saal, welcher durch vier antike Marmor-Kanephoren von dem Römersaale getrennt ist.

Beide Abtheilungen werden durch zwei Säle verbunden, in welchen man das schöpferische Genie, die hohe poetische Phantasie, den antiken Geist, die vielseitige Originalität und die großartige Composition des höchst ausgezeichneten Künstlers Ritters v. Cornelius, des Groß-Meisters der neuen deutschen Schule, nach dessen Cartons, zum Theil von ihm selbst, die Fresko-Gemälde ausgeführt sind, bewundert. Im Göttersaale sind die Reiche des Zeus, des Neptunus und des Pluto, Olympus, Oceanus und Hades, mit allen hiezu gehörigen Göttern und Göttinnen ꝛc., unter dem überall vorherrschenden Einflusse des mächtigen Eros, in drei großen Gemälden mit der richtigsten Zeichnung, classischen Aus-

La Glyptothèque.

Munich a déjà souvent été mise en comparaison, tant par des Bavarois que par des étrangers, avec Athènes sous Périclès, ou Florence sous les Médicis; sous le rapport de l'art, cette comparaison n'a rien d'immodeste; car, sans compter tout ce qui s'est fait de glorieux à cet égard depuis le Duc Albert V., jusqu'au Roi Maximilien I., on peut déjà justifier cet éloge par l'établissement de la Glyptothèque, cette première création du Roi Louis, laquelle, pour la richesse et l'importance des trésors de l'art ancien et moderne qu'elle renferme, peut rivaliser avec les musées les plus distingués de l'Europe, et qui, pour les ornemens du local, peut être comparée à ce que l'éternelle Rome nous offre de plus grand et de plus magnifique.

Le plan de la Glyptothèque a été dressé et mis en exécution par Mr. le conseiller privé en chef des bâtimens, chevalier de Klenze. Les quatre ailes de l'édifice forment un espace intérieur destiné à être un jardin, autour duquel s'étendent les salles. La façade principale, tournée vers la place qui touche à la route de Nymphenbourg, a 225 pieds de long, est toute en marbre et a au milieu douze colonnes de marbre de l'ordre ionique, et quatre pilastres.

Les deux premières salles, à gauche de l'entrée, sont destinées aux ouvrages de sculpture des Egyptiens, des Etruriens et des temps les plus reculés de la Grèce, jusqu'au siècle de Phidias. La troisième salle, qui vient se joindre à la seconde, est exclusivement destinée à la collection des objets trouvés dans l'île d'Egine, située vis-à-vis d'Athènes, et qui appartient à l'époque du saint style, collection d'un prix inestimable pour l'art ancien et son histoire. Viennent ensuite les salles de la Muse Barberine, de Bacchus et des Niobides, contenant les ouvrages de la dernière perfection de l'art chez les Grecs, depuis Phidias. La seconde division, à droite de l'entrée, commence par une salle pour les ouvrages de toreutique et de polychromatique; de là, on passe dans la salle de peintures grecques, qui est suivie de la grande salle romaine, décorée de toutes les richesses d'architecture convenables à l'ancienne dominatrice du monde et propres en même temps à y dissimuler la décadence de l'art. Le cycle est terminé par une salle destinée aux productions de l'art moderne, et séparée de la salle romaine par quatre Canéphores antiques de marbre.

Ces deux divisions sont réunies par deux salles, où se font admirer le génie créateur, l'essor de l'imagination poétique, l'esprit d'antiquité et la composition originale et majestueuse d'un artiste éminemment distingué, Mr. le chevalier de Cornelius, le grand-maître de l'Ecole allemande moderne; c'est d'après les cartons de cet artiste et en partie par lui-même qu'ont été exécutées les peintures à fresque qui décorent ces deux salles. Dans la salle des dieux, on voit les empires de Jupiter, de Neptune, de Pluton, l'Olympe, l'Océan et le Tartare, avec tous les dieux et les déesses etc. qui en font partie, et partout l'influence prédominante du puissant Cupidon, représentés dans trois grands tableaux, admirables par le dessin le plus correct, une exécution classique et un coloris d'une merveilleuse beauté. Les autres peintures plus ou moins grandes, que l'on voit dans les côtés, les arabesques les guirlandes, et qui ont un rapport direct avec les tableaux principaux; les arabesques, les masques, les bouquets de fleurs et de fruits etc. méritent également les plus grands éloges. Les dignes collaborateurs de Mr. Cornélius, M. M. Schlotthauer, le professeur Zimmermann, le colonel de Heidegger, le prof. Henri Hess et quelques autres plus jeunes artistes ont ici transmis à la postérité des souvenirs de leur talent et de leur habilité. Les hauts et les bas-reliefs, exécutés par M. M. Haller, que la mort a trop tôt enlevé; Schwanthaler dont les ouvrages du style antique le plus pur sont traités avec la plus grande délicatesse, attirent à un très-haut degré l'attention de l'amateur des arts. Le mérite de Mr. Stiglmaier ne paraîtra dans tout son jour que lorsque ses figures en bronze seront placées dans les niches extérieures. La magnificence du marbre des voutes et des murs élevés, le pavé en marbre de couleur, et les riches dorures ne doivent pas non plus être passés sous silence. La salle des Héros, proprement des Héros de la guerre de Troie, n'est pas encore achevée; mais à en juger par ce qu'on en voit déjà, elle ne le cédera en rien aux salles précédentes.

M. M. de Klenze et de Cornélius nous font espérer un ouvrage qui présentera la Glyptothèque dans toute sa valeur classique. En attendant, on pourra chercher des éclaircissemens instructifs dans les excellens articles que Mr. le professeur Schorn fait insérer dans le Kunstblatt (journal pour les arts) faisant partie du Morgenblatt (journal du matin) et dans les relations du prof. Wagner sur les ouvrages de l'art trouvés à Egine, publiées par Mr. le conseiller privé de la cour, chevalier de Schelling.

führung und wunderschönen Färbung dargestellt. Auch die vielen übrigen, mit den Hauptgemälden im engsten Verbande stehenden, größeren und kleineren Gemälde in den Nebenfeldern, so wie die Arabesken und Blumengewinde, verdienen das größte Lob. Die würdigen Mitarbeiter von Cornelius, die Herren Schlotthauer, Professor Zimmermann, Obrist v. Heidegger, Professor Heinrich Heß und einige jüngere Künstler haben hier das Andenken ihrer Kunsttalente und Fertigkeit verewiget. Die hohen und Flach-Reliefs des zu frühe verstorbenen Hallers, so wie jene von Schwanthaler, welche im reinsten Styl der Antike, mit der größten Zartheit behandelt sind, nehmen die gespannteste Aufmerksamkeit des kunstliebenden Beschauers in Anspruch. Herrn Stiglmaiers Verdienst wird dann erst in seinem vollen Lichte erscheinen, wenn die bronzenen Bilder in den äußeren Nischen aufgestellt seyn werden. Noch darf die Pracht des Stückmarmors an den hohen Gewölben und Wänden, der Fußböden von farbigem Marmor und der reichen Vergoldungen nicht unerwähnt bleiben. Der Heroensaal, eigentlich der Saal der Heroen des Trojanischen Kriegs, ist noch nicht vollendet, wird aber nach dem, was schon ausgeführt ist, zu schließen, den vorgehenden von keiner Seite nachstehen.

Von den Herren v. Klenze und v. Cornelius haben wir ein Werk zu erwarten, welches die Glyptothek in ihrem ganzen klassischen Werthe darstellen wird. Einstweilen geben die vortrefflichen Aufsätze des Herrn Professors Schorn in dem zum Morgenblatt gehörigen Kunstblatte und des Herrn Professors Wagner Bericht über die Aeginetischen Kunstwerke, herausgegeben von Herrn Geheimen Hofrath Ritter v. Schelling lehrreichen Aufschluß.

GLYPTOTEK.

München bei Hermann und Barth.

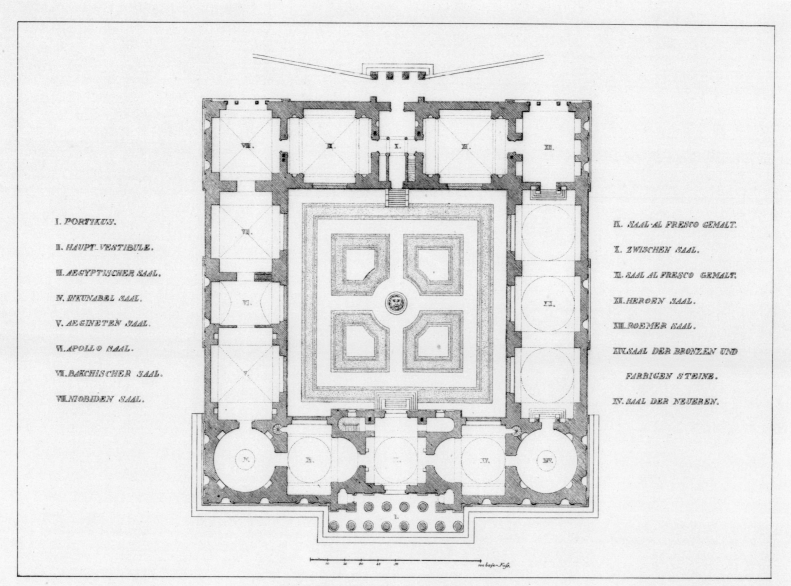

GRUNDRISS DER GLYPTOTHEK.

München bey Hermann & Barth

I. PORTIKUS.
II. HAUPT VESTIBULE.
III. AEGYPTISCHER SAAL.
IV. INKUNABEL SAAL.
V. AEGINETEN SAAL.
VI. APOLLO SAAL.
VII. BAKCHISCHER SAAL.
VIII. NIOBIDEN SAAL.

IX. SAAL AL FRESCO GEMALT.
X. ZWISCHEN SAAL.
XI. SAAL AL FRESCO GEMALT.
XII. HEROEN SAAL.
XIII. ROEMER SAAL.
XIV. SAAL DER BRONZEN UND FARBIGEN STEINE.
XV. SAAL DER NEUEREN.

Die Pinakothek.

Im Jahre 1826 ward dieser seltene Kunst-Tempel aus gewöhnlichen inländischen Quadern durch Geheimen Rath Leo von Klenze zu bauen angefangen, in 10 Jahren vollendet und mit mehr als 1500 Bildern des ältern und neuern Gemälde-Schatzes Bayerns in neun großen Sälen dann 23 Kabinetten durch den Central-Gallerie-Director von Dillis eingerichtet.

Dieses Prachtgebäude steht auf einem ganz freien Platze der Max-Vorstadt, welchen Garten-Anlagen schmücken. Seine von Osten nach Westen gerichtete, 520 Schuh betragende Fronte hat oben und unten vorspringende Queransätze, der erstern Süd- und Nord-Seite unter einer Altan mit 4 Säulen einen Haupteingang; zum gewöhnlichen Gebrauche aber ist ein besonderes Portal an der östlichen Seitenfaçade der Barerstraße zu, gegenüber dem Infanterie-Kasernhofe, vor welchem zwei kolossale Löwen ruhen, bestimmt. Ober den hohen Fensterreihen prangen auf des Daches Zinnen 25 Statuen älterer ausgezeichneter Maler Raphael, M. Angelo, Van Dyk, A. Dürer ꝛc. nach Professor L. Schwanthalers Modellen von Leeb, Mayer u. A. in Sandstein ausgeführt.

Eine weite Säulenvorhalle empfängt beim Eintritte den Freund schöner Künste; zwei geräumige steinerne Treppen geleiten ihn in des obern Stockwerkes lichte Räume, wo mit dem Saale der Stifter die vereinigte Gemälde-Gallerie verschiedener bayerischer Landestheile beginnt. Der erste Grund zu einer Sammlung für Altbayern wurde durch dessen kunstsinnigen Regenten, Herzog Albrecht V. gelegt. Alle Nachfolger haben dieselbe bereichert. Ihren größten Zuwachs erhielt sie von dem Churfürsten Karl Theodor und König Maximilian Joseph durch die Düsseldorfer, Mannheimer und Zweybrücker Gallerien. Höchst werthvolle Schätze fügte König Ludwig hinzu. Ueberraschend ist der Anblick der 400 Schuh langen offenen Säle, in welche das Licht des Tages von oben durch 11 angebrachte Glasrotunden oder Laternen magisch fällt. Die Ordnung der Gemälde ward durch die verschiedenen Schulen und ihre Zeiten-Folge bedingt.

Die Säle enthalten nämlich Werke der oberdeutschen Schulen aus dem 15. und 16. Jahrhundert, aus der spätern ober- und niederdeutschen Schule der spätern Niederländer, 90 Bilder von P. P. Rubens allein, Gemälde der Spanier, Franzosen und aus der italienischen Schule. Ebenso die Kabinette. Hohe Thüren führen aus jeder Abtheilung hinaus in einen Corridor (Loggia) welcher durch seine hohen Bogenfenster eine überraschende Aussicht über die Hauptstadt gestattet. Dieser Bogengang ist mit Freskomalereien geschmückt, die eine geschichtliche Darstellung und Entwickelung der Kunst zunächst der Malerei vom 13. bis ins 16. Jahrhundert in chronologischer Ordnung geben. Director von Cornelius hat selbe in kleinen Zeichnungen entworfen und Professor Clms. Zimmermann erhielt im Jahre 1827 vom König den Auftrag nach denselben die eigentlichen Kartons und

La Pinakothèque.

La construction de ce superbe monument destiné principalement aux chefs d'oeuvre de la peinture est bâti en pierre de taille et briques, fut commencée en 1826 sous la direction de L. de Klenze, Conseiller intime et Intendant des bâtimens royaux; elle a été achevée en dix années.

Neuf grandes salles et 23 cabinets renferment plus de 1500 tableaux choisis avec un soin extrême dans les galeries royales; G. de Dillis Directeur général des galeries royales a été chargé de leur placement.

Cet édifice est situé dans une place du faubourg Maximilien, entouré de 4 rues, cette place est fermée par une grille et décorée d'arbres, de bosquets, de vases et de fontaines. La façade principale exposée au midi a 520 pieds de long, elle est terminée à chaque extrémité par 2 ailes représentant la tête d'un T. Au milieu de la grande façade se trouve un portail sous un balcon soutenu par 4 colonnes d'ordre Jonique; le premier étage est décoré de 25 grandes arcades séparées par des colonnes d'ordre Jonique engagées d'un quart qui supportent une riche corniche et une balustrade sur laquelle, à l'aplomb des colonnes sont placées les statues en pierre des peintres les plus célèbre, tels que Raphael, Michel Ange, Van Dyk, A. Durer etc. exécutées d'après les modèles du Professeur L. Schwanthaler par Leeb, Mayer et autres artistes.

A la face latérale côté du levant se trouve la porte d'entrée pour le service ordinaire, elle est sur un perron orné de Lions couchés d'une grande dimension. Cette façade ainsi que celle tournée au couchant est décorée des mêmes arcades et colonnes que la façade principale.

D'un beau et grand Vestibule décoré de colonnes de marbre on arrive au grand escalier à trois rampes dont les marches et les balustrades sont en marbre, les parois sont enrichies de pilastres sculptés et de Stucco lustro. Au premier étage on entre dans une grande salle magnifiquement décorée de dorures, sculpture et tenture de soie; dans cette salle sont placés les portraits des Princes de Bavière, Jean Guillaume Electeur Palatin, Maximilien Emanuel Electeur de Bavière, Charles Duc de Deuxponts, Charles Theodore Electeur Palatin, Maximilien Joseph I. Roi de Bavière, Louis I. Roi de Bavière.

Le Duc Albert V grand amateur des arts avait jetté les premiers fondemens d'une collection dans la vieille Bavière, laquelle avait été augmentée par ses successeurs; mais l'Electeur Charles Theodore, et le Roi Maximilien Joseph l'ont extrêmement augmentée par la réunion des galeries de Dusseldorf, de Mannheim et de Deuxponts. Le Roi Louis I. y a joint des tableaux rares et précieux ce qui actuellement en fait une des plus belles et des plus riches collections de l'Europe.

De cette salle on entre dans sept autres salles longues ensemble de 400 pieds, éclairées du haut par 11 Lanternes qui donnent un jour doux et magique. Les tableaux sont classés par école et par ordre chronologique. L'école de la Haute-Allemagne des 15 et 16ᵉᵐᵉ siècles, l'école Flamande; 90 tableaux de P. P. Rubens, et un grand nombre de tableaux des écoles Italienne, Française et Espagnole. Par des portes qui se trouvent dans les salles on peut entrer dans la galerie vitrée (Loggia) décorée avec infiniment de gout de peintures à fresque, de sculptures, dorures, ornemens et stucs. Ces peintures représentent par ordre chronologique l'histoire et le développement de l'art, principalement de la peinture depuis le 13ᵉᵐᵉ jusqu'au 16ᵉᵐᵉ siècle. Les compositions sont du Directeur Cornelius; le Professeur Cl. Zimmermann a été chargé en 1827 par Sa Majesté de dessiner les cartons et d'exécuter les fresques. Treize des 25 divisions de cette galerie sont consacrées à l'art Italien (depuis Cimabue jusqu'à Raphael) les 12 autres sont destinées aux artistes Allemands Français et Flamands (depuis Van Eyck jusqu'à Rubens).

La vue dont on jouit de cette Loggia sur la ville de Munich et les montagnes du Tirol est délicieuse.

Une grande partie des décorations de cette galerie est déjà exécutée par le Professeur Zimmermann lui-même ou sous sa direction par Gassen, Hiltensperger et autres; ce travail sera probablement terminé en 1840.

De la dernière salle éclairée du haut on entre dans une grande et riche salle éclairée par 5 grandes fenêtres en arcades, également remplie de tableaux, ensuite dans une pièce fermée contenant des tableaux rares et précieux; de la salle ci-dessus dite on entre dans une suite de 23 cabinets éclairés au nord et contenant les tableaux de chevalet; dans le nombre des quels se trouve une partie de la superbe collection acquise par le Roi des frères Mrs de Boisserée.

La Pinakothèque contiendra de plus au rez-de-chaussée, la collection des gravures, et celle des vases antiques Grecs, la plus complette qui existe.

deren Ausführung in Fresko zu bewerkstelligen. Von den 24 Loggien sind 13. der italienischen Kunst (von Cimabue bis zu Raphael und 12 der deutschen, französischen niederländischen Kunst, von Van-Eyck bis zu Rubens) gewidmet. Ein großer Theil dieser umfassenden Arbeit ist von Zimmermann selbst mit Beihilfe seiner Freunde (Gassen, Hiltensperger u. a. unter seiner Leitung bereits vollendet, so zwar, daß im Jahre 1840 dieses bedeutende Werk gänzlich beendet sein dürfte.

Heinr. Adam.

PINAKOTHEK

(*königl. Gemälde-Gallerie*)

Druck u. Verlag bei J. M. Hermann in München.

Das astronomische Gebäude.

Bekanntlich wurde im Mittelalter meistens Astronomie mit Astrologie verwechselt, und Nativitätsstellerey als Hauptzweck vorgezogen. In der Mitte des 16ten Jahrhunderts wurden auf der Hochschule zu Ingolstadt zuerst durch die beyden Apiane Peter und Philipp Bienewitz, reinere Ansichten über Astronomie verbreitet. In der Folge machten sich die Jesuiten und dortige Professoren Christoph Scheiner, Nicasius Grammatici und Georg Kraz um diese Wissenschaft sehr verdient. Schon früher, im 15ten Jahrhundert, blühten zu Nürnberg mehrere berühmte Astronomen, unter ihnen Regiomontanus; der große Kepler starb zu Regensburg im Jahre 1630.

Bald nach ihrer Stiftung, im Jahre 1759, erhielt die bayerische Akademie der Wissenschaften den Gebrauch eines Gebäudes außer dem Hofgarten, des sogenannten Rockerls, zu ihren astronomischen Beobachtungen, und im Jahre 1774 wurde auf dem Gasteigberge eine eigene Sternwarte hergestellt, um welche Lambert, v. Osterwald und Kennedy sich große Verdienste erworben haben.

Die Beschreibung des neuen, unter König Maximilian I. errichteten, astronomischen Gebäudes liefern wir mit den Worten des gegenwärtigen Vorstandes Herrn Steuerraths Soldner, mit der durch die Enge des Raums gebotenen Abkürzung:

„Die eigentliche Sternwarte, im engern Sinne, besteht aus einem Saale, welcher im Innern 42 Fuß (zu 129, 38 Pariser Linien) lang, 20 breit, und 14 hoch ist. In diesem Saale stehen in der Mitte ein dreyfüßiger Repetitions-Kreis, auf der einen Seite ein sechsfüßiges Passagen-Instrument und auf der andern ein dreyfüßiger Meridian-Kreis, auch noch eine Uhr, welche für alle Instrumente zugleich dient. An die nordöstliche und nordwestliche Ecke des Saales lehnen sich die Flügelgebäude, welche die Wohnungen enthalten, also an, daß vom Saale aus noch ein Fenster nach Osten und eines nach Westen die Aussicht öffnet. Auf dem Hofe, in den Ecken, welche durch das Saal- und die Flügelgebäude sich bilden, stehen zwey Thürme mit Drehkuppeln, welche nur gerade so hoch sind, daß sie über die Dächer der Flügel reichen, und dennoch ganz freye Aussicht gestatten; auf dem einen dieser Thürme befindet sich das Aequatoriale. Sämmtliche Instrumente von seltener Vortrefflichkeit sind von Reichenbach, nur die Uhr hat Liebherr verfertiget. Da die feste Aufstellung der Instrumente bey astronomischen Beobachtungen von der größten Wichtigkeit ist, so ist hierauf alle erdenkliche Vorsicht verwendet worden. Der Hügel, auf welchem die Sternwarte errichtet ist, besteht oben aus einem Thonlager, dessen Mächtigkeit 10 bis 12 Fuß beträgt, unter diesem ist fester, steinigter Boden, und bis auf solchen ist der Grund ausgegraben worden. Der Fußboden des Saales selbst ward, um Feuchtigkeit zu verhüten, 5 Fuß über den natürlichen Boden erhöht, wodurch unter dem Saale ein hohler Raum von 16 Fuß Tiefe entstand; dieser wurde durch einen

L'Edifice astronomique.

On sait que dans le moyen âge l'astronomie était communément confondue avec l'astrologie et que l'on préférait même, comme plus essentielle, la science qui savait dresser la nativité. Ce ne fut que vers le milieu du 16e siècle que Pierre et Philippe Bienewitz répandirent les premiers, à l'Université d'Ingolstadt, des idées plus justes sur l'astronomie. Dans la suite, ce furent Christophe Scheiner, Nicasius Grammatici et Georges Kraz, jésuites et professeurs de cette université, qui cultivèrent cette science avec succès. On avait déjà vu fleurir à Nuremberg, avant cette époque, dans le 15e siècle, plusieurs célèbres astronomes, entre autres Regiomontanus. — Le grand Kepler mourut à Ratisbonne en 1630.

Bientôt après son établissement, en 1759, l'Académie des Sciences eut à sa disposition pour ses observations astronomiques un bâtiment dit Rockerl, situé en de là du Jardin de la Cour, et, en 1774, on construisit pour cet effet, sur le mont Gasteig, un Observatoire, pour l'établissement duquel Lambert, d'Osterwald et Kennedy ont sur-tout acquis un grand mérite.

La description du nouvel édifice astronomique érigé sous le roi Maximilien, est rapportée ici d'après les expressions du chef actuel de cet établissement, Mr. le Conseiller de Soldner, en nous permettant toute fois les retranchemens nécessités par l'espace limité de nos feuilles.

„L'Observatoire proprement dit consiste en une salle dont la partie intérieure a 42 pieds de long (le pied à 129, 38 lignes de Paris), 20 pieds de large, et 14 pieds de haut. Il y a au milieu de cette salle un cercle à répétition à trois pieds, d'un côté un instrument de passage à six pieds; et en outre une montre qui sert en même temps pour tous les instrumens. Les ailes du bâtiment, contenant les logis, sont appuyées aux coins du salon situés au Nord-Est et au Nord-Ouest de manière à laisser au salon une fenêtre ouverte vers l'Est et une vers l'Ouest. Dans les coins de la cour, formés par le salon et les ailes du bâtiment, il y a deux tours à coupoles tournantes, qui ne sont que précisément assez élevées pour dominer sur les toits des ailes du bâtiment, mais qui n'en offrent pas moins une vue tout-à-fait libre; c'est sur l'une de ces tours que se trouve l'équateur. Tous ces instrumens, d'une rare perfection, sont l'ouvrage de Reichenbach; la montre seule est de Liebherr.

Comme il est de la plus grande importance dans les observations astronomiques, que les instrumens aient une base solide, on a apporté le plus grand soin à cet objet. La colline, sur laquelle l'observatoire est bâti, consiste en une couche d'argile d'environ 10 à 12 pieds d'épaisseur; sous cette couche on rencontre un terrain solide et pierreux et c'est sur ce terrain que reposent les fondemens de l'édifice. Le plancher de la salle, pour éviter l'humidité, fut élevé de 5 pieds au dessus du plancher naturel, d'où il résulta, dessous, une cavité de 16 pieds de profondeur; cette cavité est remplie d'un bloc de maçonnerie imposant dans son genre, mais qui ne touche pas les murs extérieurs du bâtiment, en sorte que l'on peut, à la rigueur, passer entre ces murs et le bloc. C'est sur la masse solide de cette maçonnerie bien sèche que l'on a placé les pyramides de marbre, chacune d'une pièce, qui portent la montre et les autres instrumens principaux. Le plancher en bois de la salle ne repose que sur le mur extérieur et ne touche aucunement la base des instrumens. Les fondemens des deux tours sont creusés à la même profondeur. Ces tours sont formées de piliers octogones de 10 pieds de diamètre et de 30 pieds de hauteur, et d'une structure massive et solide. Chaque pilier est entouré d'un mur, dont il est toute fois, depuis les fondemens jusqu'en haut, à 6 pouces de distance; c'est ce mur qui porte la coupole et le plancher, tandis que les instrumens sont placés sur le pilier tout isolé. La situation de l'Observatoire est aussi favorable et aussi libre qu'elle peut l'être dans une contrée plate. Il est situé au Nord-Est de la ville, près du village de Bogenhausen, sur une éminence insignifiante par elle-même, mais qui est pourtant assez élevée pour dominer les maisons du village, quoique les plus proches n'en soient qu'à trois cent pas. Rien ne s'oppose à la vue dans tout l'horizon, excepté les tours élevées de la ville, la tour de l'église de Bogenhausen et ce qui naturellement était inevitable, la chaine de montagnes colossales qui se présente au Sud, mais qui est pourtant déjà à neuf ou dix milles de distance."

En 1826, la Bavière et le monde, les sciences et surtout l'astronomie éprouvèrent une double perte irréparable par la mort de Mr. de Reichenbach, décédé le 24 Mai et celle de Mr. Frauenhofer, décédé le 7 Juin. Ces deux mots „approximavit sidera," gravés sur la tombe de ce dernier, sont l'expression modeste et vraie des louanges qu'il mérite.

Les découvertes et les hypothèses de Mr. Gruithuisen ainsi que le perfectionnement que l'optique doit à Mr. d'Utzschneider sont généralement connus. Les vues ingénieuses de Mr. Schubert ne sont goûtées que d'un petit nombre mais ce petit nombre les goûte d'autant plus vivement.

in seiner Art grandiosen Block von solidem Mauerwerk ausgefüllt, jedoch so, daß er die Außenmauern des Gebäudes nicht berührt, und man noch zwischen dem Blocke und den Außenwänden unten zur Noth gehen kann. Auf diese feste und ausgetrocknete Mauermasse wurden die marmornen Pyramiden, jede aus einem Stücke, aufgepflanzt, welche die Uhr und die übrigen Hauptinstrumente trugen. Der hölzerne Fußboden des Saales ruht blos auf der Außenmauer, und berührt das Fundament der Instrumente nirgends. Der Grund der zwey Thürme liegt in der nämlichen Tiefe. Diese Thürme bestehen aus achteckigen, 10 Fuß im Durchmesser haltenden, und 30 Fuß hohen, ganz massiv gemauerten Pfeilern. Der Pfeiler ist wieder von einer Mauer umgeben, aber so, daß dieselbe, vom Grunde aus bis oben, überall 6 Zoll vom Pfeiler absteht, und diese Mauer trägt oben die Kuppel und den Fußboden, während die Instrumente allein auf dem ganz isolirten Pfeiler stehen. Die Lage des Observatoriums ist so günstig und frey, als sie in einer ebenen Gegend nur immer seyn kann. Sie steht, nordöstlich von der Stadt, bey dem Dorfe Bogenhausen, auf einer an sich unbedeutenden Anhöhe, die aber doch so ist, daß man über die Häuser des Dorfes wegsieht, ohngeachtet die nächsten nur dreyhundert Schritte davon entfernt stehen. Nichts verhindert die Aussicht im ganzen Horizonte, als die hohen Thürme der Stadt, der Kirchthurm von Bogenhausen, und was natürlich hier unvermeidlich bleibt, die südliche kolossale Gebirgskette, welche jedoch schon neun bis zehn Meilen entfernt ist."

Im Jahre 1826 haben Bayern und die Welt, die Wissenschaften und besonders die Astronomie einen zweyfachen unersetzlichen Verlust erlitten, am 24 May durch den Tod Reichenbachs und am 7 Juny durch den Tod Fraunhofers. Die zwey Worte auf dem Grabdenkmale des Letzteren „approximavit sidera" sprechen sein so bescheidenes als wahres Lob aus.

Gruithuisens Entdeckungen und Hypothesen; und von Utzschneiders Verdienste um die Optik sind allgemein bekannt. Schuberts geniale Ansichten sprechen nicht so Viele, diese aber um so inniger an.

DAS ASTRONOMISCHE GEBAEUDE.

München bei Hermann und Barth.

Das allgemeine Krankenhaus.

L'Hôpital général.

Wenige Städte werden sich so vieler und so reicher Wohlthätigkeitsanstalten erfreuen als München.

In der ältern Zeit war jedoch die Obsorge für die Kranken auf die Spitäler beschränkt. Erst im Jahre 1740 wurden vom Churfürsten Maximilian Joseph III. die barmherzigen Brüder, von der Regel des heil. Johannes de Deo, eingeführt, und noch später, im Jahre 1756 von der Kaiserin Maria Amalia, Wittwe Karls VII. die barmherzigen Schwestern, Elisabethinerinnen, berufen. Ihre Klöster und Kirchen wurden, die der Brüder 1754 bis 1772, durch anfangs menschenfreundliche Unterstützung des Grafen Maximilian Emanuel von Perusa, die der Schwestern 1760 durch fromme Freygebigkeit der kaiserlichen Wittwe größtentheils vollendet. Aber jenen und diesen mangelte ein ordentlicher Stiftungsfond, und sie mußten ihr eigenes Fortkommen und die Verpflegung der Kranken durch erlaubte Quatembersammlungen in der Stadt, und im ganzen Lande jährlich dreymal bewirken. Als sie in den ersten Jahren des gegenwärtigen Jahrhunderts dem Geist der Zeit weichen mußten, konnte ihnen das dankbare Zeugniß nicht verweigert werden, daß sie freywillig und unbezahlt, sich durch Liebe ihres großen Berufes und durch zarte Menschlichkeit in seiner Ausübung rühmlichst ausgezeichnet haben, und daß viele Tausende ohne Rücksicht auf ihr Vaterland und ihre Religion freundliche Aufnahme, wohlthätige Verpflegung und erwünschte Heilung gefunden haben.

An die Stelle ihrer aufgehobenen Klöster trat, durch Vereinigung mehrerer Fonds, das königliche allgemeine Krankenhaus, ein in großartigen schönen Verhältnissen hergestelltes, im Innern eben so bequem als zweckmäßig eingerichtetes Gebäude in einer freyen gesunden Gegend vor dem Sendlingerthor, welches am Eingange mit der folgenden schönen Inschrift geziert ist: „Aegrorum medelae et Solamini Benevolentia Maximiliani Josephi Regis 1813." Dasselbe ist für solche Kranke aus dem Civilstande bestimmt, welche nicht an unheilbaren oder sehr langwierigen körperlichen Krankheiten leiden, und enthält Raum für sieben- bis achthundert Kranke; es befinden sich hierin vierundfünfzig Kommunsäle, in deren jedem zwölf Betten stehen; außerdem noch sechzig abgesonderte Krankenzimmer und zwey Säle für erkrankte Pagen. Die Kranken sind nach dem Geschlechte getrennt; die männlichen bewohnen die Süd-Ost- die weiblichen die Nord-West-Seite. Die Säle sind licht und hoch, jeder hat einen eigenen Wärter oder Wärterin; für stete Erhaltung der möglichst reinen Luft wird durch treffliche Vorrichtungen und sonst große Sorge getragen. Durch alle Etagen und Säle verbreitet sich eine Wasserleitung. Man findet weiters vollständige Bade-

Peu de villes peuvent se vanter d'avoir de si nombreux et de si riches établissemens de bienfaisance, qu'en a Munich.

Autrefois il n'y avait que les infirmeries qui offrissent leurs secours aux malades. En 1740, l'Electeur Maximilien Joseph III. institua l'ordre des Frères de la Charité, de la règle de St. Jean de Dieu; et plus tard, en 1756, l'Impératrice Marie Amélie, veuve de Charles VII, appela celui des Soeurs de la Charité, de la règle de Ste. Elisabeth. Les couvents et les églises de ces religieux furent en partie achevés (ceux des Frères, de 1754 à 1772, et ceux des Soeurs, en 1760) par la générosité bienfaisante du Comte Maximilien Emanuel de Perusa et la pieuse libéralité de l'Impératrice Marie Amélie. Mais les uns et les autres de ces établissemens étaient dépourvus des fonds nécessaires à leur entretien et se voyaient obligés, tant pour subvenir à leurs propres besoins, qu'à ceux des malades, d'avoir recours à des quêtes privilégiées, qui se fesaient trois fois par an, dans la ville et dans tout le pays. Lors des premières années de notre siècle, ces institutions religieuses furent contraintes de céder à l'esprit du temps; mais on ne saurait refuser aux Frères et aux Soeurs de la Charité le juste témoignage de reconnaissance qui leur est dû pour les sentimens d'humanité et de désintéressement avec lesquels ils remplirent les devoirs de leur noble vocation: des milliers de malades, de tous les pays et de toutes les religions, accueillis dans leurs infirmeries, durent leur guérison aux soins charitables et empressés de ces bienfaisans religieux.

A la place des couvents supprimés, le gouvernement, réunissant en un seul plusieurs fonds, établit l'Hôpital général, édifice spacieux et régulier, dont la distribution intérieure répond, à tous les égards, au but auquel il est destiné. Ce bâtiment est situé sur une place libre et salubre, hors de la Porte de Sendling. On lit au dessus de l'entrée cette belle inscription: „Aegrorum medelae et solamini Benevolentia Maximiliani Josephi Regis 1813." — Cet hôpital est destiné à recevoir les personnes de la bourgeoisie qui ne sont pas attaquées de maladies incurables ou de longue durée; il a de la place pour sept à huit cents malades, contient cinquante quatre salles communes dont chacune a douze lits; et en outre soixante chambres séparées, et deux salles à part pour les Pages du Roi. Les malades sont séparés d'aprés leur sexe; les hommes habitent la partié de l'édifice située au Sud-Est; les femmes celle du Nord-Ouest. Les salles sont hautes et bien éclairées; chacune est servie par un, ou une garde-malade; on apporte le plus grand soin à purifier l'air par d'excellens procédés. Des conduits d'eau circulent dans les salles de tous les étages. On y trouve en outre des salles de bains, avec une douche; une grande salle ronde éclairée d'en haut, servant pour les opérations de chirurgie et les sections; une pharmacie avec son laboratoire, etc. Les pauvres légitimés sont admis sans payer dans cet hôpital; il en est de même des individus appartenant à la Cour, à l'effet de quoi le Roi Maximilien, outre les secours que sa bienfaisance habituelle avait déjà prodigué à cet établissement, lui assigna encore un capital de cent trente mille florins. La classe des domestiques et autres semblables y est reçue au moyen d'abonnemens proportionnés, mais toujours très-modiques; les malades solvables paient une taxe peu forte et sont servis aves une rare élégance.

Derrière l'édifice se trouve une grande cour, un jardin magnifique et spacieux et une buanderie très-commode. En général, les malades sont tenus très-proprement et fort bien traités. L'administration générale de cet établissement est confiée aux soins du Magistrat de la ville, qui, par des achats considérables en linge, fournitures de lits etc. ne cesse de pourvoir à son entretien avec un zèle infatigable. L'Institut de Médecine compte parmi ses directeurs et ses assistans des medecins habiles et éclairés. On ne cessera sur-tout de rendre à la memoire de M. le Conseiller en chef de médecine de Haberl, le juste hommage que mérite ce docteur pour le grand nombre d'améliorations qu'il a introduites dans cet hôpital. Le nom de Walter ne peut que nous autoriser aux plus belles espérances pour l'avenir.

Anstalten mit einem Tropfbade, einen geräumigen runden, von oben erleuchteten Saal für chirurgische Operationen und Sectionen, eine Apotheke mit Laboratorium u. f. w. Legitim-Arme werden unentgeldlich aufgenommen, ebenso die von Hofe abhängenden Individuen, wofür König Maximilian, außer der mit seiner gewöhnlichen Milde der Anstalt schon vorhin verliehenen Unterstützung, ein Kapital von hundertdreyßigtausend Gulden angewiesen hat. Für Dienstboten und andere, bestehen verhältnißmäßige keineswegs hohe Abbonements, vermögliche Kranke bezahlen nach einem sehr billigen Anschlage, und finden die eleganteste Bedienung. Hinter dem Gebäude liegt ein geräumiger Hof, ein ungemein schöner weitläufiger Garten und ein sehr gut eingerichtetes Waschhaus. Die Kranken werden äußerst reinlich gehalten, gut und zweckmäßig verpflegt. Für das Ganze sorgt der städtische Magistrat mit unverändertem Eifer, besonders durch bedeutende Beyschaffung von Wäsche uud Bett-Fornituren u. f. w. Unter den Directoren und Assistenten des medicinischen Instituts befinden sich berühmte und kenntnißreiche vorzügliche Aerzte. Besonders wird Herr Obermedizinalrath von Haberl durch viele von ihm eingeführte Verbesserungen unvergesslich bleiben, für die Zukunft berechtiget der Name „Walter" zu den schönsten Erwartungen.

DAS ALLGEMEINE KRANKENHAUS.

München bei Hermann & Barth.

Die neue Isar-Brücke.

Die Isar, ein reißender Bergstrom, entspringt zwischen Hall und Insbruck oberhalb dem Haller=Berge im Gebirge auf dem Heisenkopf in der Herrschaft Thauer, tirolischen Gerichts Hertenberg. Sie nimmt ihren Lauf durch das Karwendelthal westwärts nach dem Gränzpaß Scharnitz, wo sie Tirol verläßt. Erst zu Mittenwald im bayerischen Landgerichte Werdenfels wird sie floßbar, und fließt bey Tölz, Wolfratshausen, München, Freisingen, Mosburg, Landshut, Dingolfing und Landau vorbey. Nachdem sie, nebst mehreren minder bedeutenden tirolischen und bayerischen Flüssen und Bächen, unweit Wolfratshausen die Loisach, bey Freisingen die Mosach, bey Isareck die Ammer aufgenommen hat, stürzt sie sich unterhalb Deckendorf in die Donau. Auf diesem Flusse werden italienische und tirolische Güter, Früchte, Weine, Seidenwaaren ic. ein= und nach Oestreich durchgeführt. Ungleich bedeutender ist die Einfuhr aus dem Isarkreise von Bau=, Werk= und Brennholz in großer Menge, von Kohlen, Kalk, Gyps, Kreide, Steine ic. nach München und andern bayerischen Ortschaften, und durch Vereinigung mit der Donau, die Ausfuhr nach Oestreich, Ungarn und der Türkey. Ueberdieß verdankt München der Isar seine vorzüglichsten Bewässerungs=Anstalten. Aber diese Vortheile werden von dem Schaden, welchen sie von Zeit zu Zeit, wenn der in den Gebirgen schmelzende Schnee oder Regengüsse seine Wasser anschwellen, besonders in frühern Jahren, durch Wegreißung vieler Gründe und Gebäude verursacht, sehr herabgesetzt.

Nach der von dem Herzoge Heinrich dem Löwen um das Jahr 1158 unternommenen Zerstörung des, damals Freisingischen, Veringen mit seiner Brücke, wurden die dort bestandenen Handels=Anstalten, Markt, Münze, Salz=Niederlage, Straße und Zoll nach München übersetzt, und hier über die Isar eine hölzerne Brücke erbauet. Unter dem Kurfürsten Maximilian Joseph im Jahre 1759 kam an ihre Stelle eine (eigentlich zwey) aus Backsteinen erbaute. Am 13. September 1813 Abends gegen 7 Uhr erlitt der, zwischen der alten Kaserne und der Vorstadt Au stehende, äußere Theil derselben durch den gewaltigen Andrang des ausgetretenen und überströmenden Flusses einen so beträchtlichen Schaden, daß, wider alles Vermuthen, ihre drey äußeren Bogen einstürzten. Von den Menschen, welche sich eben auf diesem Theile der Brücke befanden, wurden nur sehr wenige gerettet, und nahe an Hundert mit den Trümmern in die Wellen versenkt.

Der Bau der neuen Brücke aus Quadersteinen im großartigen Style begann im Oktober 1822, und wurde im März 1828 vollendet. Am 3. May solchen Jahres geschah die feyerliche Eröffnung, und JJ. MM. der König und die Königin fuhren darüber. Die Länge derselben be=

Le nouveau Pont de l'Isar.

L'Isar, torrent rapide de montagnes, prend sa source entre Hall et Insbruck, au-dessus du mont Haller, dans les montagnes dites auf den Hirsenkopf, seigneurie de Thauer, juridiction tirolienne de Hartenberg. Elle dirige son cours vers l'Ouest, à travers la vallée de Karwendel, et arrive au passage frontière de Scharnitz, où elle quitte le Tirol. Ce n'est qu'à Mittenwald, dans le district Bavarois de Werdenfels, que l'Isar devient flottable; elle passe ensuite à Tölz, Wolfrathshausen, Munich, Freising, Mosbourg, Landshut, Dingolfing et Landau. Outre plusieurs petites rivières et ruisseaux venant du Tirol et de la Bavière, elle reçoit encore, près de Wolfrathshausen, la Loisach; près de Freising, la Mosach; près de Isareck, l'Ammer, et va se jeter dans le Danube au-dessous de Deckendorf. Cette rivière sert à transporter en Bavière et en Autriche des marchandises venant du Tirol et de l'Italie, telles que fruits, vins, soieries etc. On y fait encore des transports bien plus considérables en bois de charpente, de menuiserie et bois à bruler; en charbons, chaux, plâtre, craie, pierres etc., que le Cercle de l'Isar fournit à Munich et autres endroits de la Bavière et que l'on exporte en Autriche, en Hongrie et en Turquie, au moyen de la jonction de l'Isar avec le Danube. C'est en outre à l'Isar que Munich doit principalement son irrigation. Mais ces avantages sont de beaucoup diminués par les dommages que cette rivière cause de temps en temps, et qu'elle a sur-tout causés dans les années précédentes en entrainant, dans ses débordemens, des champs et même des maisons.

Le Duc Henri le Lion, après avoir, en 1158, détruit Veringen, appartenant alors au domaine de Freising, ainsi que le pont de cet endroit, fit transférer la à Munich les établissemens de commerce, le marché, la monnaie, le magasin au sel, la route et l'octroi, et l'on y construisit un pont de bois sur l'Isar. Sous l'Electeur Maximilien Joseph III., en 1759, ce pont fit place à un autre (ou proprement à deux) construits en briques. Mais le 13. Septembre 1813, à 7 heures du soir, la partie de ce pont située entre l'ancienne caserne, et le faubourg de l'Au fut tellement endommagée par l'impétuosité des flots du torrent débordé que, contre toute attente, les trois arches extrêmes s'écroulèrent tout-à-coup et entrainèrent dans leur chute un grand nombre de personnes, qui se trouvaient sur cette partie du pont; on ne put en sauver, que bien peu et près de cent furent submergées avec les débris, que les flots eugloutirent.

Le nouveau pont, construit en pierres de taille, et d'une architecture imposante, fut achevé en 1828, sous la direction de M. le Conseiller des bâtimens royaux et municipaux, Probst, qu'une mort prématurée vient malheureusement de nous enlever dans le courant de ce mois (Mai 1830). Les beaux ornemens en fer de fonte, qui décorent ce pont, ont été ordonnés par M. le Conseiller privé en chef des bâtimens, chevalier de Klenze.

On voit encore dans le fond de la Planche ci-jointe le mont de Gasteig, avec l'Etablissement pour les indigens, l'hôpital des incurables, et le chemin de Bogenhausen, et ceux qui, descendant la montagne, conduisent au Prater et au Jardin Anglais.

trägt 347 Fuß, die Breite 40 Fuß. Die Bögen, deren 5 sind, formiren Segmente eines Kreises von 97 Fuß 6 Zoll im Durchmesser. Der, in dem laufenden Monate (May 1830) zu frühe verstorbene, königliche und stadtmagistratische Baurath Karl Probst hat den Plan verfertiget, den ganzen Bau geführt, und ihn rühmlichst vollendet. Der königliche geheime Oberbaurath Ritter v. Klenze hat die Oberaufsicht übernommen, und die Verzierungen vorgezeichnet. Der Steinmetzmeister Höllriegel besorgte die Steinarbeiten, und der Zimmermeister Reifenstuhl den hölzernen Grundbau (Schwellrost von Eichenholz). Die Verzierungen in den Brustgeländern sind aus der königlichen Eisengießerey zu Bodenwöhr. Der ganze Bau kostete 380,000 fl.

Im Hintergrunde dieses Blattes sieht man den Gasteigberg mit der Armen-Versorgungs-Anstalt, dem Spitale der Unheilbaren, und dem Wege nach Bogenhausen, und bergabwärts zum Prater und in den englischen Garten.

DIE NEUE ISAR BRÜCKE.

München bei Hermann & Barth

Gasteig   Versorgungshaus

Der Prater.

Unter den zahlreichen Erfrischungs-Orten in der nächsten Umgebung Münchens, wo Tausende Erheiterung suchen und finden, gebührt auch der anmuthigen Isar-Insel am Abrecher, welche den vorstehenden Namen führt, eine vorzügliche Stelle.

Wer solche mit Madrid's Prado oder dem Wiener Prater vergleichen wollte, würde sich freylich sehr lächerlich machen.

Hingegen zeichnet sie sich durch die wasserreiche erfrischende Begränzung, durch die hohen Bäume und niedliche Lauben, unter deren Schatten man ruhet, die Musik anhört, und dem Tanze zusieht, und durch artige Gebäude vortheilhaft aus.

Niemand wird es reuen, dieses Inselchen, wohin von der Isarbrücke her über den Gasteiberg ein angenehmer Weg leitet, ein Mal, besonders an einem Sonn- oder Feyertage besucht zu haben. Der Besuchende wird eine große, zwar sehr vermischte, aber durch gutmüthig lärmende Fröhlichkeit anziehende Gesellschaft finden, und ein treues Bild der Münchner niedern Volksthümlichkeit sich erwerben.

In der vorliegenden Abbildung zeigen sich rechts des Steinmetz-Meisters Herrn Ripfel kleines doch sehr schönes Haus nebst Werkstätte bey Haidhausen; links die Kirche des ehemaligen Leprosen-Hauses, nunmehrigen Spitals der Unheilbaren am Gasteig, womit auch eine ähnliche, vorhin in dem Dorfe Schwabing bestandene, Anstalt vereiniget ist. Das demselben gegenüberstehende, auf dem Blatte durch die Kirche verdeckte Gebäude wurde in dem Jahre 1763 von der damaligen Akademie der Wissenschaften, unter von Osterwalds Leitung zum Gebrauche astronomischer Beobachtungen errichtet, im Jahre 1796 in eine Art Krankenhaus umgewandelt, und hat gegenwärtig die schöne Bestimmung, allen dürftigen Leuten, welche der Obsorge der Stadtgemeinde zufallen, zur Wohnung und Verpflegung zu dienen.

Gasteig, vielleicht von gäher Steig abgeleitet, in den schöneren Jahreszeiten durch die vielen angebauten Märzen-Keller der städtischen Bierbräuer sehr belebt, hängt mit dem Dorfe Haidhausen zusammen, wo das Landhaus des Herrn Direktors Robert von Langer wegen seinen schönen Fresko-Gemälden, und den von dessen verewigten Vater hinterlassenen Kunstschätzen gesehen zu werden verdient.

Le Prater.

L'île attrayante de l'Isar, qui porte le nom de Prater, située près de l'Abrecher, est un de ces nombreux endroits, où la population de Munich se porte en foule, pour y chercher la récréation et les plaisirs.

Il serait ridicule, à la vérité, de comparer ce lieu au Prado de Madrid, ou au Prater de Vienne; mais il a pourtant ses attraits: la fraîcheur occasionnée par les eaux qui l'entourent; ses arbres élevés; ses berceaux, à l'ombre desquels on peut se reposer, entendre la musique, voir danser, en font un site très-agréable, embelli d'ailleurs par plusieurs jolis bâtimens.

Personne, assurément, ne se repentira d'avoir voué une promenade à cette petite île, sur-tout un dimanche ou autre jour de fête. En suivant le chemin agréable qui, du pont de l'Isar, s'étend sur la hauteur dite Gasteig, le promeneur arrivera dans ce lieu de récréation, où il trouvera une société nombreuse, très-mêlée à la vérité, mais se livrant de gaîté de coeur à une joie bruyante et naturelle, et offrant un tableau fidèle des traits qui caractérisent les classes inférieures du peuple de Munich. La Planche ci-jointe présente, à droite, près de Heidhausen, la jolie petite maison et l'atelir du tailleur de pierres, M. Ripfel; à gauche, près du Gasteig, on voit l'église de l'ancienne Léproserie, transformée aujourd'hui en hôpital des incurables, et réunie à l'établissement du même genre qui existait autre fois à Schwabing. Le bâtiment situé vis-à-vis de cet hôpital, et masqué par l'église, fut élevé en 1736, par l'Académie des Sciences, sous la direction de M. d'Osterwald, pour servir à des observations astronomiques; en 1796, on le transforma en une espèce d'hôpital, et maintenant, il a la noble destination d'offrir un asile à la vieillesse indigente que la Commune de la ville est chargée d'entretenir à ses frais.

Le Gasteig (qui tire probablement son nom de gäher Steig, sentier rapide) est très-fréquenté pendant la belle saison, à cause du grand nombre de caves pour la bière de Mars, que les brasseurs de Munich y ont fait construire; il se joint au village de Heidhausen, où la maison de campagne de M. le Directeur Robert de Langer mérite d'être vue pour ses belles peintures à fresque et pour les curiosités relatives aux arts, que son père défunt y a laissées.

DER PRATER

mit der Ansicht des Gasteiges.

Bey Hermann und Barth

Bogenhausen.

Daß die meisten Ortschaften, welche Münchens nächste Umgebung bilden, um Jahrhunderte älter als die Hauptstadt sind, ist bekannt. Zu diesen gehört auch das, jenseits der Isar auf grüner Anhöhe liegende, mit dem englischen Garten durch eine eigene Brücke zusammenhängende freundliche Pfarrdorf Bogenhausen. Dürfte man Bubenhusen als mit Bogenhausen identisch annehmen, so wäre sein Daseyn schon zur Zeit Herzogs Thassilo II. urkundlich erwiesen.

Natur und Kunst haben sich vereiniget, den Weg, welcher von dem Königlichen Hofgarten her durch den Englischen Garten, Tivoli vorbei, nach Bogenhausen führt, mit den größten Reizen auszustatten. Nicht mindere Schönheiten anderer Art bieten sich auf einem Spaziergange dar, welcher über den Gasteig auf dem hohen Ufer der Isar dahin unternommen wird. Während hier unter des Wanderers Füßen die Isar den glänzenden Schaum ihrer grünen Wellen brausend fortwälzt, breitet sich gegenüber die herrliche Königsstadt, mit ihren schönen und weitgedehnten Vorstädten, vor dem entzückten Auge aus; rechts und rückwärts aber zeigen sich in magischer Beleuchtung mit ihren Scheiteln und Spitzen die bläulichten Alpen des vaterländischen Hochlandes.

Die Pfarrkirche ist weder durch Alterthum noch durch Kunst ausgezeichnet, aber geräumig und reinlich.

Etwas besitzt Bogenhausen, das noch unsern spätesten Enkeln verehrungswürdig bleiben wird, das höchst einfache Landhaus des großen Staatsmannes Grafen von Montgelas. Bayerns Annalen werden dankbar aufbewahren, daß unter König Maximilian I. glorreicher Regierung, in den für des Vaterlandes Existenz und Integrität gefährlichsten Zeiten, desselben Rettung, Vergrößerung und Flor in diesen kleinen unscheinbaren Zimmern entworfen, berathen und ausgeführt wurden. Die gleichmäßigen hohen Verdienste des Bayerischen Heeres werden auf einem anderen Blatte rühmende Anerkennung finden.

Für Erfrischung und Unterhaltung der lebensfrohen Münchner des höheren Standes und aus dem des Volkes ist hier mehrfach gesorgt. Neben dem alten Bogenhauser Wirthshause besteht auch am Fuße des Hügels, im Brunnenthale, von welchem bereits in Urkunden zwischen den Jahren 1140 und 1153 und vom Jahre 1183 Erwähnung geschieht, und dessen Quellen zu einer städtischen Wasserleitung benützt werden, eine reinliche und bequeme Badeanstalt mit einem Gasthause. Ueberdieß ist in der neuesten Zeit das vormalige Landhaus des Finanzministers Freiherrn von Hompesch in einen allgemeinen Belustigungsort unter dem Namen „Neuberghausen" umgeschaffen worden. Ueberall laden Küchen, Keller, Tanzsäle ꝛc. zum mannigfaltigen Genusse ein.

Bogenhausen.

Il est reconnu, que tous les villages qui environnent Munich, sont plus anciens de plusieurs siècles que la capitale; Bogenhausen est de ce nombre. Ce joli village paroissial, situé sur une verte colline, est joint au Jardin anglais par un pont. Si l'on pouvait regarder comme identiques les noms de Bubenhusen et de Bogenhausen, il serait prouvé par des documents que ce village existait du temps de Tassilo II.

La nature et l'art se sont réunis pour répondre leurs agréments sur le chemin qui conduit du Jardin de la cour à Bogenhausen, en passant par le Jardin anglais et Tivoli. Le chemin qui y conduit le long des hautes rives de l'Isar, par le Gasteig, n'offre pas une promenade moins attrayante. Tandis que le promeneur y voit à ses pieds l'Isar rouler l'écume brillante de ses ondes verdâtres, il aperçoit vis-à-vis la superbe capitale qui déploie à ses yeux charmés, son enceinte et celle de ses beaux et vastes faubourgs, et à sa droite et derrière lui se présentent à ses regards, sous une clarté magique, les têtes et les sommets bleuâtres des Alpes de la Bavière.

L'église paroissiale ne se distingue ni par son antiquité, ni sous le rapport de l'art; mais elle est propre et spacieuse.

Bogenhausen est en possession d'une chose qui sera encore vénérable à nos arrières-neveux, c'est la très-simple maison de campagne du grand homme d'état, le comte de Montgelas. Les annales de la Bavière transmettront avec reconnaissances aux siècles à venir que, sous le règne glorieux du roi Maximilien I., dans ces temps dangereux pour l'existence et l'intégrité du pays, ce fut dans ces modestes petites chambres que le salut, l'agrandissement, et la prospérité du royaume furent conçus, discutés et effectués. Nous rendrons, dans un autre article, au mérite de l'armée bavaroise le juste hommage qui lui est dû.

Il y a ici plusieurs endroits où les joyeux habitants de Munich, tant des hautes classes de la société que du peuple, trouvent des rafraîchissements et des plaisirs. Outre l'ancienne auberge de Bogenhausen, il y a encore au pied de la colline, dans le Brunnenthal (vallée de la fontaine) un bain propre et commode avec une auberge; les eaux de cette vallée, dont il est déjà fait mention dans des documents de l'an 1140 à 1153 et de l'an 1183, se conduisent à la ville par des aqueducs. On a encore, dans les temps récents, transformé l'ancienne maison de campagne du ministre des finances, baron de Hompesch, en un vaste lieu de récréation, sous le nom de Neuberghausen. Les cuisines, les caves, les salles de danse etc., tout y invite aux plaisirs.

Harlaching.

Il est déjà fait mention d'Harlaching avec son église, sous le nom de Hadelichingen, dans un document de l'an 1193.

Ce gentil petit village, situé entre Giesing et la métairie de Menther, sur la rive droite de l'Isar, bâti en partie sur la hauteur, où se trouve l'église et l'auberge, et en partie dans la plaine, où se trouve le moulin et le reste des maisons, offre à l'oeil enchanté un charmant panorama de la capitale; du haut de sa partie la plus élevée on aperçoit les tours, les nombreux édifices de la ville et des faubourgs, ses alentours tant proches qu'éloignés et qui vont se terminer majestueusement, du côté du sud, sur les sommets couverts de neige des hautes montagnes de la Bavière et du Tirol.

Harlaching est remarquable sous le rapport de l'art en ce que Claude Gelée, aussi dit Laurain, artiste que bien peu égalèrent, qu'aucun ne surpassa dans l'art de représenter sur la toile, comme par enchantement, le ciel, la terre et la mer, passa quelques années dans cet endroit pendant la première moitié du 17e siècle. Ce fut ici que cet immortel paysagiste fit bâtir, pour le conseiller privé de Meyer, homme très-puissant alors, un petit château imité en grande partie de ceux d'Italie; il habita lui-même ce château et y ébaucha et acheva plusieurs des chefs d'oeuvre qu'il fit pour la cour de l'électeur et pour le protecteur que nous venons de nommer. Mais l'artiste, habitué au doux ciel d'Italie, ne put se faire au rude climat de cette contrée, il la quitta pour se rendre à Nanci, et passa ensuite en Italie, où il choisit Rome pour y fixer son séjour; il y mourut de la goutte en 1682, à l'âge de 82 ans. Le petit château de Meyer, qui n'était point situé sur la hauteur, mais dans la plaine, verticalement au-dessous de l'église, fut, pendant la guerre, entièrement abattu à coups de canons; cependant la partie inférieure du mur du fond, construit en pierres de taille de tuf, d'environ 150 pieds de long, existe encore. C'est bien dommage, comme l'a déjà remarqué Chrétien Muller, qu'il n'y ait pas au moins sur une simple pierre une inscription qui dise au passant: „Claude vécut et peignit en cet endroit!"

La Menther-Schwaige.
(Métairie de Menther.)

Cette métairie, connue autrefois sous le nom de Nocker-Schwaige (métairie de Nocker), est aujourd'hui un des lieux de récréation les plus fréquentés, et il mérite de l'être. Tout ce qui a été dit sur les beaux points de vue qu'offrent Bogenhausen et Harlaching doit aussi se rapporter, et même à un plus haut degré, à cet endroit. Ce qui augmente surtout le charme de sa situation, c'est une petite forêt d'arbres à feuilles larges dont il est entouré.

Il n'est guère douteux que Claude Laurain qui habitait à Harlaching, situé tout près de là, contemplant de ce point de vue le lever et le coucher du soleil, ou, par une belle nuit, la lune réfléchissant sa lueur argentine dans les ondes bruyantes et rapides de l'Isar et répandant une clarté magique sur les montagnes du lointain, n'ait par fois profité de ce spectacle dans ses études et dans ses calculs si sûrs de la perspective de l'air.

Harlaching

wird als Hadelichingen schon in einer Urkunde von 1193 mit einer Kirche angeführt.

Dieser zwischen Giesing und der Menther-Schwaige an dem rechten Isarufer, theils auf der Anhöhe (Kirche und Wirthshaus), theils in der Ebene (Mühle und übrige Häuser) liegende Ort, bietet aus seinem höheren Standpunkte dem entzückten Auge ein herrliches Panorama der Königlichen Residenzstadt mit ihren Thürmen, großen architektonischen Massen, den zahlreichen vorstädtischen Gebäuden und ihrer nahen und fernen Umgebung dar, welches südlich durch die schneeigen Spitzen und hohen Gebirgswände des Bayerischen Hochlandes und des benachbarten Tyrols großartig geschlossen wird.

In artistischer Hinsicht ist Harlaching dadurch merkwürdig, daß Claude Gelée, auch Lorrain genannt, welcher, von Keinem übertroffen, von Wenigen erreicht, mit genialem Pinsel Himmel, Erde und Meer auf die Leinwand hinzauberte, in der ersten Hälfte des 17. Jahrhunderts an diesem Orte einige Jahre verlebt hat. Hier erbaute der unsterbliche Landschaftsmaler für den, damals viel vermögenden geheimen Rath von Meyer ein, den italienischen Villen nachgeahmtes Schlößchen, das er bewohnte, und wo er mehrere seiner Meisterstücke für den Kurfürstlichen Hof und seinen eben genannnten Gönner entwarf und vollendete. Aber dem durch Italiens milderen Himmel verwöhnten Künstler blieb das rauhe Klima dieser Gegend unerträglich; er verließ dieselbe, begab sich nach Nanci, zog dann wieder nach Italien, und wählte Rom zu seinem Aufenthaltsorte, wo er, 82 Jahre alt, 1682 am Podagra starb. Im Kriege wurde das von Meyersche Schlößchen, welches nicht auf der Anhöhe, sondern in der Ebene senkrecht unter der Kirche stand, in Trümmer geschossen; doch ist der untere Theil der aus Quadern von Tuft aufgeführten hinteren Wand, in der Länge von mehr als 150 Schuhen, noch sichtbar. Es ist, wie schon Christian Müller bemerkt hat, Schade, daß nicht wenigstens die Inschrift eines einfachen Steines den Wanderer belehrt: „Hier lebte und malte Claude!"

Die Menther-Schwaige.

Diese Schwaige, früher unter der Benennung „Nocker-Schwaige" bekannt, ist in der neuesten Zeit einer der besuchtesten Belustigungsorte und verdient es zu seyn. Alles, was von der schönen Aussicht bei Bogenhausen und Harlaching angerühmt worden ist, gilt auch von diesem Punkte, und zwar noch in höherem Grade. Vorzüglich erhält er durch die ihn umgebenden angenehmen Wäldchen von Laubholz einen ihm eigenthümlichen Reiz.

Es unterliegt kaum einem Zweifel, daß der, in dem nahen Harlaching wohnende Claude Lorrain auch von diesem Standpunkte aus den Aufgang und den Niedergang der Sonne, oder in unbewölkter Nacht den auf brausenden Wellen der unten vorbeiströmenden Isar sich spiegelnden silbernen Mond, mit der magischen Beleuchtung der fernen Gebirge, zu seinen Studien und zu der ihm eigenen sicheren Berechnung der Luftperspektive manchmal benützt haben mochte.

BOGENHAUSEN.

Badhaus.   Föhring.   Neuberghausen.

München bei Hermann & Barth.

HARLACHING

München bei Hermann & Barth

DIE MENTHER-SCHWAIGE

München bei J. M. Hermann.

Grünwald.

Was den beiderseits hohen, rauhen, aber wild-schönen Ufern des ungezügelten Gebirgs-Stromes, der Isar, zur Vervollständigung einer Landschaft mangelt, findet sich hier, — eine Schloß-Ruine, — zwar baulich unterhalten, so weit es der Zweck eines Hauptpulvermagazins erfordert, welches durch Militär bewacht wird. Berg und Thal ist hier dicht mit stämmigen Tannen, Buchen und Eichen bewachsen; sanft dringt durch sie das Licht; die Luft weht erquickend; vier- und zweifüssige Wald-Bewohner weilen hier am liebsten und ungestört; munter lassen letztere ihr vielfältiges Natur-Gesang ertönen. Am Fuße der Schloß-Höhe weidet des einsamen Wanderers Aug auf einer sanft-grünenden Wiese, welche zur angenehmen Ruhe einladet. Hier befand sich noch im Jahre 1602 ein großer Hirsch-Park, so wie außer dem, oben liegenden, zur Pfarrei Oberhaching gehörigen Dorfe Grünwald, gegen die ehemalige landesfürstliche Schwaig Laufzorn hin, ein, mit Mauern umgebener, noch sogenannter Schwein-Garten. Daher pflegten die alten Herzoge von Bayern in diesen bedeutenden Forsten mit Vorliebe das edle Weidwerk, und benützten Grünwald zum Jagd-Schlosse, daher es auch mit hierauf bezüglichen Malereien auf Holz meublirt war. Ein besonderer Lieblings-Aufenthalt war es für Herzog Sigmund, in seinem 29sten Lebens-Jahre (1468) Erbauer der U. L. Frauen-Kirche in München, welcher da und in Blutenburg in glücklicher Abgeschiedenheit von dem Geräusche der Welt einige dreißig Jahre verlebte. Ihn charakterisiren die unter sein, von ihm selbst verfertigtes Porträt gesetzten Reime:

„sey fromb, gedultig und verswigen,
    was nit dein ist, das las liegen."

Die ehemalige St. Georgen-Schloß-Kapelle ist 1405 durch die Herzoge Ernst und Wilhelm mit einer ewigen heiligen Messe fundirt, 1470 aber die Stiftung von Herzog Sigmund vermehrt worden. Gegenwärtig wird dieselbe durch einen eigenen Schul-Beneficiaten in der St. Peter und Pauls-Filial-Kirche des Dorfes gehalten.

Von den vier, ins Gevierte gebauten, äußern Schloß-Thürmen stehen jetzt zwei, von welchen der größere, um ein Stockwerk abgetragene, noch unter Churfürst Carl Theodor zum Gefängnisse für politische Verbrecher diente. Eine Zugbrücke führte über den, auf der innern Seite mit einer Wehr-Mauer und Schuß-Scharten versehenen Lauf-Graben zum Schloß-Thore, ober welchem 11 bayerische Familien-Wappen angemalt sind. In Mitte des Hofraumes war ein, mit Quaderstücken ausgemauerter Brunnen ersichtlich, über 200 Werkschuhe haltend, so tief, als das Schloß von der Isar hoch liegt.

Grünwald.

Ce qui manque aux deux rives élevées, rudes, mais d'une beauté sauvage du rapide torrent de l'Isar, pour en faire un paysage complet, se trouve ici, c'est-à-dire un château en ruine, qui n'est entretenu qu'autant qu'il le faut, pour en faire un grand magasin à poudre, gardé par des soldats. La montagne, ainsi que le vallon, est couverte de robustes sapins, de hêtres et de chênes, au travers desquels la lumière du jour répand une douce clarté; une agréable fraîcheur y règne; les sauvages habitants des bois y circulent, et ceux de l'air y font entendre leurs doux ramages. Au pied de la hauteur, où est situé le château, l'oeil du promeneur solitaire s'arrête sur une verte prairie, qui semble inviter au repos. Il y avait encore en cet endroit, en 1602, un grand parc aux cerfs, et, en dehors du village de Grünwald, situé plus haut et appartenant à la paroisse de Oberhaching, du côté de la métairie de Laufzorn, appartenante au gouvernement, il y avait un parc aux sangliers, entouré d'un mur, et qui porte encore aujourd'hui cette même dénomination. Il n'est pas étonnant, que les anciens ducs de Bavière donnassent à ces lieux forestiers une juste préférence, et qu'ils aimassent à venir y exercer le noble métier de la chasse. Grünwald était leur château de chasse, et il était pour cette raison garni de meubles, sur les bois desquels il y avait des peintures analogues à ce divertissement. Ce lieu fut surtout l'asile favori du duc Sigismond, qui à l'âge de 29. ans (en 1468) fonda l'église Notre-Dame à Munich; il passa alternativement en cet endroit et à Blutenburg une trentaine d'années de sa vie, dans une heureuse solitude, et loin du tumulte du monde. L'inscription suivante, qu'il plaça au bas de son portrait, fait par lui-même, caractérise ce prince:

„Sois pieux, patient et discret,
„Au bien d'autrui jamais ne touche."

L'ancienne chapelle de St. George, appartenante au château, fut, en 1405, dotée d'une messe perpétuelle par les ducs Ernest et Guillaume, et cette dotation fut augmentée en 1470 par le duc Sigismond. Maintenant c'est un bénéficier-maître d'école qui dit cette messe au village, dans l'église filiale de St. Pierre et St. Paul.

On voit encore deux de squatre tours extérieures du château, qui étaient bâties en quarré, et la plus grande de ces deux tours, qu'on avait abaissée d'un étage, servait, encore sous l'électeur Charles Théodore, de prison pour les criminels d'état. Un pont-levis conduisait à la porte du château par-dessus un fossé, garni, du côté intérieur, d'un parapet et de créneaux, et l'on voit peintes au-dessus de cette porte les armes de onze familles bavaroises. Il y avait au milieu da la cour du château un puits, dont les murs étaient en pierres de taille, et qui avait plus de deux cents pieds de profondeur, c'est-à-dire une profondeur égale à l'élévation du château au-dessus du niveau de l'Isar.

La Vallée de l'Isar, près de Schöftlarn.

Les rapides torrents qui descendent des montagnes, n'offrent guère de rivages fleuris, que lorsqu'ils ont quitté leurs sources pour s'étendre dans les vallées; mais en revanche, leurs bords escarpés et rudes sont riches en beautés sauvages. C'est ainsi que l'Isar, après avoir serpenté entre des rochers et des rives sablonneuses, va s'étendre, sur un lit pierreux, dans une vaste plaine. C'est dans cette sombre retraite, que de pieux ermites allèrent placer leurs cellules; le curé de Deining, endroit situé dans le voisinage, y posa les fondemens d'une retraite en 780; il se nommait Balderich, et était né gentilhomme. Cet endroit fut d'abord appelé Weydenbach, Petenbach ou Pipenbach; ensuite on le nomma Schöftilar, nom dérivé de Schifflein (nacelle), ainsi que le prouve une nacelle avec deux rames placées en croix, que l'on voit encore sur l'un des écussons des armes du couvent; enfin il reçut le nom de Niederschöftlarn (Schöftlarn inférieur). Richement doté par les ducs de Bavière, ce couvent possédait des propriétés très-étendues; on prétend, qu'une partie de l'ancienne ville de Munich était bâtie sur son teritoire; il reçut même de l'empereur Louis le Bavarois le droit de tenir un marché au bétail, et d'établir une douane à Keferlohe, village situé à trois lieues plus loin que Munich, au-delà de l'Isar.

A l'époque de la suppression des couvents en Bavière, les amples propriétés, qui appartenaient à ce monastère, tels que brasserie, moulin, champs supérieurement cultivés, luxurieuses prairies, furent vendues. Une partie des édifices fut employée par des particuliers à en faire une manufacture de porcelaine; l'autre, à un établissement de bains minéraux; la source d'eau minérale qui jaillit à quelque distance de là, rivalise, quant à son efficacité, avec celle d'Ampermoching (Maria-Brunn). La belle église qui, d'un côté, est entourée de maisons, fut élevée au rang d'église paroissiale.

Das Isarthal bei Schöftlarn.

Wenig reichhaltig sind reißende Gebirgs-Ströme an lieblich-sanften Ufer-Gegenden, bis sie dieses ihr Element gänzlich verlassen, und die Ebene gewinnen; desto wild-schönere, rauh-bewachsene, bieten sie dar. Durch die engen, steilen Felsen- und Sand-Ufer fortan sich windend, breitet die Isar ihr steiniges Strom-Bett in einer weiten Fläche aus. Hier, in düsterer Abgeschiedenheit, wählten fromme Einsiedler-Mönche ihre Zellen; der benachbarte Pfarrherr von Deining, Balderich, ein Edelmann von Geburt, machte die erste Stiftung hiezu im Jahre 780. Ehemals hieß der Ort Weydenbach, Peten- oder Pipenbach, nachher, von Fischer-Zillen oder Schifflein, Schöftilar, welche auch mit 2 Rudern über's Kreuz in dem einen Schild des Kloster-Wappens enthalten sind, endlich Niederschöftlarn. Von bayerischen Herzogen reichlich bedacht, hatte das Kloster weitschichtige Grund-Besitzungen; selbst ein Theil der ursprünglichen Stadt München soll auf dessen Gebiete stehen, so wie es noch 3 Stunden außerhalb, jenseits der Isar, nach Keferlohe, durch Kaiser Ludwig den Bayer einen gefreiten Viehmarkt nebst Zoll verlegt erhielt.

Nach der Klöster-Aufhebung in Bayern wurden die weitschichtigen Gebäude, das Bräuhaus, die Mühl, nebst den herrlich kultivirten Getreid-Feldern und üppigsten Wiesen-Fluren verkauft; von erstern verwendeten Privaten einen Theil zu einer Porzelän-Fabrike, den andern zur Bad-Anstalt, deren Mineralquelle unfern entspringt, und mit der Ampermochinger (Maria-Brunn) in Hinsicht guter Wirkung um den Vorrang streitet. Der von einer Seite mit Gebäuden umgebene schöne Gottes-Tempel ward zur Pfarrkirche erhoben.

RUINEN DES SCHLOSSES GRÜNWALD
an der Isar.

München bey I. M. Hermann.

DAS ISARTHAL

mit der Ansicht des Bades Scheftlaren.

München bey I. M. Hermann.

Fürstenried.

Freundlich überrascht bei einer Straßenbeugung in der Hälfte des, 2 Stunden Entfernung von der Hauptstadt betragenden Weges das königliche Lustschloß Fürstenried, da es hier durch die beiderseits zweckmäßig zurückgesetzten Alleebäume in gerader Linie sichtbar hervortritt.

In ältern Zeiten kommt der Ort unter dem Namen Poschetried vor, wegen dem vielen Gebüsche, das sich in dieser Gegend von jeher befand, und Ried, was einen ausgereuteten Platz bedeutet. Weit früher erscheint dagegen das benachbarte Dorf Forstenried, wo schon 1194 eine Pfarrei war, später dann noch das Kirchdorf Neuried. Nach der ersten, hievon deutlich sprechenden Urkunde v. J. 1409 war damals Besitzer Georg der Pomlinger, Bürger von München. Im folgenden Jahre erscheint Herzog Wilhelm II., und 1497 Herzog Albrecht IV. als solcher. Letzterer verpachtete aber die Schwaige, Schäferei, auch Einöde genannt, an Georg Spitzweck gegen jährliche 100 fl., dann Zahlung der Gilten, Zinsen und Vogteien an das Kloster Polling als Grundherrn, wie an das Kloster Ettal, und die Pfarrei Grafing. Herzog Wilhelm IV. dehnte diese Pacht 1517 für den Sohn des obigen gegen 134 fl. Erlag ec. auf weitere 20 Jahre aus. Im Jahre 1524 kommt Christoph Lump zu Planeck als Eigenthümer vor, und 1602 der Landschaftskanzler Johann Georg Hörwarth, welchem von Maximilian I. hierauf die völlige Hofmarksfreiheit, gegen Verzicht für immer auf das Reisgejaid und kleine Waidwerk in der Nähe der Residenz, und des Wildbannes wegen, ertheilt ward. In dem Besitze dieser Familie blieb Poschetsried bis 1715, wo es Ferdinand Joseph Graf von Hörwath, kurfürstlicher Kämmerer und Hofrath, an den Churfürsten Max Emanuel gegen, im Tölzer Gerichte gelegene Güter seiner Hofmark Hohenburg, dann gegen das Schloß Almanshausen am Würmsee, vertauscht hat. Dieser Fürst ließ das gegenwärtige Schloß in gefälliger Form 2 Stockwerke hoch, mit einer Kapelle, Beneficiaten- und Hofgärtnerwohnung in den Nebengebäuden, und Stallungen in geschlossenem Hofraume, erbauen, rückwärts einen, mit Gemäuer umgebenen, nutz- und schattenreichen Garten anlegen, zum angenehmen Erholungsplatze vom Genuße der Jagdfreuden.

Am Tage nach dem herrlichen Feste, welches am 13. Mai 1727 bei dem Regierungsantritte, dann der Huldigung auf dem Rathhause zu München, von dem Churfürsten Karl Albert gegeben worden ist, wobei Wein floß für das Volk, und 26000 Goldstücke ausgeworfen wurden, hielt man in dem niedlichen Lustschloße zu Fürstenried ein Damencarouffel, wo die Hofdamen innerhalb den Schranken in zierlichen offenen Halbkaleschen im Galoppe herumgefahren wurden, um ihre Pfeile nach den, als Ziel aufgestellten Liebesgöttern zu werfen, während am 15. hierauf in Allach ein Hirschturnier war, bei welchem im Herumgaloppiren auf die, in gewisser Entfernung angebundenen Hirsche mit Pistolen gefeuert wurde.

Im Jahre 1778 begann Maria Anna Sophia, des Churfürsten Maximilian Joseph III. Wittwe, und geborne königliche Hohheit von Polen und Sachsen, 1785 Stifterin des adelich-weltlichen Damenstiftes zur heiligen Anna in München, ihre, dem Wohlthuen gewidmeten Tage zur Sommerszeit hier in angenehmer Einsamkeit und Naturfreude bis zum Lebensende 1797 zu

Fürstenried.

Le château de plaisance de Fürstenried, situé à deux lieues de la capitale, frappe agréablement la vue lorsque, vers la moitié du chemin, au tournant de la route, l'allée d'arbres, élargie à dessein, permet aux regards de se porter en droite ligne sur ce château.

Il est fait mention de cet endroit dans les temps les plus reculés, sous le nom de Poschetried, nom qu'il tirait du grand nombre de buissons (Busch) dont ce terrain avait de tous temps été couvert, et du mot ried qui signifie extirpé. Il est fait mention, dans des temps plus reculés encore, du village voisin nommé Forstenried, qui, dès l'an 1194, avait déjà une paroisse, et plus tard, du village de Neuenried, qui avait aussi une église. D'après un document de l'an 1409, le premier qui offre des détails précis, cet endroit appartenait alors à un bourgeois de Munich, nommé George le Pomlinger. L'année suivante, c'est le duc Guillaume II., et en 1497, le duc Albert IV. qui en sont propriétaires. Ce dernier toutefois afferma la métairie et la bergerie, qu'on appelait aussi le lieu désert, à un certain George Spitzweck, qui était tenu de lui donner 100 florins par an, et de payer en outre les impôts, rentes et droits de curatelle au couvent de Polling, comme seigneur foncier, de même qu'au couvent d'Ettal et à la paroisse de Grafing. Le duc Guillaume IV. renouvela, pour 20 ans, en 1517, ce bail avec le fils du dit Spitzweck, à raison de 134 florins par an. En 1524 cet endroit se trouve appartenir à Christophe Lump, de Planek, et en 1602 au chancelier provincial Jean George Hörwarth, à qui Maximilien I. accorda le droit de juridiction, à condition qu'il renoncerait pour toujours aux droits de vénerie et de chasse du petit gibier aux environs de la résidence et de la varenne. Cette famille demeura en possession de Poschetsried jusqu'en 1715, époque où le comte Ferdinand Joseph de Hörwarth, chambellan et conseiller de cour, céda cet endroit à l'électeur Maximilien Emanuel, en échange de certaines terres situées près de Tölz, dans sa dépendance de Hohenburg, et du château d'Almanshausen, sur le lac de Würm. Ce fut ce prince qui fit bâtir l'agréable château qu'on y voit aujourd'hui, ayant deux étages, une chapelle, des logemens pour le bénéficier et le jardinier de la cour, des bâtimens attenants, et des écuries dans une cour fermée; derrière l'édifice, est un jardin entouré d'un mur, et également agréable par ses fruits et son ombre; c'est en ce lieu qu'on venait se délasser des plaisirs de la chasse.

Le lendemain de la fête magnifique que donna dans la maison de ville de Munich le 13. mars 1817, l'électeur Charles Albert à l'occasion de son avènement au trône, et du serment de fidélité, fête où des fontaines versaient du vin pour le peuple, et où 26000 pièces d'or furent répandues, il y eut dans le joli petit château de Fürstenried un carrousel pour les dames; voici en quoi il consistait: les dames de la cour, conduites dans d'élégantes calèches, et faisant au galop le tour de la lice, lançaient leurs flèches contre de petits Amours, placés comme buts de distance en distance. Le jour suivant il y eut à Allach un tournoi au cerf, c'est-à-dire un tournoi où les champions, en parcourant au galop la carrière, tiraient leurs pistolets sur des cerfs attachés à une certaine distance.

En 1778, Marie Anne Sophie, veuve de l'électeur Maximilien Joseph III., née princesse de Pologne et de Saxe, et qui fonda, à Munich, en 1785, l'ordre séculier des chanoinesses nobles de Ste. Anne, choisit cet endroit solitaire pour venir y passer pendant l'été, au sein de la nature, les instants d'une vie qu'elle employait à faire du bien; elle y revint tous les ans jusqu'à la fin de ses jours, qu'elle termina en 1797, époque depuis laquelle ce lieu est livré à l'isolement. — On voyait alors directement, d'une des fenêtres de la salle du premier étage, au moyen d'une lunette d'approche, le cadran de l'horloge d'une des tours de notre église Notre-Dame, et dans la salle d'en haut, deux tableaux représentant les douceurs de l'hyménée, devaient éterniser les amours de ce couple couronné.

La métairie de Fürstenried, qui s'est considérablement accrue, jointe à Weiherstephan, autre endroit destiné à l'économie rurale et issu de l'institut royal et principal de Schleissheim, est affermée actuellement à certaines conditions pour 1000 florins par an.

Foehring.

Le village de Oberföhring (Foehring supérieur), ainsi appelé pour le distinguer de Unterfoehring (Foehring inférieur), qui est à une demi-lieue plus loin, offre, du côté de la rivière, un coup d'oeil très pittoresque. Il est situé sur la rive droite de l'Isar et on peut, de Munich, s'y rendre à pied en cinq quarts d'heures, en passant par le jardin anglais, traversant le pont de Bogenhausen, et en suivant la digue ombragée de l'Isar, en même temps que l'oeil se promène sur de vastes plaines touffues, et qu'il voit une partie du lit de la rivière à sec, quand les eaux sont basses. Les voitures font un petit détour sur la hauteur de Bogenhausen, et suivent le chemin vicinal, qui conduit par Ismaning à Freising.

Cet endroit est assez connu dans l'histoire sous le nom de Vering; c'était sous le duc Thassilo une campagne, qui avait sa propre église; sous Louis l'Enfant, cette propriété fut cédée à l'évêché de Freising, et pendant le règne de l'évêque Gottschalk, ce village reçut de l'empereur Frédéric entre autres le droit de tenir un marché, celui de monnayer, et le droit de péage; par suite de la sécularisation des biens ecclésiastiques, en 1803, ce village retomba à la Bavière. Il y avait dans cet endroit assez commerçant un château épiscopal, un salorge, un pont sur l'Isar, une monnaie, et un péage; mais en 1158, le duc Henri le Lion, jaloux de voir un rival s'opposer à la prospérité de Munich, qui commençait à naître, attaqua Foehring et le détruisit. Depuis ce temps ce lieu n'est et ne sera qu'un simple village; plus fréquenté autrefois qu'il ne l'est aujourd'hui par les habitants de Munich, il n'a conservé que le triste souvenir de la vicissitude des choses d'ici bas.

L'église paroissiale avec son clocher est d'une longueur peu commune, et l'école de ce village a été bâtie de nos jours des pierres enlevées à la petite église d'ermite de St. Emeram, que l'on a démolie.

genießen, seit dem nun Alles verwaist steht. In dem untern Saale sah man durch ein Fernrohr gerade auf die Uhr des einen der unser lieben Frauen Kirchthürme, und in dem obern verewigten 2 große Bilder jugendlichen Ehelebens die Liebe der bezeichneten beiden Fürstenpersonen.

Die zu einer bedeutenden Ausdehnung gelangte Meierei in Fürstenried, nebst Weihenstephan eine Filialökonomie von der königlichen Muster-Landwirthschaft Schleißheim, ist auch gegenwärtig wieder verpachtet, und zwar, neben andern Bedingnissen, gegen jährliche 1000 fl. Pachtgeld.

Föhring.

Malerisch ist der Anblick des Pfarrdorfes Oberföhring (zum Unterschiede von dem, eine halbe Stunde weiter unten befindlichen Unterföhring so genannt) von der Wasser-Seite, auf dem rechten Isar-Ufer gelegen, wohin man aus der Stadt durch den englischen Garten über die Bogenhauser-Brücke, den beschatteten Isar-Damm in weit ausgebreiteten und bebuschten Auen, und einem Theil des leeren Fluß-Bettes bei geringem Wasser-Stande zu Fuß in fünf Viertelstunden kommen kann. Der Fahrweg führet etwas weiter an der Bogenhauser-Höhe auf der, über Ismaning nach Freising ziehenden Vicinalstraße.

Hinreichend geschichtlich bekannt ist der Ort Vering, schon unter Herzog Thassilo eine Villa mit eigener Kirche, unter Ludwig dem Kinde an das Bisthum Freising geschenkt, während des sechszehnten Bischofes Gottschalk Regierung dortselbst von Kaiser Friedrich nebst andern mit dem Markt-, Zoll- und Münz-Rechte begabt, und durch die Säcularisation der geistlichen Güter 1803 wieder an Bayern gefallen. Es befand sich ein bischöfliches Schloß, eine Salz-Niederlage, Brücke über die Isar, Münz- und Zoll-Stätte in diesem gewerbigen Flecken, als ihn 1158 Herzog Heinrich der Löwe aus Eifersucht für sich und sein eben entstehendes München überfiel, und zerstörte. Seit dem ist und bleibt er herabgesunken zum einfachen Bauerndorfe, und es übrigt bei dem (sonst häufigern) Besuche der Münchner nur noch die wehmüthige Erinnerung an die wechselnde Vergänglichkeit alles Irdischen.

Die Pfarrkirche mit dem Sattel-Thurme ist von ungewöhnlicher Länge, das Schul-Haus in neuester Zeit von den Steinen des demolirten Eremiten-Kirchleins in dem nahen St. Emeram erbaut.

KÖNIGL. JAGDSCHLOSS FÜRSTENRIED

München bei Hermann & Barth

FÖHRING

nächst München.

München bei Hermann & Barth

Nymphenburg.

In einer halbstündigen Entfernung von München, westlich, liegt das schöne Dorf Neuhausen, als Niwenhausen schon im zwölften Jahrhunderte bekannt, wohin man unter dem Schatten einer gutgehaltenen Lindenallee kömmt. Dieses Dorf enthält eine alterthümliche, dem heil. Nikolaus geweihte Kirche, ein königliches Jagdgebäude und ein Jägerhaus. Wenn der Weg durch die weitere Allee, neben dem mit einer vierfachen Reihe hoher Linden umgegebenen Kanale (Türkengraben genannt, weil er unter dem Kurfürsten Maximilian Emanuel von gefangenen Türken gegraben worden ist), und den an beiden Seiten desselben von verschiedenen Gewerbsleuten und Arbeitern erbauten Häusern fortgesetzt wird, überrascht den Wanderer der prachtvolle Anblick des, von Neuhausen noch eine halbe Stunde entfernten königlichen Pallastes Nymphenburg.

In früherer Zeit war in dieser Gegend die Hofmark Ober- und Unter-Kemnath; einer Kirche zu Chemenathin, Chemenaten, wird schon in Urkunden des zwölften Jahrhunderts Erwähnung gemacht.

Diese Hofmark kaufte im Jahre 1663 Kurfürst Ferdinand Maria von dem letzten Besitzer, der Familie von Gaßner, und machte seiner Gemahlin Henriette Adelheid von Savoyen, welche ihm im vorhergegangenen Jahre den Kurprinzen Maximilian Emanuel geboren hatte, damit ein Wochengeschenk.

Sogleich beschloß die hochgesinnte, den Künsten mit Kenntniß und Liebe ergebene Frau die Erbauung einer Sommerresidenz in dieser Gegend, und noch im nämlichen Jahre wurde der erste Grundstein gelegt. Kaum aber stand der, im guten italienischen Style erbaute Hauptpavillon, als die Kurfürstin den 18. März 1676 starb. Ihr Gemahl, welcher sich von diesem unerwarteten, und ihm unersetzlichen Verluste nie wieder erholte, sich in die Einsamkeit von Schleißheim zurückzog, und schon nach drei Jahren, am 26. Mai 1679, der Unvergeßlichen in die Gruft nachfolgte, setzte den Bau, der ihm nur schmerzliche Erinnerungen darbot, nicht fort. Später wurde solcher, nach der Idee der Verewigten, aber nicht in ihrem Geiste, und mit der Reinheit ihres Geschmackes, von dem Sohne, Maximilian Emanuel, und dem Enkel, Karl Albert, so viel die mehrjährige Kriege es erlaubten, ausgeführt, und von Maximilian Joseph durch die Architekten Couvillier, Vater und Sohn, vollendet.

Der eigentliche Pallast besteht aus fünf Pavillons, welche durch Gallerien mit einander verbunden sind. Der Hauptpavillon hat die Höhe von vier, die übrigen von 2 Stockwerken. Der vorherrschende Styl der Architektur ist der altfranzösische (eine Nachahmung des Versailler Schlosses), der jedoch den Beschauer keineswegs unfreundlich anspricht.

Der Vorhof des Pallastes hat die Form eines halben Mondes, welche durch die Nebengebäude sich in einen vollen Cirkel abändert, ist 600 Schritte lang, und über 900 Schritte breit. In der Mitte desselben sieht man ein großes Bassin mit einer Fontaine, die zu den größten und schönsten Europa's gehört. Diese, des Ritters Joseph von Baader Meisterwerk, erhebt sich zu 80, und mit einem besondern Rohre bis zu 90 Fuß. Sie steigt wie eine Kristallsäule empor, und fällt im schönsten Silberstaube breit und reich herab. Die entgegengesetzte Fontaine im Garten ist eben so schön, aber von minderer Höhe.

Nymphenbourg.

A une demi-lieue de Munich, du côté de l'ouest, est situé le beau village de Neuhausen, connu depuis le 12 siècle sous le nom de Niwenhusen, et où l'on arrive par une allée de tilleuls bien entretenue. Ce village a une ancienne église consacrée à Saint Nicolas, une maison de chasse royale, et une maison de garde chasse. En continuant son chemin le long de l'allée, sur le bord du canal entouré d'une quadruple rangée de haut tilleuls (nommé le Turkengraben, ou fossé des Turcs, parce que sous l'électeur Maximilien Emanuel ce fossé fut creusé par des prisonniers de guerre turcs), et entre les deux rangées de maisons, que divers ouvriers et artisans ont fait bâtir sur cette route, on est frappé à la vue du magnifique palais royal de Nymphenbourg, distant de Neuhausen d'une demi-lieue.

Il y avait anciennement dans cette contrée la seigneurie de Ober-Kemnath et Unter-Kemnath, et il est déjà fait mention dans des documents du 12ᵉ siècle d'une église de Chemenathin, ou Chemenaten.

En 1663, l'électeur Ferdinand Marie acheta cette seigneurie de son dernier possesseur, de la famille de Gassner, et en fit un présent de couches à son épouse Henriette Adelaïde de Savoie, qui l'année précédente, avait donné le jour au prince électoral Maximilien Emanuel.

Aussitôt cette noble dame, qui aimait et connaissait les beaux arts, conçut le projet, de bâtir en cet endroit une résidence d'été, et la pierre fondamentale en fut encore possée la même année. Mais, à peine le pavillon principal, bâti dans le bon style italien, s'était-il élevé, que l'électrice mourut le 18. mars 1676. Son époux, qui ne put jamais se consoler de cette perte inattendue et irréparable, et qui, s'étant retiré dans la solitude de Schleissheim, suivit dans la tombe au bout de trois ans, le 26. mai 1679, celle qu'il n'avait pu oublier, ne fit point continuer cette édification qui ne lui rappelait que de tristes souvenirs. Dans la suite la construction de cet édifice fut continuée, d'après l'idée de la défunte, mais non pas selon son esprit et la pureté de son goût, par son fils Maximilien Emanuel, et son petit-fils, Charles Albert, autant que les guerres qui continuèrent pendant plusieurs années, le permirent; et il fut achevé par Maximilien Joseph sous la direction des architectes Couvillier, père et fils.

Le palais proprement dit consiste en cinq pavillons, réunis par des galeries. Le pavillon principal a quatre étages, les autres en ont deux. Le style dominant de l'architecture est l'ancien style français (imité du château de Versailles), mais dont l'effet n'est rien moins que désagréable à l'oeil.

L'avant-cour du palais, en forme de demi-lune, se transforme en cercle parfait au moyen des bâtiments attenants; elle a 600 pas de long, sur plus de 900 pas de large. Au milieu de cette cour, on voit un grand bassin avec un jet d'eau que l'on peut mettre au rang des plus grands et des plus beaux de l'Europe. Cette fontaine, chef d'oeuvre du chevalier Joseph de Baader, lance ses eaux à la hauteur de 80 pieds, et en y practiquant un tuyau particulier, jusqu'a 90 pieds. Le jet d'eau s'élève semblable à une colonne de cristal, et retombe en s'étendant richement en belle poussière argentine. La fontaine située vis-à-vis de celle-ci dans le jardin est tout aussi belle, mais son jet d'eau s'élève moins haut.

Le jardin, qui a au moins un mille d'Allemagne de circuit, et qui forme un grand carré oblong, est pratiqué dans une forêt de bouleaux, dont on voit encore dans plusieurs groupes, ainsi que dans les allées, les arbres originaires. Cette forêt se prolonge encore en dehors des murs du jardin l'espace de quatre lieues, jusque près de Starenberg. Au commencement, ce jardin était fait dans le goût français d'alors, et la distribution en grand était imitée de celle du jardin de Versailles. Il resta dans cet état jusqu'aux temps du roi Maximilien I. Ce monarque, ami de la simple nature, et peu favorable aux futiles ornements, dont l'art prétend l'embellir, fit arranger plus simplement le vaste parterre, qui se trouve devant le château; on y voit maintenant des parois et des berceaux de verdure alterner avec d'élégants carrés de fleurs, des statues de marbre blanc de 8 pieds de haut, faites par Margiori, Aulizek, Roman Boos, Groff, Volpino et d'enormes vases du dit Roman Boos, des cascades et des fontaines; il fit en outre transformer le grand espace, qui restait encore, en un très-beau jardin anglais, ayant un grand lac, et une infinité de sites charmants.

Parmi les nombreux avantages, dont jouit ce jardin, il faut mettre au premier rang l'abondance d'eau, que lui fournit le lac de Würm, et qui, amenée par la petite rivière de Würm, nourrit copieusement le lac, plusieurs étangs, les canaux, les jets d'eau etc. On peut aussi, par un mécanisme ingénieux, accroître promptement les eaux, et parcourir ensuite en bateau sur le canal tout le jardin, dont la partie éloignée et plus élevée, que la plus proche.

Les serres chaudes, dignes d'être vues, contiennent une quantité de belles et remarquables plantes exotiques, dont on trouve une description complète dans l'ouvrage de l'excellent botaniste Sterler, intitulé: Hortus Nymphenburgensis.

Nymphenbourg était ordinairement le lieu, où allait résider la cour pendant l'été sous l'électeur Maximilien Joseph III., sous Charles Théodor, et sous le roi Maximilien I.; souvent on y donnait des fêtes brillantes avec illumination du jardin, promenades sur l'eau etc.

Nous croyons ne pouvoir mieux terminer le présent article, qu'en y rendant un juste hommage de souvenir au monarque généralement adoré, dont le coeur sensible et bienveuillant battit pour la dernière fois dans ce palais (dans la nuit du 12. au 13. Octobre 1825) et nous citons à cet effet un ou deux passages, extraits de l'ouvrage de Chrétien Müller, intitulé: Munich sous le roi Maximilien.

„La reine habitait un appartement de très-bon goût. Les chambres, qu'habitait le roi rez-de-chaussée de l'aile gauche du palais, du côté du jardin, étaient simples et sans faste, comme il l'était lui même. On n'y voyait régner ni le luxe, ni la pompe royale, mais bien cette simplicité bourgeoise, qui rendait le roi Maximilien Joseph si cher à ses sujets. Combien de petits princes d'Allemagnes ne se seraient point contentés de la demeure, qui lui semblait suffisante; combien il y en a, qui ne se seraient pas crus en sûreté là, où il dormait tranquillement, parce-que l'amour et la fidélité de ses Bavarois lui servait de garde!" ... —

„L'étranger, qui se promenait le matin dans le jardin de Nymphenbourg, rencontrait quelquefois un homme affable et simplement mis, dont la physionomie annonçait la douceur, la noblesse, et la bonté, qui régnaient dans son coeur. Il saluait affablement l'étranger, lui demandait souvent, comment il trouvait telle ou telle chose, se promenait avec lui dans le jardin, lui montrait, ce qu'il y avait de plus remarquable, et disparaissait, comme il lui avait apparu. — C'était le génie du lieu, que tout le monde nommait le bon père."

Der Garten, deſſen Flächeninhalt wenigſtens eine deutſche Meile beträgt, und welcher ein großes längliches Viereck bildet, iſt in einem Birkenwalde angelegt, deſſen urſprüngliche Bäume noch in verſchiedenen Gartengruppen, auch wohl in Alleen ſichtbar ſind. Dieſer Wald zieht ſich außer der Gartenmauer noch über vier Stunden weit, bis nahe an Stahrnberg, weiter fort. Anfangs war der Garten im damaligen franzöſiſchen Geſchmacke angelegt, und die Austheilung im Großen jener des Gartens zu Verſailles nachgeahmt. So blieb es bis zur Zeit des Königs Maximilian I. Dieſer Monarch, Freund der einfachen Natur, und beſonders in ihrem Reiche den erkünſtelten Spielereien abhold, hat nicht nur das weite Parterre vor dem Pallaſte, in welchem hohe Laubwände und Lauben mit eleganten Blumenbeeten mit 8 Schuh hohen Statuen aus weißem Marmor von Margiori, Aulizek, Roman Boos, Groff, Volpino, und ungeheuren Vaſen von dem Drittletzten, mit Kaskaden und Fontainen abwechſelnd, ſehr vereinfacht, ſondern den übrigen großen Umfang in eine ſehr ſchöne engliſche Gartenanlage mit einem großen See, und unzähligen, höchſt angenehmen und freundlich überraſchenden Partien umgeſchaffen.

Unter den vielfachen Vorzügen dieſes Gartens behauptet die Fülle des Waſſers den erſten Platz, welches, aus dem Würmſee durch das Würmflüßchen hergeleitet, den See, mehrere Teiche, Kanäle und Springwäſſer ꝛc. reichlich ſpeiſet. Durch eine ſo künſtliche als geſchwinde Schwellung des Waſſers kann man auf dem Kanale den ganzen Garten durchſchiffen, weil der entfernte Theil deſſelben höher liegt als der nähere. In den ſehenswürdigen Treibhäuſern werden viele merkwürdige und ſchöne exotiſche Pflanzen gezogen, worüber des trefflichen Botanikers Sterler „Hortus Nymphenburgenſis" vollſtändige Auskunft ertheilt.

Nymphenburg war der gewöhnliche Aufenthalt des Bayeriſchen Hofes unter dem Kurfürſten Maximilian Joſeph III., Karl Theodor, und dem Könige Maximilian I., wo öfters prächtige Feſte mit Beleuchtungen des Gartens, Waſſerfahrten ꝛc. gefeyert wurden.

Wir glauben dieſen Artikel nicht zweckmäßiger beendigen zu können, als wenn wir, zum Andenken an den allgeliebten Monarchen, deſſen menſchenfreundliches und wohlwollendes Herz in dieſem Pallaſte (in der Nacht vom 12. auf den 13. Oktober 1825) zum letzten Male ſchlug, noch ein paar Stellen aus: Dr. Chriſtian Müllers Münchens unter ihm, anhängen.

„Die Königin bewohnte ſchöne und geſchmackvolle Zimmer. Einfach und prunklos, wie der Bewohner, waren die Wohnzimmer des Königs im Parterre des linken Flügels nach dem Garten. In ihnen herrſchte kein Königlicher Glanz und Luxus, wohl aber der ſchöne ſchlichte Bürgerſinn, wodurch ſich Max Joſeph ſeinen Unterthanen ſo werth machte. Wie wenig kleine Fürſten Deutſchlands würden ſich mit dem begnügt haben, was dem Könige hier zu ſeiner Wohnung hinlänglich ſchien, wie wenige würden ſich da ſicher geglaubt haben, wo Er ruhig ſchlief, da Ihm die Liebe und Treue ſeiner Bayern die zuverläßigſte Leibwache war! — — "

„Dem Fremden, der am Morgen im Nymphenburger Garten wandelte, erſchien da oft ein einfach gekleideter, freundlicher Mann, der Milde, Würde und Güte auf ſeinen Geſichtszügen trug, wie ſie ihm in Herzen wohnten. Liebreich grüßte er den Fremdling, fragte oft, wie dieß und das ihm gefalle, wandelte mit ihm in den Anlagen des Gartens herum, zeigte ihm das Beſte und Schönſte, und verſchwand dann wieder, wie er erſchienen war — das war der Genius des Orts, den alle Guten Vater nannten."

NIMPFENBURG

München bei Hermann & Barth.

Die Magdalenenkapelle
im Garten des königlichen Lustschlosses Nymphenburg.

Im Jahre 1720 erbaute Kurfürst Maximilian Emanuel in einem dunkeln Gebüsche des Nymphenburger Gartens, als von außen scheinbare Ruine, eine Einsiedelei mit einer der büßenden Magdalena geweihten Kapelle, einem Thürmchen und vielen Gemächern, welche fürstlich=einsiedlerische Geräthschaften enthalten.

Sie ist vorzüglich durch ein Vorhaben dieses Kurfürsten merkwürdig, das, wie es scheint, bisher allen Bayerischen Geschichtschreibern ganz unbekannt geblieben ist. Maximilian Emanuel, in seiner Jugend, nach dem Vorbilde seines Königlichen Freundes Ludwig XIV. von Frankreich, in hohem Grade galant, ergab sich in späteren Jahren, wie dieser, frömmelnder Andacht, und faßte endlich gar den sonderbaren Entschluß, nach dem vorhergegangenen Beispiele seines hypochondrischen Enkels, des Spanischen Königs Philipp V., die Regierung dem Kurprinzen Karl Albert abzutreten, und seine übrigen Lebenstage in dieser Einsiedelei mit Andachtsübungen und Bußandachten zuzubringen. Sein am 26. Hornung 1726 erfolgter Tod hinderte die Ausführung.

Früher hatte der nämliche Kurfürst im Umfange dieses Gartens das niedliche Badenburg erbaut, welches in der galanten Chronik damaliger Zeiten ziemlich berühmt gewesen ist.

In einer andern Abtheilung gegenüber steht Amalienburg, vom Kaiser Karl VII. seiner Gemahlin zu Ehren errichtet, und mit den reichsten Tapeten von eingewirktem Gold und Silber verziert.

Auch Pagodenburg, mit Verzierungen aus Chinesischem Porzellain und solchen Papiertapeten, verdient gesehen zu werden.

Die unweit Amalienburg unter König Max bestandene Menagerie war nie bedeutend, und konnte mit jenen von Paris, Wien und Stuttgart keine Vergleichung aushalten.

Zu Nymphenburgs vorzüglichsten Zierden gehört das Kabinetsgärtchen neben den Fenstern des Pavillons der verwittweten Königin Karoline, voll süßer Erinnerungen an das glückliche Familienleben des Königlichen Hauses. Neben einer sehr schönen Wasserkunst sind hier die Statuen Apollo mit Amor, Adonis, Faun und Leda aufgestellt, Meisterwerke unsers Professors Eberhardt, welcher, wie sein trefflicher Bruder, als Künstler in Italien und Deutschland geschätzt, als Mensch durch sein gemüthliches, anspruchsloses Benehmen sich die Liebe aller ihn näher Kennenden erworben hat.

Südlich von Nymphenburg kömmt man durch eine lange Allee in den Thiergarten, eigentlich Hirschgarten, einen eingeschlossenen Park, worin viele zahme Damhirsche unterhalten werden. In dem freundlichen Jägerhause erhält man Erfrischungen.

Parthie
am großen See im Garten des königlichen Lustschlosses Nymphenburg.

Zu den schönsten Parthien des Nymphenburger Gartens gehört auch jene, wovon die genaue Abzeichnung auf dem vorliegenden Blatte keiner weitern Erklärung bedarf. Der Pan, welcher über dem, durch anspruchlose Traulichkeit anziehenden Wasserfalle neben der Ziege auf der Hirtenpfeife spielt, ist von Peter Verschaffelt.

La Chapelle Ste. Madeleine
dans le jardin du château de plaisance royal de Nymphenbourg.

En 1720, l'électeur Maximilien Emanuel fit construire dans un bocage épais du jardin de Nymphenbourg, sous l'apparence extérieure d'une ruine, un ermitage ayant une chapelle consacrée à la Madeleine pénitente, une petite tour et plusieurs chambres qui renferment des meubles et autres objects convenables à un prince ermite.

Cet ermitage est surtout remarquable par un projet qu'avait formé cet électeur et que semblent avoir ignoré jusqu'ici tous les historiens bavarois. Maximilien Emanuel qui à l'exemple de son ami le roi de France, Louis XIV., avait été extrêmement galant dans sa jeunesse, s'était, dans un âge plus avancé, adonné comme ce dernier, à la bigoterie, et il avait même conçu le projet singulier de suivre l'exemple du roi d'Espagne Philippe V., hypocondriaque petit-fils de Louis XIV., en cédant la couronne à son fils Charles Albert et en passant dans cet ermitage le reste de ses jours en oeuvres de dévotions et de pénitence. Sa mort, survenue le 26. février 1762, l'empêcha d'exécuter ce projet.

Ce même électeur avait autrefois fait bâtir dans l'enceinte de ce jardin le gentil petit château de Badenbourg, assez célèbre dans la chronique galante de ces temps là.

Dans une autre division, vis-à-vis de celle-ci, se trouve Amalienbourg (château d'Amélie) que l'empereur Charles VII. fit bâtir en l'honneur de son épouse, et qui est décoré de riches tapisseries entretissées d'or et d'argent.

Il y a encore Pagodenbourg (château avec une pagode) ayant des décorations en porcelaine de la Chine et des tapisseries de papier du même pays qui mérite d'être vu.

La ménagerie qu'il y avait près d'Amalienbourg sous le roi Maximilien n'a jamais été importante et elle n'aurait pu soutenir aucun comparaison avec celles de Paris, de Vienne et de Stuttgart.

L'un des principaux ornements de Nymphenbourg c'est le petit jardin du cabinet situé à côté des fenêtres du pavillon de la reine duairière, Caroline, et qui est plein de touchants souvenirs du bonheur domestique de la famille royale. Outre une très-belle fontaine, on y voit encore les statues d'Apollon avec l'Amour, Adonis, un faune, et Léda, chefs-d'oeuvre de notre professeur Eberhardt (Everard) qui, de même que son digne frère, est estimé comme artiste en Italie et en Allemagne, et qui, comme homme, a mérité par ses manières affectueuses et exemptes de prétention, l'affection de tous ceux qui le connaissent plus particulièrement.

Au sud de Nymphenbourg, on arrive par une courte allée au Parc, ou proprement Jardin des cerfs, qui est entouré d'un mur et où l'on entretient un grand nombre de daims apprivoisés. On y trouve des refraîchissements dans la jolie maison du garde-chasse.

Point de vue
près du grand lac dans le jardin du château de plaisance royal de Nymphenbourg.

L'un des plus beaux points de vue du jardin de Nymphenbourg est celui que présente la planche ci-jointe et qui n'a pas besoin d'autre explication. Le pan que l'on voit jouer de son chalumeau à côté de la chèvre, au-dessus de la cascade, attrayante par le charme de sa simplicité, est sculpté par Pierre Verschaffelt.

Blutenbourg
situé sur le Würm près de Nymphenbourg.

C'est entre Obermenzing et Untermenzing, qu'est situé le château royal de Blutenbourg, remarquable sous deux rapports dans l'histoire de Bavière du 15. siècle. De fréquents partages du pays avaient porté à leur plus haut degré les déplorables dissentions de la maison de Wittelsbach, et le malheur de la Bavière. Non seulement la haine mortelle qui existait entre le magnanime, mais violent duc Louis le Barbu, d'Ingolstadt, et le plus méchant de tous les Wittelsbach, le duc Henri le Riche, de Landshut, continuait à se manifester par de terribles irruptions et une fureur croissante de part et d'autre; mais les deux pacifiques ducs de Munich, Ernest et Guillaume, furent eux-mêmes entraînés dans ces guerres si désastreuses pour le pays. On combattit de part et d'autre avec un égal acharnement, et il y eut, surtout près de Menzing, une telle effusion de sang que le château en conserva le nom de Blutenbourg (château du sang). Les guerriers de Munich remportèrent une victoire complète; ceux d'Ingolstadt furent repoussés de tous côtés; il y en eut un grand nombre de tués; plus de 80 personnes des premières familles et environ 300 chevaliers furent faits prisonniers. C'est par un témoignage de reconnaissance pour cette victoire que le duc Erneste fit bâtir les chapelles de Hoflach et de Menzing.

Le sort du château de Blutenbourg fut plus riant dans la seconde moitié du 15. siècle. Après la mort du duc Albert III. (1460), le fils puîné de ce prince, Sigismond, partagea le trône avec son frère aîné Jean, et ce dernier atteint d'une maladie contagieuse, étant mort célibataire le 18. Novembre 1463, à Heidhausen, où il s'était réfugié pour fuir cette même maladie, Sigismond régna seul jusqu'en 1465. Le 10. september de cette même année, il partagea la régence avec le troisième des frères, Albert IV., et la lui ayant cédé entièrement le 3. september 1467 en se réservant seulement quelques droits, il se retira des affaires pour jouir tranquillement des douceurs de la vie privée. Parmi les châteaux qu'il s'était réservés, Sigismond vouait une affection particulière à celui de Menzing, Blutenbourg; il en fit achever la construction et y habita presque tout le reste de sa vie (Aventin dit: il y habita près de 36 ans); il mourut le 1. février 1501. Il resta célibataire, mais il eut plusieurs fils (Jean Pfättendorffer d'Egenhoven, Sigismond Pfättendorffer) et plusieurs filles. Il voua ses galanteries chevaleresques à une dame noble qui répondit à sa tendresse par les rimes suivantes:

„Blanc, noir et rouge sont couleurs
Qui ont captivé mon coeur,
Et son nom, c'est le D. S. (Duc Sigismond)."

C'étaient là les couleurs qu'il porta toute sa vie dans ses habits; mais peu de temps avant sa mort, il se fit mettre un froc de Franciscain qu'il garda jusqu'à son décès et avec lequel il fut enterré.

Le château de Blutenbourg, dévastée, abandonné et presque tout-à-fait tombé en ruines pendant la guerre de trente ans, fut rebâti vers la fin du 17. siècle par le baron de Berchem, conseiller privé de l'électeur, et cet édifice n'a rien conservé de son ancienne splendeur que ses portes extérieures et ses quatre tours. Mais on y voit encore dans tout son antiquité la chapelle avec ses trois autels et son tabernacle en découpures (les peintures des autels sont de nouvelle date); les peintures des vitres, très-bien conservées, représentant la Passion, et au-dessus, les armes de l'empereur Louis le Bavarois, celles de la Bavière, du Palatinat, de la Hollande, de Visconti, de l'Autriche, de la Hongrie, de la France etc. sont également remarquables. Sur la paroi du fond, à gauche, il y a un tableau où sont peintes les reliques d'Andechs. Au-dessous de ce tableau, à droite, on voit à genoux le duc Sigismond, revêtu d'une longue robe, garnie de pelisse blanche et la tête couverte d'un bonnet noir garni d'or; à côté de lui, les armes de la Bavière; au-dessus de l'indication de l'année 1495, à gauche, l'abbé Jean d'Andechs, revêtu de son pluvial, avec sa mitre et sa crosse, et à côté de ce prélat, les armes du couvent.

Blutenburg
an der Würm, nächst Nymphenburg.

Zwischen Ober- und Untermenzing liegt das Königliche Schloß Blutenburg, in der Bayerischen Geschichte des 15. Jahrhunderts in zweifacher Rücksicht merkwürdig. Wiederholte Landestheilungen hatten die unselige Zwietracht der Linien des Hauses Wittelsbach und Bayerns Unglück auf den höchsten Grad gesteigert. Nicht nur dauerte der tödtliche Haß zwischen dem hochherzigen, aber gewaltthätigen Herzog Ludwig dem Bartigen von Ingolstadt und dem Schlimmsten aller Wittelsbacher, Herzog Heinrich dem Reichen von Landshut, mit fürchterlichen Ausbrüchen beiderseits steigenden Ingrimms, ununterbrochen fort, sondern auch die friedfertigen Herzoge von München, Ernest und Wilhelm, waren in die landesverderbliche Fehde hineingerissen worden. Beiderseits wurde in der am 19. und 20. September 1422 erfolgten Schlacht bei Alling mit der größten Erbitterung gestritten, und bei Menzingen so viel Blut vergossen, daß das Schloß hievon den Namen Blutenburg erhalten hat. Die Münchner erfochten den vollständigsten Sieg, die Ingolstädter wurden auf allen Seiten zurückgeschlagen, eine große Anzahl verlor das Leben, über 80 aus den ersten Geschlechtern und gegen 300 Ritter fielen in Gefangenschaft. Zum dankbaren Andenken dieses Sieges baute Herzog Ernest die Kapellen zu Hoflach und Menzing.

Freundlicher lächelte das Schicksal dem Schloße Blutenburg in der zweiten Hälfte des fünfzehnten Jahrhunderts. Nach Herzogs Albrecht III. Tode, 1460, regierte dessen zweitgeborner Sohn Sigismund mit dem erstgebornen Johann gemeinschaftlich, und als dieser am 18. November 1463 zu Haidhausen an einer Seuche, gegen welche er dort Rettung suchte, unvermählt gestorben war, bis zum Jahre 1465 allein. Am 16. September des oben genannten Jahres nahm er den drittgebornen, Albrecht IV., zum Mitregenten an, trat endlich den 3. September 1467 demselben die Regierung, unter Vorbehaltung einiger Gerechtsame, vollkommen ab, und in den frohen Genuß des ruhigen Privatlebens zurück. Unter den vorbehaltenen Schlößern war Sigismund dem zu Menzingen, Blutenburg, mit besonderer Vorliebe zugethan; er vollendete den Bau desselben und bewohnte es die meisten Jahre seines übrigen Lebens (Aventin sagt: hauste allda bei 36 Jahr) bis zu seinem den 1. Hornung 1501 erfolgten Tod. Er blieb unvermählt, erzeugte aber mehrere Söhne (Hanns Pfättendorffer zu Egenhoven, Sigmund Pfättendorffer) und Töchter. Ritterlicher Minne pflog er mit einer adelichen Dame, welche seine Zärtlichkeit mit den Reimen erwiederte:

„In diser Farb, schwarz, rott und weis mit gantzem fleiß,
Und sein Nam ist S (igmund) ein H (erzog)."

Diese Farben trug er Zeit Lebens in seinen Kleidern; doch kurz vor seinem Tode ließ er sich einen Franziskanerhabit anziehen, in welchem er auch starb und begraben wurde.

Das Schloß Blutenburg, im dreißigjährigen Kriege größtentheils verwüstet, verödet und beinahe ganz eingefallen, wurde gegen Ende des 17. Jahrhunderts von dem Kurfürstlichen Geheimen Rathe, Freiherrn von Berchem, neu erbauet, und hat außer dem äußeren Thore und den vier Thürmen keine Ueberreste alter Herrlichkeit mehr aufzuweisen. Hingegen ist die noch ganz alterthümliche Kapelle mit ihren drei Altären und dem Sakramentshäuschen von Schnitzarbeit (die Altargemälde sind neu) und mit den gut erhaltenen Glasgemälden der Fenster, auf welchen die Passion und oberhalb die Wappen Kaiser Ludwig des Bayern, dann von Bayern, Pfalz, Holland, Visconti, Oesterreich, Ungarn, Frankreich ꝛc. abgebildet sind, sehenswürdig. An der hinteren Wand links ist eine Tafel mit Abbildung der Heiligthümer zu Andechs befestigt. Unter denselben knieen rechts: Herzog Sigismund in einem langen mit Pelzwerk ausgeschlagenen Kleide mit einer schwarzen, mit Gold verzierten Haube, neben ihm das bayerische Wappen, oberhalb die Jahrzahl 1495, links Abt Johann von Andechs im Pluvial mit Infel und Stab, neben ihm das Klosterwappen.

DIE MAGDALENEN-KAPELLE

im Garten des königlichen Lust Schlosses Nymphenburg.

München bei Hermann & Barth.

PARTHIE AM GROSSEN SEE,

im Garten des Königl. Lust-Schloßes Nympfenburg.

München bei Hermann & Barth

BLUTENBURG

an der Wurm nächst Nymphenburg.

München bey Hermann & Barth.

Thalkirchen.

Schon bald nach der Menther-Schwaige, Harlaching gegenüber, bei Maria-Einsiedel, fängt der reißende Isar-Strom an, sein wildsteiles, sandiges Ufer auf beiden Seiten zu verlassen, und sich in einer fruchtbaren Ebene auszubreiten, in welcher das Dorf Thalkirchen gleichsam die Vorhut von der, in so großer Fläche prachtvoll ausgedehnten Hauptstadt des Königreiches bildet, während sie die nacheinander folgenden Dörfer Ober-, Mitter- und Unter-Sendling von den sanft sich zurückziehenden Höhen beherrschen. Der Ort ist übrigens alten, religiös-historischen Ursprunges.

In der Fehde, welche Herzog Stephan I. von Bayern-Landshut in Folge der, bereits unter seinem Vater, Ludwig dem Brandenburger, angefangenen Zwistigkeiten mit den Reichsstädten, besonders mit Augsburg, geführt hat, waren des Herzogs vorzügliche Kampfgenossen die tapfern Christian und Wilhelm Frauenberger zum Haag. Diese sind den Augsburgern eine Zeit lang hart zu Leibe gegangen, und haben ihnen gar viele erschlagen, bis der Bayern tapfere Streiter endlich doch weichen, und an die Gestade des Isar-Flußes fliehen mußten. Da die Reichsstädtischen den Frauenbergern bis oberhalb München an den Platz, wo jetzt Thalkirchen steht, nachzusetzen wagten, und diese hier mit ihren Kriegs-Völkern etwas in die Klemme kamen, so haben letztere das Gelübd gethan, zur Ehre der Gottes Mutter ein Kloster mit einer Kirche zu bauen, im Falle sie dießmal gerettet würden. Vertrauenvoll sprengte darauf die muthige Schaar mit Roß und Mann in den unsichern Strom, erreichte glücklich das jenseitige Ufer, und wurde so augenscheinlich durch höhere Macht aus dieser drohenden Gefahr befreit.

Dankbar ward hierauf vorläufig die Kirche in diesem Thale von Grund aus erbaut im Jahre 1372, wie die am innern Chorbogen befindliche Schrift, Jahrzahl und Wappen beurkundet, und hienach die Benennung geschöpft. Auch hinter dem Choraltar ist an einem Fenster das Frauenberg'sche Wappen, ein weißes Rößlein, im Farben-Schmelz ersichtlich. Zu dem stellen sowohl die Kriegs-Scene an der Isar, als den Bau der Kirche zwei, bei der vierhundertjährigen Jubiläums-Feier in derselben auf beiden Seiten aufgehangene Gedächtnißtafeln bildlich dar. Die Errichtung des Klosters selbst, wozu wirklich schon einiges Geld verordnet worden, sollte indeß bis zur Zurückkunft des, i. J. 1396 unternommenen Heeres-Zuges ausgesetzt bleiben, in welchem der edle und tapfere Herr Christian Frauenberger mit Pfalzgraf Ruprecht, auch vielen vom bayerischen Adel, dem König Sigmund von Ungarn wider die Türken zu Hilfe gezogen. Allein, ersterer ist mit mehreren andern daselbst vor dem Feinde geblieben, sohin nicht wieder in das Vaterland zurückgekommen, weßhalb auch der zweite Theil des Gelübdes nicht mehr erfüllt werden konnte.

Obwohl nun diesem nach die Frauenberger die ersten Stifter dieses schönen Gottes-Hauses zu Thalkirchen, auch Lehenherrn der Meßstiftung daselbst sind, (noch ist ihr Familien-Wappen an Kelch und Meßgewand ersichtlich) so wollte doch i. J. 1459 Pfarrer, Kirchenprobst, und Gemeinde solche Stiftung aus ihrem eigenem Gute aufgerichtet haben, daher sie mit Herrn Sigmund von Frauenberg in Streit gekommen, welcher sich aber zu seiner, und seiner jetzt noch blühenden Nachkommen Gunsten geendet hat.

Thalkirchen.

A quelque distance de la Mentherschwaige, vis-à-vis de Harlaching, près de Maria-Einsiedel, la rapide Isar commence à quitter ses rives sauvages et escarpées, et son lit sablonneux, pour s'étendre dans une plaine fertile; c'est dans cette plaine qu'est situé le village de Thalkirchen, qui semble former l'avant-garde de la pompeuse capitale, que l'on voit s'étendre au loin, tandis que les villages de Ober-Sendling, Mitter-Sendling, et Unter-Sendling, situés sur des hauteurs qui se retirent insensiblement, semblent la dominer. Du reste Thalkirchen a une origine historico-religieuse, qui date des temps reculés.

Dans les guerres qu'Etienne I., duc de Bavière et de Landshut, fit aux villes impériales, et principalement à la ville d'Augsbourg, par suite des démêlés qui avaient déjà commencé sous son père, Louis le Brandenbourgeois, ce prince fut surtout assisté par deux vaillans combattans, Chrétien et Guillaume Frauenberger de Haag. Après avoir pendant long-temps serré de près ceux d'Augsbourg, et leur avoir fait perdre beaucoup de monde, les preux Bavarois se virent enfin forcés de reculer et de se retirer précipitamment jusqu'aux bords de l'Isar. Les vainqueurs osèrent poursuivre les Frauenberger jusqu'au-delà de Munich, dans l'endroit où se trouve maintenant Thalkirchen, et comme ces chefs, ainsi que leurs troupes, se voyaient dans une position fort ambarrassante, ils firent voeu d'élever une église et un couvent en l'honneur de la Sainte Vierge, au cas qu'ils sortissent saufs de ce péril. La-dessus, la vaillante cohorte, tant à pied qu'à cheval, s'élança avec confiance au travers des flots, gagna heureusement la rive opposée, et fut ainsi sauvée miraculeusement du danger qui la menaçait.

On posa donc, en tribut de reconnaissance, les fondements de l'église qu'on avait promis d'élever dans cette vallée, et on lui donna le nom d'église de la vallée (Thalkirche); ce qui eut lieu en 1372, ainsi que l'attestent l'inscription et le blason qui se trouvent sur la voûte intérieure du choeur. On voit également, représentées en verre teint, à l'une des fenêtres qui sont derrière le maître-autel, les armes des Frauenberger, qui portaient un cheval blanc dons leur blason. Outre cela, deux tableaux suspendus aux deux côtés de l'église, à l'occasion du jubilé que l'on célébra quatre siècles après son édification, représentent, l'un cette édification même, et l'autre les combats qui eurent lieu sur les bords de l'Isar. Pour ce qui est du couvent, on assigna quelques sommes pour le faire bâtir; mais on différa l'exécution de ce projet jusqu'au retour d'une expédition militaire qu'entreprirent en 1396 le noble et vaillant seigneur Chrétien Frauenberger avec le comte palatin Robert, et un grand nombre d'autres seigneurs bavarois, pour aller secourir le roi de Hongrie Sigismond dans une guerre contre les Turcs. Ce fut dans cette expédition que Chrétien Frauenberger, ainsi que plusieurs autres braves, périrent en combattant, en sorte que ce seigneur ne put accomplir le reste de son voeu.

Il résulte de ceci que c'est la famille des Frauenberger qui fonda la belle église de Thalkirchen; c'est elle aussi qui y institua une messe, ainsi que l'attestent ses armes, que l'on voit encore sur le calice et sur la chasuble! Néanmoins, en 1459, le curé, le prévôt de l'église, et la paroisse prétendirent que cette fondation avait été faite à leurs frais, et eurent avec le seigneur Sigismond de Frauenberger un procès, qui se termina toutefois à l'avantage de ce dernier et de ses descendants, qui fleurissent encore de nos jours.

On trouve encore dans le cimetière de Thalkirchen plusieurs anciens tombeaux de curés de Sendling; Thalkirchen, ainsi que Mitter-Sendling, font actuellement partie de la paroisse de Untersendling. Il s'est presque écoulé un demi-siècle depuis la miraculeuse assistance qu'obtint, par son intercession auprès du Tout-Puissant, la Sainte Vierge, protectrice de la Bavière, sans que la confiance des vrais croyants se soit affaiblie: on voit durant toute l'année, mais surtout pendant l'automne (vers le temps des indulgences), les fidèles de Munich prendre le chemin de Thalkirchen, qui leur offre en même-temps une agréable promenade, pour aller, dans la piété de leur coeur, chercher en cet endroit des soulagements à leurs secrètes souffrances, et souvent ils n'y vont pas en vain.

Hartmannshof.

Il existe maintenant trois faisanderies royales pour la Cour de Munich: celle de Hartmannshof, située à une demi-lieue du château de plaisance de Nymphenbourg; celle de Mosach, à une lieue de ce même château; et la troisième près du château de plaisance de Schleissheim. Chacune contient environ un millier de faisans, qui sont entretenus et nourris par un faisandier. Vers le carnaval le roi, les princes du sang, et autres seigneurs de la cour viennent faire la chasse à ces animaux, et en tuent au moins les deux tiers. Hartmannshof, qui n'était autrefois qu'une propriété de paysan, est situé dans un lieu écarté, propre à l'usage qu'on en fait; ce lieu est ombragé de deux côtés par un petit bois de hêtres, entouré d'un enclos, et traversé par un petit ruisseau, en sorte que les faisans ont assez d'espace pour changer souvent de place. Il en est de Hartmannshof, comme de tous les autres lieux de plaisance qui se trouvent aux environs de Munich; ils sont plus ou moins fréquentés, selon le goût changeant des habitans de la capitale; on trouve dans celui-ci des rafraîchissemens de toute espèce, et le promoneur qui aime la solitude au milieu d'une nature animée, ne peut manquer d'y trouver de quoi satisfaire son goût.

Auf dem nebst Mittersendling zu der Pfarrei Untersendling gehörigen Kirchhofe in Thalkirchen sind noch mehrere alte Grabsteine von Sendlinger Kirchherrn.

Beinahe ein halbes Jahrtausend ist seit der wunderthätigen Hilfe an diesem Orte durch Vorbitte bei Gott in das Meer der Vergangenheit hinabgesunken, ohne daß das kindliche Vertrauen der innigen Verehrer von Gottes Mutter, Bayerns Beschützerin, in ihren Herzen noch jetzt geschwächt erscheint, indem das ganze Jahr hindurch, vorzüglich aber zur Herbstzeit, (während des sogenannten Frauendreißigst) die ganze andächtige Bevölkerung Münchens den, zugleich angenehmen Spaziergang nach Thalkirchen wandelt, dort frommen Gemüthes so manche Linderung, oder Befreiung in heimlichen Nöthen und Bedrängnissen zu suchen, und zu finden.

Hartmannshof.

Gegenwärtig bestehen drei königliche Fasannen-Gärten für den Hof zu München, nämlich der eine eine halbe, der andere eine ganze Stunde von dem Lustschlosse Nymphenburg, Hartmannshof und Mosach, der dritte bei dem Lustschlosse Schleißheim. In jedem befinden sich ohngefähr 1000 Stücke dieses Feder-Wildes, von welchen, durch eigene Fasannen-Meister allda gezüchtet und gefüttert, jährlich um die Faßnacht-Zeit wenigstens zwei Dritttheile von dem Könige selbst, den königlichen Prinzen, und Andern geschossen werden. Hartmannshof, früher ein Bauern-Gut, hat eine, zum Zwecke abgeschiedene Lage, von einem eingeplankten, zum Wechsel für die Fasannen dienenden Buchen-Wäldchen auf zwei Seiten beschattet, die eine von einem Bächlein durchzogen. Wie bei allen Belustigungs-Orten um München, so wechselt auch hier der Besuch der launigen Städter mehr oder minder, wo man mit Erfrischungen jeder Art gut bedient wird. Auf jeden Fall findet der gern einsam in der Frische der Natur Lustwandelnde Befriedigung und Würze seiner Neigung.

THALKIRCHEN

Mentherschwaige. Benedictenwand.   *Großhesselohe. Herzogenstand.*

Karawendelgebürge.

München, bei J. M. Hermann.

HARTMANSHOF,
königliche Fasanerie bei Nymphenburg.

Gedruckt und im Verlag bei I. M. Hermann, München.

Schleissheim.

Im Jahre 1597 vertauschten Herzog Ernst von Bayern, Kurfürst zu Cöln, Fürstbischof zu Freysingen ꝛc., und das Freysingische Domkapitel, die „Schwaig Clain, oder Bruder-Schleißhaimb genannt, auf dem Gfüll bei München gelegen", an des Bischofs Bruder, den regierenden bayerischen Herzog Wilhelm V., gegen verschiedene Urbargüter und Gefälle in der Nähe Freysingens.

Dieser fromme Fürst widmete diesem Orte eine besondere Vorliebe. Freund der Einsamkeit und mönchischer Andacht, erbaute er sich hier neun Zellen oder Klausen, welche er mit den Namen verschiedener Heiligen bezeichnete, und mit den Bildnissen der alten Ahnherren auszieren ließ. Nach Herzog Wilhelms V. Tode blieb Schleißheim unter seinem Sohne und Nachfolger, dem großen Kurfürst Maximilian I., vernachläßigt. Hingegen weilte Maximilians I. Sohn, Wilhelms V. Enkel, der friedfertige Kurfürst Ferdinand Maria hier sehr gerne, wo er auch den 26. Mai 1679 starb.

Der herrliche Pallast, welchen wir jetzt bewundern, ist die großartige Schöpfung des, die Kunst kennenden und liebenden Kurfürstens Maximilian Emanuel durch seinen genialen Hofarchitekten Heinrich Zucalli. Der Pallast ist im größten italienischen Style, drei Stockwerke hoch, in ungemein schönen und edlen Verhältnissen prachtvoll erbaut, und behauptet hinsichtlich der Reinheit und Größe einen weiten Vorrang vor der Königlichen Sommerresidenz Nymphenburg. Die Hauptfaçade ist 500 Fuß breit. An das herrliche Hauptgebäude stoßen zurückstehende Gallerien, welche sich an die wiederum hervorspringenden großen Pavillons anschließen. In der Höhe und unten am Sockel sind Verzierungen von vergoldetem Eisen angebracht. Das Innere des Pallastes ist des Aeußern vollkommen würdig. Die Dekorationen der Säle, Gemächer und Gallerien an Vergoldung, ungemein großen und feinen Spiegeln, und prächtigem Marmor ꝛc. gränzt an Verschwendung. Schon beim Eintritte wird der Besuchende durch die hohen, und kühn gesprengten Gewölbe der prächtigen Vorhalle (Vestibul) mit ihren sechzehn hohen Marmorsäulen, dem schönen Plafond von Kosmas Dhamian, Asam, und die große, heitere Treppe, auf das Angenehmste überrascht. Der Victoriensaal, und der große Vorsaal an der Haupttreppe, enthalten durch Umfang, Kunst und Portraiten-Aehnlichkeit ausgezeichnete Gemälde von Franz Joachim Beich, Jakob Amigoni und Joseph Vivien, welche des Kurfürsten Maximilian Emanuels (des gefürchteten blauen Königs) Heldenthaten gegen die Osmannen darstellen. Zu den großen Zierden des Pallastes gehören auch die vielen und schönen Thatengemälde von Amigoni, Asam, Philipp Helderhof, Johann Adam Miller und Niklas Gottfried Schuber.

Was das, drei Poststunden von der Hauptstadt entfernte Schleißheim vorzüglich merkwürdig macht, und jeden Künstler, Kenner und Freund der Kunst unwiderstehlich dahin zieht, ist die, bis zur Vollendung der Königlichen Pinakothek hier in fünf und vierzig Sälen und Zimmern des Pallastes, und in sechzehn Sälen und Zimmern des nahen Schlosses Lustheim aufgestellte zweite Abtheilung des Königlichen Gemäldeschatzes. Die erste Abtheilung wird bekanntlich einstweilen in der Königlichen Gallerie am Hofgarten aufbewahrt. Seit Herzog Albert V., dem erlauchten Gründer der bayerischen Gemäldesammlung, haben alle nachgefolgte Herzoge und Kurfürsten zur Vermehrung derselben, nach jedesmaliger Lage der Umstände, thätigst und ruhmvoll beigetragen. Eine ganz außerordentliche

Schleissheim.

L'an 1597 le duc Ernest de Bavière, électeur de Cologne, évêque souverain de Freysing etc., et le chapitre de Freysing échangèrent la „Schwaig Clain, aussi appelée Bruder-Schleissheim, située sur le Gfüll près de Munich", contre plusieurs rentes foncières et terres labourables, situées aux environs de Freysing, et appartenant au frère de l'évêque, le duc régnant de Bavière Guillaume V.

Ce prince pieux voua à ce lieu une prédilection particulière. Ami de la retraite et de la dévotion monacale, il fit construire en cet endroit neuf cellules, ou reclusions, qu'il désigna d'après les noms de différents saints, et qu'il fit orner des portraits des anciens anachorètes. Après la mort du duc Guillaume, Schleissheim fut négligé sous son fils et successeur, le grand électeur Maximilien I. En revanche le fils de Maximilien I., petit-fils de Guillaume V., le pacifique électeur Ferdinand Marie aima beaucoup le séjour de Schleissheim, et ce fut aussi là, qu'il mourut en année 1679.

Le magnifique palais, que nous admirons aujourd'hui en cet endroit, est une des grandes créations de l'électeur Maximilien Emanuel, connaisseur et amateur des arts; il fut érigé par l'architecte de sa Cour, l'ingénieux Henri Zucalli.

Le palais est un magnifique édifice à trois étages, bâti dans le style italien, et présentant dans sa structure d'infiniment belles et nobles proportions; aussi cet édifice mérite-t-il, pour la pureté et la grandeur de son architecture, une grande préférence sur la résidence d'été de Nymphenbourg. La façade principale a 500 pieds de largeur. Au magnifique corps de bâtiment viennent se joindre des galeries, qui rentrent un peu, et qui aboutissent à de grands pavillons, qui ressortent de nouveau. Le haut et le socle de l'édifice sont ornés d'enjolivements en fer doré. L'interieur du palais répond parfaitement á son extérieur. Les dorures de toute espèce, les glaces énormes et fines, les marbres etc., qui décorent les salles, les appartements, et les galeries, vont jusqu'à la profusion. Dès l'entrée, l'oeil est agréablement frappé à la vue des voûtes hardies du magnifique vestibule, de ses seize hautes colonnes de marbre, de son beau plafond de Kosmas Damian, Asam, et de l'escalier large et bien éclairé. La salle Victorim, et la grande antisalle attenante á l'escalier principal, contiennent des tableaux distingués par leur grandeur, leur perfection et leur ressemblance comme portraits; ces tableaux, peints par François Joachim Beich, Jacques Amigoni, et Joseph Vivien, représentent les exploits de l'électeur Maximilien Emanuel (le Roi bleu redouté) contre les Ottomans. Il faut encore mettre au nombre des ornements de ce palais la quantité de belles peintures, qui décorent les plafonds, exécutées par Amigoni, Asam, Philippe Helderhof, Jean Adam Miller et Nicolas Godefroi Schuber.

A

Ce qui rend surtout remarquable le palais de Schleissheim, situé à trois lieues de poste de la capitale, et ce qui a un attrait irrésistible pour tous les artistes ainsi, que les connaisseurs et amateurs des arts, c'est la seconde section du précieux recueil de tableaux, que l'on y conserve, jusqu'à ce que la pinacothèque royale soit achevée; ces tableaux sont répartis dans quarante cinq salles et chambres du palais, et seize salles et chambres du château de Lustheim. On sait, que la première section de ces tableaux se conserve en attendant dans la galerie du jardin de la cour. Depuis le duc Albert V, l'illustre fondateur de la collection de tableaux que possède la Bavière, tous les ducs et les électeurs qui suivirent, contribuèrent de tout leur pouvoir, et autant que les circonstances le leur permettaient à augmenter cette collection; mais ce fut surtout à l'époque glorieuse de la royauté, qu'elle reçut un accroissement considérable. Le roi Maximilian I. réunit aux galeries de Munich et de Schleissheim les précieuses collections de Dusseldorf, de Mannheim, et de Deux-Ponts; un nombre assez considérable d'anciens chefs d'oeuvre italiens qu'il acheta; et plusieurs chefs d'oeuvre de sa collection privée. Ce fut sous ce prince, que toutes les riches productions de l'art, trouvées dans les chapitres et les couvents supprimés, furent incorporées aux deux galeries de Munich et de Schleissheim, et que l'Ecole italienne reçut d'heureux complémens, par des achats faits à Vienne en 1814, et à Paris en 1815. La Bavière doit à S. M. le Roi actuel un grand nombre de tableaux classiques, recueillis par ce prince dans ses voyages en Italie; la collection célèbre dans toute l'Europe des frères Boisserée, et de leur ami Bertram, appartenante à l'ancienne Ecole de la Basse-Allemagne, et qui fut achetée en 1827; et enfin l'importante collection du prince de Oettingen-Wallerstein, de l'ancienne Ecole de la Haute-Allemagne, dont on fit l'acquisition en 1828. D'après les catalogues de Monsieur le chevalier de Dillis, Directeur des Galleries royaux, le nombre des tableaux conservés à Schleissheim se monte à 1649.

Depuis long-temps Schleissheim est encore un des plus considérables établissemens royaux d'économie rurale, destiné à servir de modèle; on y procède d'après des principes rationnels, et il s'y fait d'intéressantes expériences en grand; on y entretient en outre un excellent haras; on y travaille avec soin au perfectionnement de l'entretien de brebis, et un grand nombre de jeunes gens se forment dans cet établissment, pour devenir d'habiles économistes.

Bereicherung aber trat unter der glorreichen Regierung des Königlichen Stammes ein. König Maximilian I. vereinigte mit der Gallerie zu München und Schleißheim die unschätzbaren Gemäldesammlungen von Düsseldorf, Mannheim und Zweibrücken, eine nicht unbedeutende Anzahl angekaufter altitalienischer Meisterwerke, und mehrere Meisterstücke seiner eigenen Privatsammlung. Unter Ihm wurde der Kunstreichthum der aufgelösten Hochstifte und Klöster der nämlichen Gallerie einverleibt, und die italienische Schule aus Ankäufen zu Rom, 1814, und zu Paris, 1815, mehrfach glücklich ergänzt. Des regierenden Königs Majestät verdankt Bayern viele, von Allerhöchstdemselben auf Ihren italienischen Reisen gesammelte klassische Gemälde, den im Jahre 1827 abgeschlossenen Ankauf der, in ganz Europa berühmten Sammlung der Gebrüder Boisserée, und ihres gleichen Freundes Bertram, aus der Niederdeutschen Schule, und den im Jahre 1828 nachgefolgten Ankauf der, ebenfalls sehr wichtigen Fürstlich-Oettingen-Wallersteinschen Sammlung aus der Altoberdeutschen Schule. Erst wenn die Königliche Pinakothek vollendet, und in solcher die Meisterwerke der Schleißheimer Sammlung mit jenen der bereits in der Münchner Sammlung aufgestellten vereinigt seyn werden, wird man sich über den außerordentlichen Reichthum, und den hohen Werth derselben vollkommen überzeugen können, und den Ausspruch des Herrn Direktors von Dillis, daß keine Gallerie in der Welt den Ruf des Königlich Bayerischen Gemäldeschatzes (in Hinsicht auf die Altdeutsche und Niederländische Schulen) jemals werde erreichen können, keineswegs übertrieben finden. Bis dahin wird man in den, von dem belobten Herrn Direktor neuerlich herausgegebenen Katalogen hinreichende Auskunft finden. Nach denselben beläuft sich die Anzahl der zu Schleißheim verwahrten Gemälde auf 1649.

Schon seit längerer Zeit ist Schleißheim auch eines der bedeutendsten Königlichen Oekonomie-Güter, wo nach rationellen Grundsätzen eine vortreffliche Musterwirthschaft besteht, interessante Versuche ins Große gemacht, neben einem vorzüglichen Gestütte, die veredelte Schaafzucht so fleißig als zweckmäßig betrieben, und viele junge Männer zu tüchtigen Oekonomen gebildet werden.

SCHLEISSHEIM.

München bei Herrmann und Barth

Gross-Hessellohe.

Wer kennt nicht diesen allgemeinen Belustigungs-Ort der Bewohner Münchens, welcher sich von allen in der Umgebung am längsten seit undenklichen Zeiten erhält. Ein angenehmer Weg zu Fuß und zu Wagen führt dahin, und nachdem die Lustwandelnden das, in der Abbildung sich zeigende Landhaus (einst die stille Zufluchts-Stätte eines, aus der französischen Revolutions-Epoche bekannten Mannes) und die Bräuerei passirt haben, treten sie bei dem Sommerkeller über eine Anhöhe in den schattigen Buchenhain der regsten Freude für alle Stände. Hier, wo bis zum Anfange dieses Jahrhunderts ein frommer Waldbruder (Klausner) Gott und der Welt in seiner Einsamkeit durch Gebet und Unterricht der Bauernkinder von den umliegenden Dörfern diente, wofür er von den Aeltern kümmerlich ernährt wurde, von den Städtern aber für einen kleinen Teufelsspuck durch einfache Maschinen manches Trinkgeld erhielt, thronet jetzt die schöne Münchner-Welt in Tanz und Ueppigkeit, besonders an Sonn- und Feiertagen. Ein, 1601 zum Erstenmale eingeweihtes Kirchlein mit Thürmchen, ein Gasthaus, und eine Menge hölzerner Buden längs der westlichen Ufer-Höhe der vorüberrauschenden Isar, von unzähligen Tischen und Bänken und einem Tanzplatze im Freien umgeben, bezeichnen den Lieblings-Platz des Tages. Die angenehmsten Spaziergänge in der Nähe des königlichen Brunnen-Thurmes, im Walde gegen Pulach, oder unten im Thale beim Brunnenwärter-Häuschen, ergötzen auf die mannigfaltigste Weise. Der Kirchweihtag (Pfingstmontag) ist der Besuchteste von allen. Schon unter Herzog Thassilo ward die Villa Hassinloch an die Kirche des heiligen Dionis in Schöftlarn vergabt; später (1301 und 1532) kam das Ganze käuflich zur heil. Geist-Spital-Stiftung in München, von da 1808 in Privathände, wo auch das Bräuhaus entstand.

Gross-Hessellohe.

Tout le monde connaît ce lieu de plaisance, qui, de temps immémorial, est le rendez-vous des habitans de Munich de toutes les classes, et auquel ils donnent la préférence sur tous ceux dont la capitale est environnée. On s'y rend par un chemin également agréable pour les voitures et les piétons. C'est après avoir passé devant la maison de campagne que l'on voit dans notre lythographie (autrefois le modeste asyle d'un homme, connu depuis l'époque de la révolution française) et devant la brasserie, que le promeneur arrive près de la cave d'été, et parvient, par une hauteur, sous l'ombrage du bois de hêtres, où les Municois viennent si souvent se livrer à leurs bruyans plaisirs. Ce lieu avait été, jusqu'au commencement de ce siècle, habité par un pieux anachorète, qui servait Dieu par ses prières, et en instruisant les enfans de paysans des villages voisins, dont les parents pourvoyaient pauvrement à ses besoins, et à qui les habitants de la ville payaient par fois ses tours de diablerie naturelle. Maintenant c'est l'endroit où le beau monde de Munich vient, principalement les dimanches et les jours de fête, jouir du plaisir de la danse et de la sensualité. Une petite église surmontée d'une petite tour, qui fut consacrée en 1801, une auberge, une quantité de loges en bois, érigées le long de la rive occidentale de la bruyante Isar, et un nombre infini de tables et de bancs, ainsi qu'une salle de danse en plein air, tels sont les objets qui décorent cet endroit favori. Ses environs offrent les promenades les plus agréables, et les plus variées, surtout quand, dans le bois, près du Brunnenthurm (tour des fontaines) on dirige ses pas vers Pulach, ou que descendant dans la Vallée on s'achemine vers la petite maison du fontenier. Le jour de la fête de l'église (le lundi de la pentecôte) est celui où Hessellohe est le plus fréquenté.

L'Histoire rapporte que la maison de campagne de Hassinloch fut, sous le Duc Thassilo, cédée à l'église St. Denis à Schaeftlarn; plus tard ce fut la fondation de l'Hôpital du St. Esprit à Munich qui fit, par achat, l'acquisition de toute cette propriété; et enfin elle passa entre les mains d'un particulier en 1808, époque où fut aussi bâtie la brasserie.

Leutstetten.

Quand on arrive, par terre, sur la hauteur, où se trouve le portail, qui marque le territoire, l'oeil est frappé à la vue du château et du village de Leutstetten. Ce même château présente un coup d'oeil non moins agréable, quand on le considère en parcourant le lac de Würm, qu'il semble border, quoiqu'il en soit à une petite lieue environ. Un paysage tout-à-fait pittoresque s'offre ici aux regards. Entre les collines, couvertes de hêtres robustes, se présentent des plaines diversement cultivées et entrecoupées de petits ruisseaux; dans le lointain, on voit la surface du lac, bordée par la chaine de montagnes; cette scène est terminée par l'aspect riant d'une étroite et solitaire vallée. C'est une promenade vraiment romantique que celle qui conduit le long de la petite rivière de Würm, près de la Marien-Insel (île de Marie) dans le Mühlthal (vallée du moulin), dans la Königs-wiese (prairie royale), à la Reismühle, (moulin au riz) et vers Gauting; on a à sa droite le Karlsberg (Montagne de Charles). Une pyramide, qui se trouve au haut de cette montagne, porte l'inscription suivante:

„Mille ans sont écoulés, depuis qu'en cet endroit
„Le valeureux Pépin, en suivant une chasse,
„Vit la belle Bertha pour la première fois.
„C'est ici, que du ciel mesurant la surface,
„Le grand Charles, son fils, plein d'une noble ardeur,
„Contemplait ce soleil, qu'il devait en sa vie,
„Par ses augustes faits égaler en splendeur.
„Voulant, curieux lecteur! contenter ton envie,
„Et t'instruire des faits, passés dans les vieux tems,
„Un Bavarois a fait dresser ce monument."
„1816."

On trouve également beau le chemin qui conduit à l'ancien bain de Petersbrunn, ayant une chapelle, et qui est situé près de là, du côté de Starenberg, au-dessus du Schönborg, montagne couverte d'un bois de hêtres.

On trouve que dans le 12e siècle l'endroit appelé Leutstetten appartenait à un employé ministériel; il en est de même du château de Karlsburg (château de Charles). Depuis le 16e siècle, le château de Leutstetten appartint successivement aux familles de Urmiller, Ofenheim, Laubersdorf, Zeller, Pemler, Binder, Ertl, Eberl.

Leutstetten.

Ueberraschend ist der Anblick des Schlosses und Dorfes, von der Höhe des Gebiets-Portales, wenn man von der Landseite eintritt. Eben so schön zeigt sich ersteres von der ganzen Länge des Würm-See's aus, dessen Ende dasselbe, obwohl beinahe eine kleine Stunde davon entfernt, zu bilden scheint. Ein ächter landschaftlicher Styl offenbaret sich dem umherschweifenden Auge. Zwischen dem mit kräftigen Buchen bewachsenen Hügel-Lande ist die Ebene mannigfach befruchtet, mit kleinen Gewässern durchzogen, in der Ferne die Seefläche, von dem Gebirgszuge begränzt; hier endet das Ganze mit einem schmalen, reizend-einsamen Thale. Und wie bezaubernd ist der romantische Gang an der Marien-Insel, längs dem kühlenden Würm-Flüßchen hin in das Mühlthal, nach der Königs-Wiese, Reismühle, gegen Gauting, rechts der Karlsberg. Eine Pyramide auf der obern Fläche desselben besagt:

„Allwo vor tausend Jahren auf freudiger Jagd
„Held Pipinus erblickt hat Bertha, die schöne Magd,
„Wo ihr Kind, Groß-Karol, oft geschaut zur Sonne auf,
„Die ein Bild geworden seinem Lebenslauf,
„Da hat, Freund alter Sage! zur Kenntniß dein,
„Dir, bayrischer Mann! gesetzt diesen Stein".
„1816".

Eben so schön findet man den Weg nach dem nahen, uralten Bade Petersbrunn mit seiner Kapelle, gegen Stahrenberg zu, oben der, mit Buchen bewachsene Schönborg.

Im 12ten Jahrhundert erscheint der Ort Leutstetten als Besitzthum eines Ministerialen; eben so das Schloß Karlsburg. Seit dem 16ten Jahrhundert waren Besitzer des Schlosses Leutstetten die Familien Urmiller, Ofenheim, Laubersdorf, Zeller, Pemler, Binder, Ertl, Eberl.

GROSS HESSELLOHE

an der Isar.

München bey I.M. Hermann.

LEUTSTAEDTEN.

München bei Hermann & Barth.

Carlsberg.

Die Theresienhöhe bei Leutstetten.

La Theresien-Höhe (hauteur de Thérèse), près de Leutstetten.

Leutstetten selbst hat, wie schon bekannt, eine wunderschöne, höchst anziehende Lage, sowohl in Beziehung auf romantische nächste Umgebung, als auf lieblichste Fernsicht. In ganz vorzüglichem Grade gewährt letztere ein gewählter Punkt unfern dieses Ortes, wohin, so wie an alle interessanten Plätze des herrschaftlichen Besitzthumes, der frühere, für alles Schöne glühende Eigenthümer, k. Staatskassier Ritter von Ertl seel., die herrlichst gebannten Wege anlegen ließ. Eine, uns Bayern der Verewigung würdige Veranlassung schöpfte dieser Höhe die Benennung. Die allgeliebte Landesmutter, Therese, wie jedes fromm erhabene Gemüth öfter der reizenden Natur-Schönheiten in der Umgebung Ihrer Residenz Sich freuend, nahm einst hier (so früher auf einem ähnlichen Punkte bei Feldafing, dann bei Andechs am Ammersee, Ebenhausen an der Isar, Hohenpeißenberg, Tölzer-Kalvarienberg,) ein frugales Mittagmahl in kleiner Gesellschaft ein. Ein Eden liegt vor dem bezauberten Auge. Ein Theil des großen, 16,697 bayer. Tagwerke, oder 165,000 Schuhe haltenden Wasserbeckens des Würmsees, 5½ Stunden lang, 1½ Stunden breit, mit seinem lasurblau schimmernden Spiegel im lebendig grünen Rahmen der Gestade zeigt sich da; die seit 3½ Jahrhunderten die ganze Gegend dominirende Wallfahrtskirche Aufkirchen, das von den Wellen bespielte königl. Lustschloß Berg, bescheidene Leoni, Schloß Allmannshausen zur Linken, das königl. Schloß Stahrenberg zur Rechten, mit der Schiffhütte am Ausflusse der Würm im Vordergrunde, zwischen fruchtbaren Feldern und Wiesen, sonnigen Hügeln und duftenden Wäldern. Das himmlische Gemälde schließt im fernen Hintergrunde die imposante Kette des mächtigen bayerischen und tyroler Alpengebirges, als hochanstrebende, stolze Wolkenträger.

Man sehnt sich zwar, hinabzueilen zu den Schiffen, den See zu befahren im ganzen Umkreise von 12 Stunden, um der Fülle seiner Schönheiten genügend zu huldigen, zu landen an der vorragenden, auf den Fluthen schwimmenden Insel, endlich am obern Ende des Sees bei dem 6 Stunden entfernten Dorfe Seeshaupt zu weilen, allein — „auch hier ist gut wohnen!"

Il a déjà été dit que Leutstetten a une situation charmante, tant sous le rapport de ses alentours romantiques, que des beaux points de vue qu'il offre dans le lointain. Il y a surtout, non loin de cet endroit, un point d'où la plus belle perspective se présente aux regards, et où le ci-devant possesseur de cette propriété, le défunt trésorier royal, chevalier de Ertl, homme doué d'un goût exquis, fit pratiquer un chemin, ainsi qu'il l'a fait sur tous les points qui offrent quelque chose d'intéressant. C'est une circonstance mémorable pour les Bavarois qui donna son nom à cette hauteur. La souveraine généralement aimée, Thérèse, cherchant aux environs de sa résidence, les jouissances que procurent aux âmes nobles et pures, les beautés d'une attrayante nature, vint un jour, avec une petite société, faire un repas frugal en cet endroit, ainsi qu'elle l'avait fait autrefois sur une hauteur semblable près de Feldafing, et en d'autres occasions à Andechs, près du lac de Ammer, à Ebenhausen sur l'Isar, à Hohenpeissenberg, au Kalvarienberg de Tölz etc. La contrée qui se présente aux regards est vraiment un paradis terrestre. D'abord l'oeil repose sur une partie de l'immense bassin du lac de Würm, contenant 165000 pieds d'eau, ayant 5 lieues ½ de long, sur 3 lieues ½ de large, et dont la surface azurée se présente entourée d'un cadre de verdure; à gauche, on voit l'église paroissiale de Aufkirchen, où l'on va en pélerinage, et qui depuis trois siècles et demi domine cette contrée; en outre, le château royal de Berg, baigné par les ondes; le modeste Leoni, et le château de Allmannshausen; à droite, on a le château de plaisance de Stahremberg, et sur le devant, la cabane des bâteliers placée à l'embouchure du lac, au milieu de champs et de prairies fertiles, de riantes collines et de forêts verdoyantes. Enfin, ce délicieux tableau est fermé dans le fond par la chaîne imposante des Alpes bavaroises et tyroliennes, qui élèvent majestueusement leurs sommets jusqu'aux nues.

On éprouve à la vérité le désir de descendre vers le lac, d'en parcourir en tous sens la surface dans une barque, pour contempler en détail toutes les beautés qu'il recèle, d'abord dans l'île, qui semble nager sur les flots, enfin d'aller descendre à Seeshaupt, village situé à 6 lieues de là, à l'extrémité du lac; mais on regrette de quitter ce site enchanteur, où l'on se trouve si bien.

Les Ruines d'une chapelle
qui se trouve dans l'île de Wörth, située dans le lac de Würm.

Cette île, appelée Wörth intérieur, pour la distinguer d'un autre Wörth, nommé Wörth extérieur, est à peu près à 500 pas du rivage, auquel il est probable qu'elle était jointe autrefois, vu qu'elle est formée des mêmes substances ; elle forme un carré presque régulier de huit à neuf cents pas de circonférence. Cette île est assez fertile pour fournir aux premiers besoins de son sobre propriétaire; elle produit du blé, des légumes, des fruits et de l'herbe; mais comme la quantité en est insuffisante, il est obligé de chercher dans la pêche une autre source de subsistance pour lui et sa famille. Cette petite terre de paysan, qui était autrefois un château de chevalier, est dépendante de la seigneurie de Possenhofen, et fait partie de la paroisse de Feldafing; elle est à un quart de lieue du château de cette seigneurie, presque vis-à-vis, et à une demi-lieue de Garazhausen, situé un peu plus loin sur la hauteur. En voguant de Possenhofen à Wörth intérieur, on aperçoit dans l'eau une double rangée de pieux brunâtres, durcis, mais non encore pétrifiés, qui portent l'empreinte de la destruction. Ce sont les restes d'un pont qui autrefois conduisait à l'île; on assure qu'il y en avait même deux. On voit dans cette île une maison fort propre en pierres, et en outre, à quelque distance, une toute vieille petite église, dont il ne reste plus que les murs principaux, ce qui donne à toute cette île un air mystique. L'entrée de la petite église est étroite et d'une forme gothique; le choeur pour le saint ciboire est séparé du reste de l'enceinte par un arceau; le jour n'entre que par une seule fenêtre, pratiquée en haut du côté du nord, en sorte qu'il y règne une demi-clarté, propre à disposer le coeur aux sentimens religieux, ; toute l'église contiendrait à peine 100 personnes. D'après des traditions populaires, cette église aurait été anciennement un temple de païens, et plus tard, un célèbre pélerinage pour les chrétiens. Quoique bâtis en grosse pierres de taille, le pont et l'église furent détruits par les ravages des Suédois. Les ruines de la petite église existent encore telles qu'elles étaient anciennement; mais elles sont entourées d'épaisses broussailles et d'arbres élevés qui forment un ombrage épais et lugubre. A en juger par des ossemens d'hommes qu'on a trouvés dans cet endroit, il doit y avoir eu aussi un cimetière; mais on n'a aucun document à ce sujet.

La plus grande beauté de cette île, dit le feu Mr. de Westenrieder, qui en était tout-à-fait enchanté, c'est que l'art n'a encore rien fait pour l'embellir. On s'y voit séparé de tout ce que le monde a de frivole, au milieu des beautés de tout genre que présente une riante nature, transporté pour ainsi dire dans des régions célestes, ayant devant les yeux ce que, dans son extase, l'imagination du poète s'efforce à retracer. Ce petit morceau de terre isolé serait assez grand pour y ensevelir un chagrin quelconque, auquel le monde, d'ailleurs assez insensible, ne pourrait apporter de consolation; assez grand pour recevoir deux êtres heureux et les soustraire aux persécutions de l'envie, pourvu qu'ils sussent trouver dans leurs coeurs de quoi se suffire à eux-mêmes, se contenter d'une cabane couverte de mousse, d'un champ, d'un petit jardin et de la félicité conjugale.

Die Ruinen einer Kapelle
auf der Insel Wörth im Würmsee.

Die Insel, zum Unterschiede von dem äußern Wörth der innere genannt, ohngefähr 500 Schritte vom Lande entfernt, mit dem sie vor ein paar tausend Jahren zusammengehängt haben mag, da ihr die nämlichen Bestandtheile eigen sind, bildet beinahe ein gleiches Viereck, 8 bis 900 Schritte im Umfange. Sie erzeugt alles Nothdürftige zur Lebsucht für den genügsamen Bewohner; Getreid, Gemüs, Obst, Gras, in voller Ueppigkeit zwar, aber, versteht sich, spährlich, daher derselbe auch durch Fischfang für sich und seine Familie sorgen muß. Das Bauerngütchen, ursprünglich ein Rittersitz, gehört zur Herrschaft Possenhofen und zur Pfarrei Feldafing, ist von ersterm, beinahe gegenüberliegenden Schlosse ¼, und von dem aufwärts folgenden Garazhausen ½ Stunde entfernt. Schon bei der Wasserfahrt von Possenhofen nach dem innern Wörth bemerkt man doppelte Reihen von Pfählen, bräunlich, hart, jedoch lange nicht versteinert, die Zeichen von Zerstörung an sich tragend. Es sind die deutlichen Spuren einer Brücke, deren einst sogar zwei vom festen Lande dahin geführt haben sollen. Nebst dem gemauerten reinlichen Hause befindet sich auch in einiger Entfernung von diesem ein uraltes, bis auf die Hauptmauern zerstörtes Kirchlein, welches dem Ganzen ein mystisches Wesen aufdrückt. Dasselbe hat einen engen gothischen Eingang, ist in die Gemeinkirche, und durch einen Bogen in den Chor für das Allerheiligste getheilt, durch eine einzige Fensteröffnung oben nordwärts mit ehrwürdiger, das fromme Gemüth zur Andacht stimmenden Dämmerung begabt, kaum 100 Menschen fassend. Volkssagen bezeichnen es als einstigen heidnischen Tempel, später als berühmte christliche Wahlfahrt. Obwohl von dicken Quader- und Duftsteinen erbaut, ward durch das feindliche Schwedenvolk Brücke und Kirchlein zertrümmert. Letzteres liegt noch unversehrt in seinen ursprünglichen Ruinen, während wildes Gesträuch, und über dieselben strebende Bäume eine dichte, schauerliche Umgebung bilden. Den ausgegrabenen Menschen-Gebeinen nach zu schließen, ist auch ein Begräbnißplatz da gewesen. Urkunden hierüber mangeln gänzlich.

Die größte Schönheit dieser Insel, sagt der hievon bezauberte seel. von Westenrieder, besteht darin, daß die Kunst noch nichts gethan hat, sie zu verschönern. Man fühlt sich hier, abgeschieden von dem schnöden Treiben der Menschen, in Mitte der reizendsten Naturschönheiten aller Art, in überirdischen Empfindungen aufgelöset, erblickt das, was sonst die regste Phantasie des Dichters mit so vielem Entzücken und den gewähltesten Farben zu besingen pflegt, mit eigenen Augen. Groß genug wäre dieses einsame Eiland, um darin irgend einen Kummer zu begraben, bei dem es nicht erlaubt ist, sich um Hülfe oder Mitleiden an die ohnedieß hiefür gefühllose Welt zu wenden; groß genug, zwei Glückliche aufzunehmen, und vor den Verfolgungen des Neides zu verbergen, die in der Schwärmerei ihrer Seele nichts bedürfen, als sich selbst, nichts wünschen, als eine einsame, moosbedeckte Hütte, Feld und Gärtchen, und — eheliche Zufriedenheit!

DIE THERESIEN HOEHE.

bey Leutstädten

München bey Hermann & Barth.

Aufkirchen　　Berg　　Leoni　Allmannshausen　　　　Starnberg

DIE RUINEN EINER KAPELLE

auf der Insel Wörth im Würm-See.

Gedruckt und im Verlag bey J.M. Hermann in München.

Possenhofen.

Einer kleinen Seefestung gleich zeigt sich eines der ansehnlichsten Schlösser eine Stunde oberhalb Stahrenberg von der Wasserseite — Possenhofen. Der frühere Besitzer der Hofmark, aus der Münchner Patrizierfamilie der Rosenbusch, i. J. 1692 Erbauer des gegenwärtigen, von einem Graben und einer Mauer versicherten, mit vier Eckthürmchen sehr regelmäßig gebauten Schlosses, statt des alten, unbewohnbaren, verfiel auf die sonderbare Idee, den jetzt mit dem üppigsten Graswuchse und duftenden Obstbäumen prangenden Garten von 77 Tagwerken mit einer Mauer und Thürmen, die Schußscharten haben, ringsherum in der Absicht zu umgeben, „um seine Nachkommen dadurch arm zu bauen, da sie aus Unvermögen dieselbe nicht zu erhalten vermöchten." Es scheint aber, er selbst sey schon beim Baue in die, Andern bereitete Verlegenheit gerathen, indem die gemauerte Einschließung sich nur auf die sehr lange Seite gegen den Würmsee erstreckt, die andere hingegen mit einem Geländer von Holz versehen ist. Man spricht von einem Thiergarten, der sich 1½ Stunden weit erstreckt haben soll. Ein geräumiges Sommerhaus von Backsteinen empfing den Landenden, ist aber jetzt zusammengefallen. Ein herrlicher Blumen- und Gemüsgarten umgibt das Innere des Schloßgebäudes auf das Angenehmste; außer demselben, westwärts, steht jenes zur Oekonomie. In dem untern Gange, wo zwei Treppen in die obern schönen Zimmer führen, erblickt man 11 umliegende Schlösser gemalt, mit, in Knittelversen gegebenen Fischer-Regeln auf jedes Monat des Jahres, März ausgenommen. Die Zimmerdecken sind noch nach alter Art von guter Schreinerarbeit, die Wände der Erker und Gemächer mit ehrwürdigen Porträts u. a. behangen. Ober einer, mit Schnitzarbeit gezierten Thür befindet sich ein doppeltes Wappen, dabei die Jahreszahl 1583. Die Schloßkapelle, in die man auch vom zweiten Stockwerke herabsehen kann, enthält ein Altarblatt von Andrä Wolf.

Etwas rückwärts vom Schlosse, am waldigen, sanften Abhange, steht nebst andern das reinliche, zur gastlichen Bewirthung einladende Fischmeistershaus, mit einer Feldkapelle. Rechts von demselben gewährt der versinnlichte Kalvarienberg herrliche Aussicht und Echo.

Hofmark und Schloß, in die nahe Pfarrei Peking gehörig, in deren Kirche auch die Rosenbusch begraben liegen sollen, da sie dort ebenfalls ein Schloß hatten, kam von diesen an die Hörwarth; Churfürst Ferdinand Maria erkaufte das Ganze 1668. Im Jahre 1684 bekam es General Graf Sereni, nach diesem 1692 geh. Rath und Kanzler Freiherr v. Wämpel. Jetzt übt den Besitz Graf v. Larosee.

Possenhofen.

Le château de Possenhofen, l'un des plus considérables des environs, situé à une lieue au-delà de Stahremberg, ressemble à une petite forteresse bâtie dans le lac. Ce fut le ci-devant propriétaire de cette terre, issu de la famille patricienne des Rosenbusch, de Munich, qui, en 1692, fit bâtir, sur un plan très-régulier, à la place de l'ancien château devenu inhabitable, le château actuel, entouré d'un fosse et d'un mur, et ayant quatre petites tours angulaires; mais il eut une idée bien singulière en voulant entourer d'un mur et de tours à créneaux le jardin de 77 arpens de terre, et que l'on voit couvert maintenant de gras pâturages et d'excellents arbres fruitiers, „afin d'appauvrir ses descendents et de les mettre hors d'état, d'entretenir ce mur." Mais il paraît s'être trouvé lui-même dans l'embarras qu'il préparait aux autres, car le mur, au lieu d'entourer cette enceinte de tous les côtés, ne se prolonge que du côté du lac de Würm, tandis que les autres côtés sont entourés d'une balustrade en bois. On dit qu'il y avait aussi en cet endroit un parc, qui avait une lieue et demie d'étendue. On y voyait aussi autrefois un grand pavillon en briques, ou l'on mettait pied à terre en débarquant; mais il est aujourd'hui tombé en ruine. L'enceinte intérieure du château est entourée d'un charmant jardin fleuriste et potager; en dehors de cette enceinte, du côté de l'Ouest, s'étend le bâtiment destiné à l'économie. Dans le corridor d'en bas, d'où deux escaliers conduisent dans le bel appartement supérieur, on voit représentés onze châteaux des environs, avec des inscriptions rédigées en vers burlesques, et contenant des préceptes pour les pêcheurs, pour tous les mois de l'année, à l'exception du mois de Mars. Les plafonds des appartements sont, selon l'ancien goût, en solide menuiserie; les murailles sont tapissées de vénérables portraits et autres peintures. Au-dessus d'une porte ornée d'ouvrages de sculpture, on voit un double écusson, portant l'année 1583. La chapelle du château, que l'on peut voir du second étage, a un tableau d'autel peint par André Wolf.

Un peu en arrière du château, sur une pente douce et couverte d'arbres, se trouve, entr' autres maisons, celle du maître pêcheur, dont la propreté invite à venir s'y rafraîchir; elle a aussi une chapelle de campagne. A droite de cette maison, on aperçoit une montagne dite Kalvarien-Berg, dont la vue et l'écho réjouissent également.

Cette terre et ce château, font partie de la paroisse de Peking, village dans l'église duquel on croit que la famille des Rosenbusch est ensevelie, parce qu'elle y possédait aussi un château; cette propriété passa ensuite à la famille Hörwarth, et fut achetée en 1668 par l'électeur Ferdinand Marie. En 1884 elle parvint au général, comte Séréni, et après lui, en 1692, au conseiller privé et chancelier, baron de Wämpel. Maintenant elle appartient au comte de Larosée.

Berg.

Ce château royal, qui s'élève en-deça du Lac de Würm, conjointement au moulin et à quelques cabanes de pêcheurs, se nomme proprement Unter-Berg (Berg inférieur), pour le distinguer du village situé plus loin sur une montagne, et qui s'appelle Ober-Berg (Berg supérieur); il est à une demi-lieue de Kempfenhausen et à un quart de lieue de Leoni, et situé entre ces deux endroits. Ce furent les Hörwarth qui, vers l'an 1641, transformèrent l'habitation qui se trouvait dans la terre de Berg en un château moderne, ayant deux étages, et formant un quarré, tel qu'on le voit encore aujourd'hui. L'électeur de Bavière Ferdinand Marie ayant ensuite acheté cette propriété, fit bâtir une demeure pour un jardinier de cour, fit faire un magnifique jardin de plaisance, dans l'ancien style français, avec des jets d'eau, au moyen desquels on pouvait mouiller les gens à l'improviste, et deux bassins, où l'on mit des dorades et des truites de ruisseau; il ne reste plus de ce jardin qu'un cabint de verdure, près du jeu de quille, et le berceau qui se prolonge sur le bord du lac. Maximilien Emanuel fit substituer, du côté du lac, un mur à la haie vive qui entourait le jardin. Sous le roi Maximilien Joseph, la terrasse fut garnie de buissons odoriférants et d'arbres fruitiers très productifs, et la hauteur doucement inclinée qui s'élève derrière le château, fut transformée en un jardin anglais et en charmantes promenades, presque semblables à celles de Tegernsee. Ombragés par des sapins et des hêtres, des chemins circulent en sens divers sur des hauteurs et des pleines fleuries, et, traversant des berceaux touffus, formés par la nature, ils présentent de temps en temps des points de vue, d'où le promeneur solitaire, assis sur un banc à reposer, étend au loin ses regards sur la brillante surface du lac; mais, parvenu au point le plus élevé, il ne sait s'il doit porter ses regards enchantés devant ou derrière lui. Un nouveau vallon inégal, mais d'une luxurieuse fertilité, se présente à sa vue; son oeil s'arrête avec complaisance sur la tour en pointe du pélerinage de Aufkirchen, située sur la hauteur opposée et que l'on voit de très-loin; ce pélerinage, consacré à la Vierge, a aussi un hospice, qui était habité autrefois par des moines de Munich, de l'ordre de Saint-Augustin.

Fatigué de la vue de toutes les beautés que la nature étale en ces lieux, sans en être rassasié, on descend paisiblement par des sentiers sinueux, pour se rendre dans la maison hospitalière du jardinier de la cour.

Berg.

Dieses königliche Schloß, dießseits des Würmsees etwas erhöht gelagert, heißt mit der Mühle und einigen Fischerhäuschen eigentlich Unterberg, zum Unterschiede von dem, auf einem Berge oberhalb befindlichen Dorfe und Kirchlein Oberberg, ist eine halbe Stunde von Kempfenhausen, eine Viertelstunde von Leoni entfernt, zwischen welchen beiden es liegt. Auch hier schufen die Hörwarth um das Jahr 1641 die vorhandene, gemauerte Behausung der Hofmark Berg in das gegenwärtige, 2 Stockwerk hohe, in's Gevierte laufende, moderne Schloß um. Nachdem es nachher Bayerns Churfürst Ferdinand Maria ebenfalls erkauft hatte, ließ er eine Hofgärtnerwohnung erbauen, einen prächtigen Lustgarten nach altfranzösischem Style und mit Bexirwässern, dann 2 kleinen Teichen, in welchen Goldnervlinge und Lachsforellen eingesetzt wurden, anlegen, von welch ersterem nur mehr ein grünendes Sommerhaus an der Kegelbahn, und der lebendige Bogengang an das Ufer des See's übrigt. Max Emanuel verwechselte die, den Garten ringsherum umgebenden, künstlich zugeschnittenen Heckenzäune gegen die Seeseite mit einer Mauer. Unter König Max Joseph ward die Terrasse mit duftendem Buschwerke und herrlich gedeihenden Obstbäumen besetzt, sofort jene sogenannte Bergleiten, welche hinter dem Schlosse sanft sich erhebt, zu ungemein anmuthigen englischen Anlagen, und herrlichen Spaziergängen (beinahe gleich denen in Tegernsee) umgeschaffen. Zwischen grünenden Fichten, Tannen und Buchen schlängeln sich mancherlei Wege über blumichte Ebene und Höhe, durch buschige Naturlauben, zwischen welchen an Ruhebänken entzückende Fernsichten auf die glänzende Seefläche sich dem einsamen Lustwandler überraschend öffnen, bis er den höchsten und schönsten Punkt erreicht, wo er in Verlegenheit geräth, ob derselbe seine wonnetrunkenen Blicke vor- oder rückwärts lenken soll. Ein neues, in üppigster Fruchtbarkeit prangendes, aber unebenes Thal liegt hier ausgebreitet; freundlich winkt auf dessen jenseitiger Höhe der, übrigens weit und breit sichtbare Spitzthurm von der Wallfahrt Aufkirchen, Gottes Mutter geweiht, mit einem Hospitium, ehemals von Augustinermönchen aus München bevölkert.

Von Vollgenuß ermüdet, aber noch lang nicht gesättigt, steigt man schweigend durch manche Krümmung herab in das wirthliche Hofgärtnerhaus.

POSSENHOFEN

am Wurm-See.

Gedruckt und im Verlag bey J.M. Hermann in München.

KÖNIGL. JAGDSCHLOSS BERG
am Starenberger See.

Gedruckt und im Verlag bey J. M. Hermann in München.

Bernried.

„Die Alten haben finstere Kirchen und lichte Herzen gehabt," sagt ein bayerisches Sprichwort. Kirchen- und Klostergebäude sind hier äußerst einfach; es herrscht darin durchaus keine Pracht, Kunst oder Zierde. Der mächtigsten Grafen in Bayern einer, Otto von Valley, und Adelheid, seine Gemahlin, eine königl. Prinzessin aus Sizilien, hat im Jahre 1120 seine Burg nebst Zugehör in ein regulirtes Chorherrnstift umgewandelt, welchem später durch bayer. Herzoge noch verschiedene Freiheiten zu Theil geworden.

Berühmt wurde dasselbe durch zwei, damals am gelehrten Himmel außerordentlich glänzende Gestirne, und zwar schon unter den ersten Pröbsten Sigiboto und Otto. Harluka, von Epfach am Lech vertrieben, lebte hier in Gesellschaft vieler andern Jungfrauen nicht nur dem Gebete, sondern auch der Bücherkunde. Dabei erwarb sie sich den Ruf einer Seherin in die Zukunft über die Schicksale des deutschen Reiches. Die berühmte Heidelberger Bibliothek, welche Maximilian I. dem Papste Gregor XV. schenkte, soll die Sammlung derselben besessen haben.

Paulus, ein Chorherr zu Regensburg, in's Elend verwiesen, weil er die Parthei des Papstes Gregor VII. wider die Kaiser Heinrich IV. u. V. öffentlich ergriffen, fand hier eine schützende Zelle. Er beschrieb das Leben des obigen Papstes und der seel. Herluka; die Originale nahm der Jesuit Gretscherus aus dem Kloster, und schickte dafür gedruckte Kopien. Der von Paulus geschriebenen bayerischen Chronik wegen pflegte ihn Churfürst Max I. seinen bayerischen Livius zu nennen. Die Gebeine des Stifters und der sel. Herluka liegen in zwei Grüften zu beiden Seiten des Chors der jetzigen Pfarrkirche ohne alle Bezeichnung. Dagegen gewahrte man in der Mitte eine Steinplatte mit der Schrift: Anno Domini 1433 obrutus est Dominus Praepositus hic. Die Volkssage hat sich auch in Schrift erhalten, daß hier ein Probst, Udalrikus III., zu geizig, dem Klostergesinde den kleinen Gelderwerdienst für das Aufziehen der Christusfigur am Himmelfahrtstage zukommen zu lassen, dieß Geschäft selbst verrichten wollte, aber durch die Deckenöffnung herabgestürzt, und todt geblieben sey.

Bernried liegt eine Stunde von Tutznig, und etwas weiter von Seeshaupt entfernt, schließt die Südseite des Würmsees, und tritt dem Blicke, der ganzen Länge desselben aufwärts nach, freundlich schimmernd entgegen.

Bernried.

„Nos ancêtres avaient des églises sombres et des coeurs lucides ," dit un proverbe bavarois. L'église et le cloître que l'on voit ici sont extrêmement simples; le luxe l'art et les ornements en sont tout-a-fait exclus. Ce fut l'un des plus puissants comtes de Bavière, Otto de Valley, et son épouse Adelaïde, princesse de la maison royale de Sicile, qui, en 1120, firent transformer leur château et ses dépendances en un chapitre régulier de chanoines, qui dans la suite reçurent des ducs de Bavière différentes immunités.

Ce chapitre se rendit célèbre par deux astres qui brillaient alors d'un grand éclat au firmament de la république des lettres, et il atteignit même déjà cette célébrité sous ses deux premiers prévôts, Sigiboto et Otto. Herluka, obligée de quitter Epfach sur le Lech, vint se réfugier en cet endroit, où elle vécut en compagnie de plusieurs autres vierges, et s'adonna à la prière et à la bibliographie. Elle acquit la réputation de prophétesse, prévoyant le sort à venir de l'Empire germanique. On dit que le recueil de ses prédictions était déposé dans la célèbre bibliothèque d'Heidelberg, dont Maximilien I. fit présent au pape Grégoire XV.

Paulus, chanoine de Ratisbonne, plongé dans la misère pour avoir ouvertement pris le parti du pape Grégoire VII contre les empereurs Henri IV. et Henri V., trouva en cet endroit une cellule protectrice. Il y écrivit la vie du pape ci-dessus mentionné et celle de la défunte Herluka. Le jésuite Gretsherus emporta l'original de ces ouvrages et en envoya en échange des exemplaires imprimés. Paulus ayant aussi écrit une chronique de la Bavière, l'électeur Maximilien I. avait coutume de l'appeler le Tite-Live bavarois. Le corps du fondateur du couvent et celui de la bienheureuse Herluka sont déposés dans deux caveaux.

Partie près du lac de Würm.

Le vallon situé en deça de la chaussée qui conduit de Stahremberg à Weilheim, au sortir du premier de ces deux endroits, offre par sa situation romantique une des plus belles promenades des environs; des chemins ombragés et plusieurs jolis petits ponts conduisent à travers cette vallée, aux sept sources. La solitude offre en ce lieu une demeure agréable. Loin du vain tumulte du monde, l'ami de la nature repose ici sous des berceaux formés sans le secours de l'art, et il y jouit du concert enchanteur que forment autour de lui les habitans ailés des bois et le murmure des ruisseaux, qui promènent en tous sens leurs ondes cristallines. Un simple obélisque, érigé en mémoire de la constitution, marque la patriotisme du défunt créateur de cette plantation. Après avoir restauré ses forces en cet endroit, on remonte sur la hauteur, qui offre le spectacle de l'activité.

De tous les côtés, tant en avant qu'en arrière, on aperçoit la jolie maison de plaisance bâtie à l'endroit où, jusqu'au commencement de ce siècle, un pieux anachorète avait fixé sa solitaire demeure à côté d'une petite église consacrée à St. George. C'est dans cette église qu'il faisait ses prières, et dans sa cellule qu'il se livrait à la vie contemplative. Son petit territoire, qu'il cultivait soigneusement, et les offrandes de quelques paysans lui fournissaient les moyens de vivre pauvrement dans sa solitude; il donnait en échange quelques éléments d'instruction aux enfants. Il y avait encore sur une des fenêtres de l'église les armoiries de Stahremberg, et au-dessus de ces armoiries ces paroles: „J'ose le faire, Dieu m'aidera. Jean Stahremberg. En 1584." Un ami des beautés de la nature fit démolir l'habitation de l'ermite, substitua à l'église une maison de plaisance, et à ses environs, d'agréables promenades. Enfin on a démoli tout cela et on fait de nouvelles dispositions.

Partie am Würmsee.

Einen der schönsten Spaziergänge in der Umgebung bildet das, hier dießseits der Hochstraße von Stahrenberg nach Weilheim gleich außerhalb dem ersten romantisch gelagerte Mühlthal, durch welches man auf beschatteten Wegen nud über niedliche Brückchen zu den sieben Quellen gelangt. Hier ist einsam, daher gut zu wohnen. Abgeschieden von dem eitlen Gewühle der Welt, erquickt sich hier der Naturfreund unter ungekünstelten Lauben auf mancherlei Ruhesitzen an dem himmlischen Gesange der befiederten Waldbewohner und dem Gemurmel der emsigen, silberhellen Bächchen, welche kreuz und quer ziehen. Ein einfacher Konstitutions-Obelisk zeugt von dem bekannten Patriotismus des sel. Schöpfers dieser Anlage. Neu gestärkt steigt man zur belebten Höhe empor.

Von allen Seiten, rück- und vorwärts, wird jenes, auf einem der schönsten Höhepunkte an der Stelle neu erbaute niedliche Landhaus gesehen, wo bis zum Eingange dieses Jahrhunderts ein frommer Waldbruder neben einem, dem heil. Georg geweihten Kirchlein einsam gehaust hat. In diesem widmete er sich dem Gebete, in der Zelle dem beschaulichen Leben. Sein fleißig bebautes Gärtchen und mildthätige Bauersleute boten ihm kärglichen Unterhalt in seiner Einsiedelei, wofür er ihren Kindern Schulunterricht ertheilte. Ein Kirchenfenster enthielt noch der Stahrenberger Wappen, und über demselben: „Ich wag's mit Gottes Hilf. Hans Stahrenberger. Anno 1584." Die Wohnung des Klausners wurde weggebrochen, die Kirche in ein Landhaus, die Umgebung in niedliche Spaziergänge von einem Verehrer der Naturschönheiten umgewandelt; endlich hat man Alles demolirt, und neu angelegt.

BERENRIED AM WÜRM-SEE.

Gedruckt und im Verlag bey I. M. Hermann in München.

Aufkirchen.　Leoni.

PARTIE AM WÜRM-SEE

mit dem Sommerschlößchen der Freyfrau von Bayerstorf

Gedruckt und im Verlag bey I. M. Hermann in München.

Stahrenberg.

Hier war einst der Sitz hoher Lust, gepaart mit fürstlicher Pracht, von Seite Bayerns Landes-Regenten, unter kaiserlichen und königlichen Gästen, und mit ihren lebensfrohen, von jeher häufig sich da einfindenden Münchnern aus allen Ständen. Der 100 Schuh lange, 25 breite und 17 Schuh in 3 Gelossen hohe Buccentaur, durch Italiener im Jahre 1662 erbaut, mit zwei Segeln, vielfarbigen Wimpeln und Fahnen, Strickleitern und Tauwerk, 16 Feldstücken, 110 Matrosen, im Ganzen oft mit 500 Personen bemannt, und eine unzählige Menge Galeeren, Renn- und Jagdschiffe, dann italienische Gondeln, gegen 2000 Gäste aufnehmend, belebten bei See-Hirschjagden, Lustfahrten und Spielen jährlich 3- bis 4mal die reizend schimmernde Spiegelfläche. Das große Leibschiff soll 30,000 Gulden gekostet haben. Als im Jahre 1759 ein neuer Schiffsboden nöthig geworden, zerlegte man das schöne Werk, um den Aufwand hiefür zu vermeiden. Unter Churfürst Karl Theodor brachte der landesherrliche Schiffmeister Zimmermann, welcher mit Cook die Reise um die Welt gemacht hat, die ersten englischen Boote auf den Würmsee, wovon er selbst zwei erbaute, mit Segel, Tauwerk, Steuerruder ꝛc. und 4 Kanonen versehen.

Von dem altadelichen Geschlechte der Stahrenberger kam deren Besitzung gleichen Namens an Bayern. Das jetzige Schloß, von Herzog Wilhelm III. 1544 erbaut, litt bei einem Einfalle der Schweden 1646 sehr viel, war mit Mauern und Gräben umgeben, mit mehreren Thoren und einer gemauerten Bogenbrücke versehen, innenher schön ausgestattet. Das sogenannte, außer dem Schlosse gestandene, gemauerte Sommerhaus verwendete Churfürst Maximilian III. 1765 zur Pfarrkirche unfern derselben Stelle. Noch stehen die Umfangsmauern und Zwischenthürme, welche den großen Baumgarten mit dem Sommerhause und Lustschlosse verbanden.

Das Pfarrkirchdorf unten am Schloßberge hieß ehemals Aham, jetzt Niederstahrenberg. In dem lieblichen Thale hinter dem Schlosse entspringt der St. Georgenbach, vereinigt sich mit dem Meisingerbache, und ergießt sich außerhalb Stahrenberg in die Würm oder Ach, welche über Nymphenburg abfließt, und außer Dachau bei Deutenhofen von der Amper aufgenommen wird.

Stahremberg.

Cet endroit était autrefois le rendez-vous où, entourés d'hôtes appartenant à des familles royales et impériales, et d'un grand nombre d'habitans de Munich de toutes les classes, qui de tous temps ont aimé à venir se récréer en ces lieux, les Souverains de Bavière se livraient à de brillantes et pompeuses réjouissances. Dans les chasses au cerf, les promenades par eau et autres parties de plaisir qui se fesaient sur le lac, la brillante surface des eaux était couverte de nombreux navires, tels que le Bucentaure, construit par des Italiens en 1662, ayant deux voiles, quantité de banderoles et de pavillons de diverses couleurs, des échelles de cordes, des câbles, 16 pièces de campagnes, 110 matelots, et quelquefois un équipage de 500 personnes; en outre une infinité de galères, de corvettes, de yachts, de gondoles à l'italienne, qui recevaient à leur bord près de 2000 convives. Ces réjouissances avaient lieu trois ou quatre fois par an. Le grand navire électoral avait, dit-on, coûté 30,000 florins. En 1759, ce vaisseau ayant besoin d'un nouveau fond, on mit en pièce ce bel ouvrage pour éviter les dépenses qu'eût exigées cette réparation. Ce fut sous l'électeur Charles Théodore que le charpentier Zimmermann, qui avait fait le tour du monde avec Cook, introduisit les chaloupes à l'anglaise sur le lac de Würm; il en construisit deux lui-même, ayant voiles, cordages, gouvernail etc. et deux pièces de canon.

La propriété de Stahremberg passa de l'ancienne famille noble de ce nom, à la Bavière. Le château que l'on y voit actuellement fut bâti en 1544 par le duc Guillaume III.; il souffrit beaucoup par suite d'une invasion des Suédois, qui eut lieu en 1646. Il était entouré de murailles et de fossés, avait plusieurs portes, un pont en pierres, et était très-bien décoré en dedans. L'électeur Maximilien III., en 1765, fit employer le bâtiment en pierres appelé le pavillon, situé en dehors du château, pour bâtir à quelque distance de là une église paroissiale. On voit encore les murs pourvus de tours qui entouraient le vaste jardin fruitier et le réunissaient au pavillon et au château.

Le village ayant une église, situé au bas de la montagne où se trouve le château, se nommait autrefois. Aham, maintenant il se nomme Niederstahremberg (Stahremberg inférieur). C'est dans le beau vallon qui est derrière le château, que le ruisseau de St. George prend sa source; il se réunit au ruisseau de Meising et va se jeter au-delà de Stahremberg dans la rivière de Würm ou Ach, qui fait un détour près de Nymphenbourg et va se perdre dans la rivière d'Amper, hors de Dachau.

Seeshaupt.

C'est près de ce village, qui a une église, et qui est régulièrement bâti depuis le dernier incendie dont il fut la proie, que le lac de Würm atteint son extrémité et sa plus grande étendue, celle de 5 lieues; c'est aussi en cet endroit qu'il reçoit un ruisseau qui fait aller des moulins. Ce village est presque entièrement habité par des familles de pêcheurs et il y en avait autrefois 99, qui jouissaient du droit de pêcher dans le lac; elles sont soumises aux deux maîtres pêcheurs royaux demeurant à Possenhofen et à Ambach; le tribunal de justice de Stahremberg a dressé un tarif particulier des taxes à payer aux pêcheurs pour les différents trajets qu'ils sont obligés de faire sur le lac. On est assez près en cet endroit des montagnes qui offrent une perspective si pittoresque à l'extrémité opposée du lac, à l'endroit où la rivière de Würm prend naissance. Mais le coup d'oeil que présente d'ici la surface de l'eau, terminée par les hauteurs romantiques de Leutstetten, n'est pas moins attrayant; c'est de quoi il a déjà été fait mention.

Ce qu'il y a encore de remarquable, c'est que l'on n'a jamais aperçu dans le lac de Würm aucune trace des mouvemens souterrains qui se font remarquer dans d'autres lacs, au moment d'une violente tempête sur mer. Ceci prouve l'extrême repos de ses éléments fondamentaux, vu qu'ils ne prennent pas la moindre part à ce qui se passe sur la surface. Voici à ce sujet une tradition populaire qui s'est conservée dans les environs de ce lac: L'électeur de Bavière, Charles Albert, fut un jour surpris par une tempête aussi violente qu'inattendue. Dans le désordre qui eut lieu sur le navire électoral pendant qu'on s'efforçait à mouiller l'ancre, il arriva qu'un flacon d'argent, rempli de vin, tomba dans l'eau. Plusieurs années après, le prince se promenant de nouveau sur le lac, on mouilla par hasard au même endroit; mais quelle fut la surprise de tout l'équipage lorsque, en levant l'ancre, on retira de l'eau le flacon, qui s'était attaché à l'un de ses crochets. Le vin s'était parfaitement conservé, et chacun de ceux qui étaient sur la barque en but un coup, en mémoire de ce merveilleux évènement.

Seeshaupt.

Hier an diesem, seit dem letzten Brande wohlgebauten Kirchdorfe erreicht der Würmsee sein oberstes Ende, und die höchste Länge von mehr als 5 Stunden, wo sich ein Mühlbach in denselben ergießt. Dasselbe wird meistens von Fischerfamilien bewohnt, deren es sonst 99 berechtigte an diesem See gab, und die unter zwei kgl Hoffischmeistern in Possenhofen und Ambach stehen. Für die von ihnen zu leistenden verschiedenen Seefahrten ist von dem königl. Land- und See-Gerichte Stahrenberg ein eigenes Taxregulativ gegeben. Dem, am untern Ende des Sees, beim Ausflusse der Würm aus demselben, einen so malerischen Hintergrund bildenden Gebirgen ist man da ziemlich nahe. Allein, nicht minder anziehend erscheint der Anblik von oben hinab, wo Leutstettens romantische Höhen den Schlußpunkt bilden, wie bereits bemerkt worden.

Schlüßlich verdient hier Erwähnung, daß in dem Würmsee nie etwas von jenen unterirdischen Bewegungen sichtbar war, deren man bei andern Seen zur Zeit eines heftigen Sturmes auf dem Meere gewahr wurde. Dieses beweiset, in welcher tiefen Ruhe sich seine Grundelemente befinden, indem sie nicht den mindesten Antheil nehmen an demjenigen, was auf der Oberfläche vorgeht. Darüber hat sich dort folgende Volkssage erhalten. Bayerns Churfürst Karl Albert ward einst von einem eben so plötzlichen, als gewaltigen Sturme überfallen. In dem Lärmen und der Unordnung, welche, bis man Anker geworfen hatte, auf dem Leibschiffe entstand, geschah es, daß eine silberne, mit Wein gefüllte Flasche in das Wasser fiel. Viele Jahre nachher, als der Monarch sich wieder auf dem See ergötzte, warf man zufällig an der nämlichen Stelle Anker, und als man diese lichtete, kam die Flasche, welche sich an einen Hacken des Ankers angehängt hatte, zu Aller Staunen wieder in Vorschein. Man fand den Wein ungemein gut erhalten, und wer auf dem Schiffe war, bekam einen Trunk hievon zum ewigen Andenken.

Aufkirchen.   Leony.   Allmanshausen.
                                                                                                                      Villa.

STARNBERG
am Würm-See.

Gedruckt und im Verlag bey J. M. Hermann in München.

SEESHAUPT

am Würm-See.

Gedruckt und im Verlag bey J. M. Hermann in München.

Schliersee.

Wer könnte das schöne Hochland im Süden Oberbayerns bereisen, ohne einen der anmuthigsten kleinen Seen zu besuchen? Und wirklich findet man in Schliersee den ganzen Sommer hindurch auf längere oder kürzere Dauer Gäste aller Art, zu derer Beherbergung zweckmäßige Vorsorge getroffen ist. — Von dem Hügel, welcher vor mehr als tausend Jahren ein Benediktiner-Mönchskloster getragen, durch die Waldecker gestiftet, von den Hunnen nach 200 jährigem Bestande zum Theil zerstört, erblickt der Wanderer neben Westerhofen rechts das fruchtbare, bevölkerte Thal, nähert sich den weithin zwischen lachenden Fluren und Gärten zerstreuten reinlichen Häusern des Pfarrdorfes Schliersee dessen ehrwürdiger Münster der Ueberrest eines zweiten Chorherrnstiftes, der von Waldeck aus dem 12ten Jahrhundert ist. Im Osten des Ortes erhebt sich ein gerundeter grüner Hügel, welchen ein Kirchlein, von Linden beschattet, krönt, in welchem männliche Ritter der Vorzeit ihre siegreichen Waffen am Altar des heiligen Georg aufgehängt haben. Hier an erhabener, einsamer Stelle, wo einst eine kleine Burg gestanden sein soll, labe man sich an dem genußreichen Ueberblicke des niedlichen Rundgemäldes, wie des sanften, bläulichten Wasserbeckens. Letzteres hält ¾ Stunden in der Länge, ⅜ in der Breite 718 bayerische Tagwerke Fläche, auf der sich eine kleine Insel zeigt. Die größte Tiefe beträgt 28 Klafter. Salmlinge sind die vorzüglichsten Fische in diesem See. Links thront hoch auf steilen Felsen die Ruine der einst unbezwingbaren Ritterburg der Waldecker, als Herrn der Umgegend, Hohenwaldeck genannt. Das obere Ende des See's, am Fuße des Jägerkamms und Brecherspitzes, belebt das Dörfchen Fischhausen mit seinem Spitzthurme. Rechts ladet das durch einen kleinen Zwischenraum des Schliersee's und seines Abzugwassers, der Schlierach getrennte, ehmalige Jägerhäuschen zu weiterm begeisterndem Genuße ein, da es abgeschieden romantisch auf grünender Anhöhe mit Flur und Wald wie auf einer Erdzunge hervortritt. Nur rückwärts kann man von Westerhofen her in diese Einsiedeley zu Land kommen, wo sich so gut wohnen, und die Seele stiller Ruhe allein im Schooße der üppigen Natur genießen läßt.

Schliersée.

Qui pourrait parcourir les montagnes au Sud de la haute Bavière sans visiter le joli lac de Schlier? Aussi trouve-t-on à Schliersée tant que dure la belle saison, des hôtes de toutes les conditions qui y séjournent plus ou moins long-temps.

De la colline, sur laquelle il y a plus de mille ans — existait un couvent de Bénédictins, fondé par les Waldeck, et détruit en grande partie par les Huns deux cents ans après, on découvre près de Westerhofen à droite une vallée fertile et peuplée qui se prolonge jusqu'au village de Schliersée, dont les maisons propres sont dispersées au milieu de riantes prairies et d'agréables jardins, l'église ancienne est encore un reste d'un seconde chapître fondé par la famille des Waldek dans le 12ième siècle. A l'Orient du village s'élève un mamelon verdoyant couronné par une petite église ombragée de tilleuls, où d'anciens chevaliers venaient appendre leurs armes victorieuses à l'autel de St. George. De cette place solitaire où autrefois doit avoir existé un petit château fort, la vue est agréablement réjouie du charmant panorama qui s'offre a elle, ainsi que du bassin limpide réfléchissant l'azur d'un ciel pur. Le lac a trois quarts de lieue de longueur sur ⅜ième de largeur, et en superficie 718 arpens, vers le milieu se trouve une petite île, sa plus grande profondeur est de 28 toises, la salveline est le meilleur poisson de ce lac. A gauche sur des rochers escarpés on voit encore les ruines d'un château fort, ancienne résidence des Waldeck, qui étaient seigneurs de cette contrée, et appelé Hohenwaldeck. La partie superieure du lac au pied du Jaegerkam et du Brecherspitz, est animée par le petit village de Fischhausen avec son clocher pointu.

A droite sur une colline qui forme une presqu'île s'élève la maison de l'ancien garde-chasse séparée de Schliersée par un détroit par où les eaux du lac s'écoulent pour former la Schlierach, on ne peut parvenir par terre à cette jolie solitude, entourée de bois et de prairies, et ou on jouit si agréablement d'une douce tranquillité au sein de la belle nature, que du côté de Westerhofen.

Miesbach.

Le bourg de Miesbach est agréablement situé sur la rive droite de la Schlierach qui sort du lac de Schlier et se jette dans la Mangfall, ayant derrière lui le Brecher et le Boden Spitz, et est le siège d'un baillage et d'un bureau de perception, on y compte plus de cent maisons 1150 habitans dont la plupart sont nourrisseurs de bétail, une église curiale où se trouve le caveau sépulcral des comtes de Maximilien seigneurs de cette contrée ainsi que des châteaux de Waldenberg et de Waldeck, un château royal occupé par le baillage, une brasserie sur la place du marché et une autre sur le bord de la Schlierach, plusieurs hôtelleries, une poste aux chevaux, un entrepot de sel etc. sur la rive gauche on aperçoit sur la hauteur non loin de la route qui conduit à Tégernsée, l'hôpital et le nouveau cimetière, ce dernier est traversé par un ruisseau dont on peut arrêter et diriger les eaux en cas d'incendie. Le bourg actuel, qui sortit de ses cendres pour la seconde fois en 1784, et dont les maisons sont couvertes en bardeaux chargés de pierres, avait déjà été détruit par un incendie en 1527, d'après la tradition et quelques traces que l'on a encore trouvées, l'ancien bourg doit s'être étendu au loin vers l'Est. Les habitans de ces contrées, situées au pied des Alpes bavaroises près des frontières du Tyrol, sont d'une constitution forte et vigoureuse, d'un caractère très gai, et leur costume pittoresque est généralement connu.

Dans le 16ième siècle, au temps de la réforme de Luther, un grand nombre de familles à l'exemple de leur seigneur, se separèrent de l'église catholique et émigrèrent, mais par les mesures vigoureuses prises par le Duc de Bavière, la plus grande partie des habitans de la paroise de Parsberg rentrèrent pleins de repentir dans le sein de l'église en 1584.

Miesbach tire son nom d'un château qui existait dans le XIVième siècle appartenait au chapitre de Frysing et qui fut détruit par les Waldeck. — La route de Munich et de Rosenheim à Schliersée passe par Miesbach ainsi que celle qui conduit à Gmund, Tégernsée et Toelz; on compte 12 lieues de poste de Munich à Miesbach.

Miesbach.

Am Abhange des rechten Ufers der Schlierach, welche aus dem Schliersee kommend, in die Mangfall sich ergießt, ist Miesbach, der Markt, angenehm gelagert, der Brechen-Boden-Spitz im Hintergrunde, mit dem Sitze eines Landgerichts und Rentamts, zählt über 100 Häuser, 1150 Einwohner, die sich mit Viehzucht und Feldbau ernähren, hat eine Neben- und Pfarrkirche, mit der Gruft von den Grafen von Maximilian als Herrn dieser Gegend, wie der nahen Schlösser Waldenberg und Waldeck, ein königl. Schloß, (in welchem das Landgericht) ein Bräuhaus am Marktplatze, (ehemals landesherrlich und unten eines an der Schlierach, dann mehrere Gasthäuser, (nebst der Post) eine Salzniederlage und verschiedene Gewerbe. Am linken Ufer erblickt man unfern der Straße nach Tegernsee auf luftiger Höhe das Spital und den neuen Begräbnißplatz des Ortes. Letzteres durchzieht zugleich ein Gießbach, dessen Gewässer bei Feuersgefahr künstlich geschwellt und geleitet werden kann. Der jetzige Marktflecken sammt seinen, mit Legschindeln eingedeckten, mit Steinen beschwerten Hausdächern, erhob sich im Jahre 1784 zum zweitenmale aus der Asche, in die er auch 1527 durch Brand verwandelt worden ist. Nach alter Volkssage und aufgefundenen Spuren soll derselbe in der Vorzeit auf der östlichen Seite sich weithin ausgedehnt haben. — Von jeher hat sich in dieser herrlichen gesunden Gegend am Fuße der bayerischen Gebirge, und an der Grenze Tyrols, ein schöner, kräftiger, besonders munterer Menschenschlag beiderlei Geschlechts in eigenthümlicher, überall bekannter Gebirgstracht erhalten. Es ist zwar im 16 Jahrhunderte zur Zeit der lutherischen Reformation nach dem Beispiele der obengenannten Grafen eine Anzahl Familien von dem katholischen Glauben abgefallen und ausgewandert; der größere Theil aber der damaligen Pfarrey Parsberg nach ernsten Maaßregeln von Seite der regierenden Herzoge in Bayern im Jahre 1584 in den Schoos der Kirche wieder reuig zurückgekehrt. Den Namen schöpfte Miesbach von einer im 14. Jahrhunderte dagestandenen Burg, dem Hochstifte Freysing, welcher der Waldecker soviel Schaden gethan hat, daß sie in Ruinen geblieben ist. Von München und Rosenheim zieht die Straße hierdurch nach Schliersee auch nach Gmund, nach Tegernsee, Tölz und es werden 12 Stunden-Säulen von München bis Miesbach gezählt.

Weinberg Kapelle.   Jäger Kamm.   Brecherspitze.

SCHLIERSEE

nach der Natur gez. v. Eugen Adam.

Druck u. Verlag bei J. M. Hermann in München.

Portiuncula Kapelle.   Brecherspitze.   Bodenspitze.

MIESBACH

nach der Natur gez. v. Eugen Adam.

Druck u. Verlag bei J. M. Hermann in München.

Der Tegernsee
und das
königliche Lustschloß gleichen Namens

Aus der getümmelvollen in ihrer weit ausgedehnten ebenen Umgebung wenig Natur-Reitze darbietenden Residenz-Stadt gelangt man südöstlich 13 Stunden weit nach dem Pfarrdorf Gmund an den majestätisch gelagerten Tegernsee, welcher der, das Thal einst beherrschenden mächtigen Abtey den Namen verliehen hatte, und nach keltischer Sprach-Ableitung Fürstensee heißt. Ebenen Weges zieht die Straße an demselben fort, während der Reisende durch den imposanten Anblick des schimmernden Wasserspiegels mit seinen freundlichen sanft ansteigenden Ufern sich beinahe halbmondförmig über die schöne Landschaft ausbreitend und durch die mannigfaltigsten umgebenden Gebirgsformen in malerischen Gruppirungen bezaubert wird. Noch ehe derselbe St. Quirins-Kapelle erreicht, wo das am westlichen Ufer entspringende Steinöl (Bergnaphta) gesammelt wird, liegen das königliche Schloß Tegernsee, Pfarrdorf Egern, und im Hintergrunde die kolossal gereihten Steinmassen des Wall, Satz und Blauberges mit dem nach Wildbad Kreuth leitenden Weissachthale vor den wonnetrunkenen Augen.

Der See erhält seinen Zugang von dem aus Südwest und Südost kommenden Bergströmen Roth und Weissach; den Abfluß bildet die Mangfall bei Gmund, auf welcher durch den See für die Saline in Rosenheim getriftet wird. Er ist bei 1 1/2 Stunden lang, 1/2 Stunde breit, 50 Klafter tief; sein Flächeninhalt beträgt 2471 Tagwerke. Vorzügliche Fischgattungen waren sonst hier die Salblinge, Lachsforellen, Seekarpfen, Renken und Rutten.

Bei der vierzehnten Stundensäule, dem alten Paß (auf der Wacht genannt) beginnt das weitschichtige Pfarrdorf Tegernsee, dessen aus Steinen schön erbauten, reinlich gehaltenen Häuser an beiden Seiten des Aalbaches, dann am Seeufer zerstreut liegen. Ihre Zahl, mit den neuerstehenden Landhäusern von Privaten, kann hundert erreichen, die der Familien nicht viel über 100, welche jedoch 600 Köpfe zählen. Hier ist der Sitz eines Landgerichts und Salinenforstamts. Die Thalbewohner haben übrigens in den Hauptzügen ihres Characters und in der Kleidung das Meiste mit denen von Miesbach und Schliersee gemein.

Sanft angeregt, mit freudiger Seele betritt jedermann die Garten-Anlagen und Vorplätze der reizend an dem breitesten und obern Theile des See's gelegenen so einfach als gefällig erscheinenden Sommerresidenz des, für seine Bayern unvergeßlichen Königs Max. Dieselbe bildet ein Viereck, enthält in der Fronte am rechten Flügel die Brauerey, in der Mitte die Schloß- und Pfarrkirche mit zwei gleichen Spitzthürmen, am linken Flügel die große Treppe, die Vorhalle, den Speisesaal, die königlichen Gemächer, dann fortlaufend in den Seiten- und Hintertheilen die Gast- und Dienerschafts-Zimmer. Würdevoll, jedoch ohne Pracht, ist alles ausgestattet, vorzüglich aber der Tempel des Herrn. In jenen stillen Mauern thronte zwischen den Jahren 1817 und 1825 wahres Familienglück, fürstliche Wohlthätigkeit, kindliche Freude. Haustheater, Nationaltänze, Spiele, ländliche Hochzeitzüge, Fischerrennen auf beleuchtetem See, Feuerwerke, Bergbeleuchtungen mit den angenehmsten Ausflügen nach der wunderlieblichen Umgegend u. s. a. wechselten ab. Daran nahmen aber auch Theil in diesem einsamen friedlichen Thale viele Große der Welt, welche dem königlichen Greis auf seiner Villa Besuche schenkten.

Namentlich geschah dieses im Jahre 1822 mit den Kaisern Franz I. von Oesterreich und Alexander I. von Rußland in einem Gefolge von 57 Personen, wozu noch das bayerische von 200 Personen gekommen war, der übrigen, von Zeit zu Zeit Anwesenden von verwandten Höfen zu geschweigen, was jedoch genaue Aufzeichnung verdient.

Tegernsée
et la
Résidence d'été du même nom.

En quittant la capitale et laissant derrière soi la vaste plaine qui l'entoure et qui offre peu d'attraits aux amants de la belle nature, on parvient après un voyage de 13 lieues au village de Gmund, à l'embouchure du lac de Tegernsée, qui a donné son nom à la puissante abbaye qui autrefois dominait sur cette vallée. Un chemin uni qui se prolonge sur le bord du lac, permet au voyageur de promener ses regards sur sa surface unie, sur ses bords agréables, s'élevant mollement en forme presque demi-circulaire, de contempler le superbe paysage qui se développe majestueusement devant lui, et qui est borné par des montagnes groupées de la manière la plus pittoresque. Avant d'avoir atteint la chapelle de Ste. Quirine, où sur le bord occidental on recueille l'huile de pétrole, se présente aux yeux enchantés le Château de Tegernsée, le village d'Egern, et dans le fond les masses imposantes du Wall, du Satz et du Blauberg, ainsi que la vallée du Weissach qui conduit aux bains de Kreuth.

Le lac est alimenté par les eaux de deux torrents, le Rothach et le Weissach qui descendent des vallées au Sud Ouest et au Sud Est et quelques autres affluents moins considérables, son embouchure forme la Mangfall au moyen de laquelle tout le bois des montagnes environnantes, après avoir traversé le lac, est flotté jusqu'à Rosenheim pour l'exploitation des salines. La longeur du lac est d'environ une lieue et demie, sa largeur d'une demi-lieue et sa profondeur de 50 toises; sa superficie est de 2471 arpents. On y trouvait autrefois en quantité d'excellentes qualités de poissons, telles que truites des alpes, truites saumonées, carpes, renken, rutten etc. mais qui deviennent tous les jours plus rares, depuis que l'administration a utilisé les moindres ruisseaux pour l'exploitation des forêts.

A la quatorzième borne placée à l'ancien défilé nommé la garde, commence le village de Tegernsée, siège d'un baillage et d'un bureau des salines et eaux et forêts, les maisons en pierre, bien bâties, s'élèvent sur les deux côtés de l'Aalbach et sur les bords du lac, le nombre peut s'en élever à une centaine en y comprenant les maisons particulières, le nombre des familles ne s'élève guère au-dessus de cent, qui cependant comptent six cents âmes; le costume des habitants, et les principaux traits de leur caractère sont presque les mêmes qu'à Schliersée et Miesbach.

L'âme agréablement émue, on arrive au château devant lequel se développe une vaste terrasse dont le lac dans sa partie la plus large baigne le pied, et où se d'essine un agréable parterre. Là tout rappelle le souvenir du bon Roi; c'est dans ce château où naguères le vénérable Monarque au milieu de sa nombreuse famille reçut la visite des souverains du Nord, notamment en 1822 celle de l'empereur d'Autriche François I. et de l'empereur de Russie Alexandre I., avec une suite de 57 personnes; la cour de Bavière se composait de 200 personnes; à cette époque, aux nombreuses parties auxquelles les excursions dans les environs donnaient lieu, succedaient des fêtes de tous les genres, feux d'artifice sur le lac, illumination des montagnes, bals, représentations dramatiques dont les roles étaient partagés entre les personnes de la cour, jeux, noces champêtres etc. etc., au milieu desquels le Roi Max ne laissait echapper aucune occasion d'exercer sa bienfaisance.

Le château forme un carré dont le front se compose à l'aile droite de la brasserie, au milieu de l'église, avec ses deux clochers pointus et dont l'interieur est décoré avec une noble simplicité, dans l'aile gauche se trouvent le grand escalier, le peristyle, la salle à manger, les appartements royaux, puis se prolongent sur le côté, et en retour sur le derrière, les appartement des étrangers et du service, le tout convenablement meublé quoique sans luxe. Paralèllement à l'aile gauche est une terrasse où se trouve un long et vaste berceau qui offre une promenade agréable à l'abri des rayons du soleil, ou lorsqu'une journée pluvieuse empêche de faire des excursions plus éloignées.

  Cette contrée, dont l'état prospère s'est considérablement augmenté depuis 1817, doit l'origine de son bien-être à l'établissement d'un couvent fondé il y a plus de mille ans. On n'y trouvait alors que des déserts et d'épaisses forêts, qui d'après l'esprit de ces temps n'étaient utilisés que pour les plaisirs de la chasse et de la pêche. Deux puissants chevaliers, deux frères, Adalbert et Ottokar, descendants des princes bourguignons, et par les femmes de la race des Agilolfingre, régnaient sur les contrées situées entre l'Isar et l'Inn, ils fondèrent et dotèrent le couvent de Tegernsée l'an de J. C. 746. Le pape Grégoire III. sanctionna cette fondation, le duc Utilo augmenta la dotation, il fut soumis à la règle de St. Benoît, et en 754 là dédicace de l'église eut lieu; la dotation était si considérable qu'elle suffisait à l'entretient de 150 moines.

  Adalbert fut élu premier abbé, Ottokar resta frère laïque, l'un mourut l'an 771 et l'autre en 772. Cette abbaye pendant le cours des siècles ne fut pas exempte des vicissitudes de la fortune, cependant sa puissance s'accrut de telle sorte que les abbés s'élevèrent à la dignité de princes de l'empire, et comme les princes évêques entretenaient quatre charges héréditaires, un maréchal, un chambellan, un écuyer tranchant et un échanson.

  Mais dans la suite la diminution des revenus ne permettant pas aux moines de soutenir les dépenses, que cette dignité exigeait, ils se contentèrent des avantages plus solides que leur offrait la qualité de membre de la diète Bavaroise, et leur prieur ayant le titre de Primat brillait avec éclat au milieu de ses confrères. Leur vie était consacrée à la prière, à l'observation des règles de l'ordre, et particulièrement aux sciences et aux arts. En 1573 ils fondèrent une imprimerie; ils possedaient une bibliothèque précieuse, un cabinet de physique et d'histoire naturelle, un conservatoire de musique et un collège qu'ils conservèrent jusqu'à leur sécularisation en 1803.

  A cette époque les immenses bâtiments du couvent formaient un carré long traversé dans sa largeur du nord au sud par un bâtiment au milieu duquel se trouvait l'église, et qui forme présentement la façade du château vers le couchant; le tout était fortifié et entouré de murs, de tours et de fossés. Lorsque le couvent fut vendu ainsi que les privilèges qui y étaient attachés, on abbattit les bâtiments, qui s'étendaient sur la terrasse jusqu'à la façade actuelle, les tours et les murailles disparurent, et dans cet état de délabrement le Roi Max en fit l'acquisition comme nous l'avons déjà dit pour le transformer en une résidence d'été et le laisser à S. M. la Reine Caroline en souvenir de sa tendresse et de son amour.

  En quittant Tegernsée pour se rendre à Egern, et après avoir dépassé la pêcherie on arrive à une petite colline, (die Lüfte,) au bas de laquelle se trouve le Point, on laisse à droite un joli groupe de maisons de campagne parmi lesquelles se distingue celle de Monsieur Reichenbach par son exterieur rustique et sa simplicité; c'est là que cet estimable négociant vient passer, au milieu de sa jeune famille, les moments bien rares qu'il peut dérober à ses affaires, jouir de l'air pur des montagnes et des douces émotions que la contemplation des beautés de la nature procure au coeur de l'homme de bien.

Und diese ehrwürdige, geheiligte Stätte, wo so mancher Unglückliche Trost und Linderung aus väterlicher Hand wohlwollend empfing, diese in Kultur und Wohlstand gesteigerte Gegend hat ihr erstes Aufblühen, ihr segenreiches Gedeihen der Stiftung eines Klosters vor mehr als tausend Jahren zu verdanken. Hier war nichts als finstere, unwegsame Wildniß nach dem Geiste damaliger Zeit nur zur Jagd und Fischerey geeignet. Zwei reiche Dynasten des Sundergaues, die Brüder Adalbert und Ottokar, mächtige Ritter zwischen der Isar und dem Inn, aus fürstlichem burgundischem Stamme, und mütterlicher Seits aus dem Geschlechte der Agilolfinger errichteten Zellen für Mönche im Jahre 746 nach Christi Geburt. Papst Gregor III. bestättigte, Herzog Utilo vermehrte die Stiftung nach des heiligen Benedicts Regel und schon im Jahre 754 hat man das Bethaus eingeweiht. Adalbert wurde zum ersten Abt erwählt, Ottokar blieb Laienbruder. (Die Dotation war so reichlich, daß sie sich auf 150 Mönche erstreckte. Diese, unter andern aus 22 Salzpfannen und 11866 Hueben bestehend, so wie die Abbildung der Stifter von jetzt ungewöhnlicher Größe (9 Schuh 7 Zoll) findet sich in der Kirche auf zwei langen Tafeln). Beide starben in den Jahren 771 und 772.

  Untergegangen und wiedererstanden ist diese Abtei im Verlaufe von Jahrhunderten. Ihre Macht und Größe wuchs in der Art, daß die Aebte auf die Höhe der Reichsfürsten sich schwangen und wie die Fürstbischöfe vier Erbämter unterhielten, nämlich ein Marschall, ein Kämmerer, Truchsessen= und Erbschenken= Amt.

  Allein in der Folge bequemten sich die Mönche, des unerschwinglichen Aufwandes, dann Verkürzung der Einkünfte wegen von der wankenden Stufe eines Reichsstandes auf die festere eines bayerischen Landstandes sich zu stellen, bei welchem ihr Vorsteher als Primas unter seinen infulirten Mitbrüdern im Vorgrunde glänzte; sie lebten dem Gebete, der Zucht und Ordnung, ganz vorzüglich aber den Künsten und Wissenschaften. Merkwürdig war ihre, 1573 errichtete Buchdruckerei, die kostbare Bibliothek, der wohlgewählte physikalische Apparat, die schöne Naturalien=Sammlung, eine gute Musik und Studienschule u. s. w., bis zu ihrer Auflösung im Jahre 1803. Damals bildeten die weitschichtigen Klostergebäude ein längliches Viereck, welches wieder seiner ganzen Breite nach durch einen von Norden nach Süden laufenden Zwischenflügel durchschnitten wurde, in dessen Mitte sich die Klosterkirche befand. Das Ganze war einst mit Wällen, Gräben, Mauern und Thürmen umgeben und befestigt.

  Als Kloster, Bräugerechtsame und Gerichtsbarkeit durch Kauf in Privathände überging, wurden die vordern drei Theile des Gastbaues nebst Mauern und Thürmen als überflüßig, gänzlich niedergelegt, wodurch die westliche Fronte des erwähnten Zwischenflügels mit der Kirche und ihren Thürmen hervortrat. Und in diesem noch ungeordneten Zustande brachte das Ganze König Max, wie schon gemeldet, ebenfalls käuflich aus seiner Privatkassa an sich, um es zum Sitze ländlichen und waidmännischen Vergnügens im Familien=Cirkel umzuschaffen, und seiner Königin Caroline als Andenken zärtlicher Liebe zurückzulassen.

St. Quirin.   Tegernsee.   Egern.   Thal nach dem Wildbad Kreuth.

TEGERN-SEE.

Wallberg.   Setzspitz.   Setzberg.   Blauberg.

Gedruckt und im Verlag bey J. M. Herrmann in München.

SCHLOSS TEGERNSEE.

Gedruckt und im Verlag bei J. M. Hermann in München.

Schwaige Kaltenbrunn, Pfarrdorf Egern, Wildbad Kreuth, Maximilians-Monument daselbst.

Auf sonnigem, mit Wald und Flur üppigt umgebenem Hügel beherrscht Kaltenbrunn am untern Ende des Tegernsees denselben so, daß die entzückendste Fernsicht der ganzen Länge und Breite nach das unbewaffnete Aug in thätigsten Anspruch nimmt. Hier war einst der Burgsitz eines Erbmarschalles der benachbarten gefürsteten Abtey, später eine dazu gehörige bedeutende Maierey mit den herrlichsten Alpenweiden in den entfernten Gebirgen bis diese bei der Klöster-Aufhebung käuflich in das Eigenthum eines Bauers überging. König Max, von dem hohen Genusse der ländlichen Naturschönheiten seines Tegernsees immer mehr angezogen, brachte auch Kaltenbrunn aus der Privatkasse an sich. Er ließ sogleich im einfachen Geschmacke der da üblichen Bauart den Hof in ein bequemes Landhaus umwandeln, Stallungen für beinahe 100 Stück Hornvieh, Oeconomie, Pferde, eine große Menge mitunter seltenes Geflügel und eine Schweizerey herstellen, würdig einer königlichen Landwirthschaft.

Zu Wasser wie zu Land sehr oft hieher gekommen, brachte der Monarch mit seiner zahlreichen Familie manchen schönen Morgen oder Abend auf dem Balkon zu, sich an den immer erneuerten Reitzen himmlischer Aussicht ergötzend, oder in herablassendster Weise wie ein Landwirth mit Nachbarn und den Bauleuten unterhaltend.

Die lieblichsten Spaziergänge sind im schattigen Gehölze durch grünende Wiesen, herrliche Saaten, wie an dem vom See bespielten Gestade nach dem nahen Dorfe Gmund angebracht. Besonders aber hat der Kaltenbrunner-Hof gewonnen durch Anlegung eines Fahrsträßchens an dem westlichen Ufer des See's, welches die schönsten, früher wenig gekannten Parthien darbietet, so daß man jetzt zu Land das ganze große Wasserbecken bequem umfahren kann, was von den Badgästen zu Kreuth sehr oft zu geschehen pflegt.

Das oberste Ende des Tegernsees krönet das alte Pfarrdorf Egern mit seinem Spitzthurme, dessen treues Bild die Spiegelglätte magisch wiedergiebt, da der See südöstlich und gegenüber südwestlich in der Form einer weiten Bucht erscheint. In den Hallen der durch des Königs Max Freigebigkeit verschönerten Kirche erinnert eine Verlobnißtafel an die gefallenen Opfer dieser Gebirgsgegend in der mörderischen Schlacht von 1705 zwischen Sendling und München gegen die Oesterreicher.

Des neuerbauten Schulhauses Inschrift vom Jahre 1821 beurkundet den königlichen Gründer. Freundlich sind übrigens die Häuser des Dorfes in Mitte von fruchtbaren Obstgärten gelagert, wohin man von dem königlichen Schlosse in kurzer Wasserüberfahrt durch die Seeenge gelangen, und am südwestlichen Ufer landen kann. Durch das sich immer mehr verengende Weissachthal nach dem Pfarrdorfe Kreuth kömmt man zu dem Wildbade dieses Namens, auch einst Bestandtheil des Klosters Tegernsee. In schauerlich dicht bewachsenem unwirthlichem Raume zwischen riesigen Felswänden und Schluchten entsprang am Fuße des Hohlensteins die Schwefelquelle, zu welcher schon im 16ten Jahrhunderte ein Badhaus, im 18ten ein Kirchlein erbaut worden ist, welches noch steht. Mit der Kloster-Säcularisation kam das Ganze in vernachlässigtem Zustande in die Hände eines Bauers.

„Ich thue in Tegernsee so viel für mein Vergnügen, ich will auch hier etwas für die leidende Menschheit thun," so lauteten die ewig unvergeßlichen Worte Vaters Max bei dem Besuche dieser Wildniß; sie sind werth mit goldenen Schriftzügen in Marmor die gegenwärtige Anstalt zu zieren. Und er hat diese Worte in Erfüllung gebracht, der edelste Menschenfreund. Nach dem Ankaufe des Complexes ließ derselbe schon im Jahre 1820 ein neues Badgebäude unweit der Heilquelle herstellen, die nächste Umgebung ausreuten und gangbar machen, einen Badarzt und Verwalter der An-

La ferme de Kaltenbrunn, le village d'Egern, les bains de Kreuth et le monument de Maximilien Joseph.

Sur une colline entourée de forêts et de fertiles campagnes s'élève la ferme de Kaltenbrunn, au bas du lac de Tegern, c'est de la que l'oeil ravi découvre le lac dans toute son étendue. C'était autrefois la résidence du maréchal ou grand maître de l'abbaye voisine, et plus tard une métairie considérable, dont dépendaient les plus gras paturages des montagnes de la contrée, jusqu'à l'époque de la sécularisation des couvents, où elle devint la propriété d'un paysan.

Le Roi Max, de plus en plus attiré par les beautés de la nature et les jouissances champêtres que lui offroient son Tegernsée, acheta des fonds de sa cassette particulière la ferme de Kaltenbrunn. Il fit aussitôt construire dans le style simple du pays une maison de campagne commode, des étables pour cent têtes de bétail, des écuries pour les chevaux, une laiterie suisse, une basse cour pourvue de volailles de toutes les espèces, enfin tous les bâtiments d'exploitation nécessaires pour en faire une métairie vraiment royale. Le Monarque y venait souvent, tantôt par terre, tantôt sur le lac, entouré de sa nombreuse famille, passer les belles matinées ou les belles soirées de la fin de l'été, et jouir sur le balcon des charmes toujours renaissans d'une vue délicieuse, ou, avec l'inéxprimable affabilité qui lui était particulière, s'entretenir comme un simple cultivateur avec les voisins et les ouvriers.

Les bois touffus, les riantes prairies, les champs les mieux cultivés ainsi que le village de Gmund, réfléchi par les eaux limpides du lac, offrent les promenades les plus variées. Kaltenbrunn a particulièrement gagné par l'établissement d'un chemin sur la rive Ouest du lac, qui permet de faire maintenant en voiture tout le tour du bassin, et de jouir de la vue des plus beaux sites, plaisir dont on était privé autrefois, et que les baigneurs de Kreuth mettent souvent à profit.

La partie supérieure du lac est couronnée par l'ancien village d'Egern dont l'elocher pointu est fidèlement reproduit par le miroir uni des ondes qui au Sud Est et au Sud-Ouest ressemblent à une vaste baie. Dans l'église embellie par la libéralité du Roi Max, se trouve un Ex-Voto qui rappelle le souvenir des braves et fidèles victimes de ces environs qui perdirent la vie en combattant pour leur Prince et leur pays dans la meurtrière bataille qui eut lieu entre Sendling et Munich contre les Autrichiens en 1705.

L'inscription du nouveau batiment de l'école indique son royal fondateur. Les maisons de ce village, où du château royal on peut arriver après une courte navigation en traversant le détroit que le lac forme en cet endroit, sont d'un aspect fort agréable, et situées pour la plupart au milieu d'agréables et fertiles vergers.

Du village d'Egern on arrive par la vallée du Weissach, qui va toujours en se rétrécissant, aux bains de Kreuth après avoir traversé le village de ce nom, et qui autrefois faisait aussi partie des possessions de l'Abbaye de Tégernsée. Entre des rochers escarpés, au milieu d'une forêt épaisse et naguères inhospitalière, au pied du Hohlenstein jallit la source sulphureuse où déjà dans le 16me siècle on constuisit une maison pour les baigneurs, et dans le 18me une petite église qui existe encore. A l'époque de la sécularisation, le tout dans un état de délabrement devint le propriété d'un paysan.

„Je fais tant à Tegernsée pour mon plaisir, je veux faire quelque
chose ici pour l'humanité souffrante."

Ce sont les propres paroles du bon Roi Max, à si juste titre appelé le père de son peuple, lorsqu'il visita cette contrée sauvage; paroles qui ne s'effaceront jamais de la mémoire de ses sujets, et plus profondement gravées dans leurs coeurs, qu'elles ne pourraient, l'être sur le marbre ou sur le bronze; et il les a réalisé ces paroles ce noble ami de l'humanité.

Après avoir fait l'achat de la propriété, il fit en 1820 construire non loin de la source un nouveau bâtiment pour recevoir les baigneurs, défricher les environs, établir des chemins de communication; un administrateur fut mis à la tête de l'établissement, un chapelain, un médecin y furent attachés. Deux ans plus tard l'usage du petit lait de chèvre fut introduit dans l'établissement à l'instar de la Suisse, et le nombre des baigneurs s'accrut sensiblement. Pendant les années 1824 et 1825 les bâtiments furent considerablement augmentés et distribués de la manière la plus commode, en même temps s'élevait la grande salle avec ses colonnes et son magnifique péristyle où on parvient par un escalier de marbre, d'agréables parterres, des plantations de tout genre embellirent la pelouse qui s'étend devant les bâtiments; peut-être des plans plus vastes etaient-ils encore en projets. Une dotation de 50,000 fl. destinée à fonder des places gratuites pour de pauvres malades couronna ce bel oeuvre du meilleur des monarques; cette dotation a été augmentée depuis par la munificence de Sa Majesté la Reine Caroline propriétaire des bains de même que du château de Tegernsée et de toutes ses dépendances.

C'est ainsi que par sa bonté et sa bienfaisance le Roi Maximilien Joseph immortalisa son nom dans cette vallée solitaire, en créant un asyle où tant de nécessiteux trouvent aide, consolation et adoucissement à leurs maux.

L'émpereur Nicolas I. visita ce lieu l'en (1838) où l'Imperatrice après avoir fait la cure du petit lait se trouva parfaitement rétablie. La grande générosité de ces hauts (souverains) laissera long-temps un souvenir aux habitants et dans les environs.

Mais sa fidèle compagne pendant les orages de cette vie, celle qui l'aidait à dispenses ses bienfaits, qui s'acquite si noblement de la tâche qu'il lui a légué de soulager les malheureux, Sa Majesté la Reine Caroline voulut par une faible preuve de son amour et son attachement honorer sa mémoire en ces mêmes lieux, et les fidèles Bavarois s'empressèrent à l'envi, par des dons volontaires, de prendre part à l'érection d'un monument vraiment national.

En sortant des bains, vers le Sud, un jardin anglais dessiné avec goût conduit à un petit ruisseau limpide à la source duquel s'élève le monument qui fut érigé en 1828 à la mémoire du bon Roi. Il consiste en une niche de marbre de quelques vingt pieds dont une masse de rochers entourée de bois épais forme la base. Dans cette niche, sur un saubassement triangulaire, se trouve en bronze le buste très ressemblant du feu Roi, au dessous est un bas-relief analogue, avec cette simple inscription:

„Sa vie fut pure et bienfaisante comme cette source."

La première pierre fut posée le 27. Mai 1828 jour aniversaire de la naissance du feu Roi, par Sa Majesté Louis premier Roi régnant, et par Son Altesse Royale le prince Charles de Bavière. — Le 18. Juillet suivant, jour aniversaire de la naissance de Sa Majesté la Reine Douairière, le monument était achevé; jamais on n'en oubliera l'inauguration, combien de larmes d'attentrissement coulèrent au souvenir des bienfaits du Roi bien aimé, et combien coulent encore en secret dans cette solitude solennelle.

stalt vorsetzen. Zwei Jahre später ward der Gebrauch der Ziegenmolke von der Königsalpe wie in der Schweiz üblich eingeführt und der Besuch mehrte sich zunehmend. In den Jahren 1824 und 1825 sah man das Gebäude bedeutend erweitern und mit großen Bequemlichkeiten ausstatten, Nebenbauten entstunden, mit diesen der imposante große Kursaal mit seiner herrlichen Vor= und Säulenhalle, wohin lange Marmorstufen führen. Noch größere Plane waren vielleicht im Werke, während noch ein eigener Seelsorger angestellt wurde, anmuthige Gärten und andere Anlagen die fruchtbare Plattwiese belebten.

Eine Stiftung von 50,000 fl. zu Armenbädern krönte das schöne Werk des Unvergeßlichen; sie soll seitdem Zuflüsse erhalten haben, besonders durch die Gnade der Königin Karoline, welcher die Badanstalt mit dem Schlosse Tegernsee und den dazu gehörigen Höfen eigenthümlich zugefallen ist. So verewigte sich König Maximilian Joseph auf unvergängliche Weise durch Güte und Wohlthätigkeit bei seinen ihn innigst liebenden Bayern in dieser einsamen Stätte, wo schon so viele Bedürftige Trost, Hülfe und Linderung gefunden haben.

Auch Kaiser Nicolaus I. von Rußland besuchte im Jahr 1838 diesen Ort, wo die Kaiserin durch den Gebrauch der Molken vollkommen gesundete, die große Freigebigkeit dieses hohen Herrscherpaares wird ebenfalls lange ein Gegenstand der Erinnerung der Bewohner und Umgegend sein.

Aber seine treue Gefährtin, während den Stürmen dieses Lebens, diejenige, welche ihm half seine Wohlthaten zu spenden, welche auf eine so edle Weise die Obliegenheit, die er ihr vermachte, die Unglücklichen zu unterstützen erfüllte. Ihre Majestät die Königin Caroline wollte durch einen schwachen Beweis ihrer Liebe und Anhänglichkeit an diesem Platze sein Gedächtniß ehren, jedoch die treuen Bayern beeiferten sich, durch freiwillige Beiträge an der Errichtung eines wahren Nationalmonuments Theil zu nehmen.

Von der Anstalt gegen Süden hin führen geschmackvolle englische Parthieen an einem rieselnden Bächlein zu dem aus freiwilligen Beyträgen im Jahre 1828 errichteten Maximilians=Monument. Es bildet eine mehrere 20 Schuh hohe marmorne Nische auf einem solchen Gestelle, welche sich am Fuße einer Erhöhung aus Felsblöcken über einer herabsprudelnden Quelle erhebt und von dichtem Gehölze feierlich umgeben ist. In dieser Nische steht auf dreyeckigem Fußgestelle die wohlgetroffene Büste des höchstseeligen Königs aus Erzguß, unten ist ein passendes Basrelief, dann die einfache Inschrift angebracht: „Rein und segenreich, wie diese Quelle, war sein Leben." Der Grundstein hiezu ward am Geburtstage des Verewigten, den 27. Mai 1828 von Sr. Majestät dem jetzt regierenden Könige Ludwig und Sr. königl. Hoheit dem Prinzen Karl von Bayern, des Königs Bruder, gelegt.

Am darauf folgenden 18. July, dem Geburtstage der verwittweten Königin Karoline, stand das Denkmal fertig da. Unvergeßlich bleibt die ernste herzergreifende Enthüllungs=Feier jenes Tages, wo manche Thräne der Wehmuth über den Verlust des Allgeliebten floß und noch jetzt in stiller Einsamkeit hier ungesehen fließt.

KALTENBRUN
am Tegern-See.

Gedruckt und im Verlag bey J. M. Hermann in München.

Riederstein Gez.

EGERN

am Tegern See.

Gedruckt und im Verlag bey J. M. Hermann in München.

Blauberg   Altes Badhaus   Schildletzer   Schilchenstein   Geierberg

WILD-BAD KREUTH

bey Tegernsee.

gedruckt und im Verlag bey J. M. Hermann in München.

MONUMENT DES KÖNIGS MAXIMILIAN

von *Bade Kreuth*

Gedruckt und im Verlag bey J.M. Hermann in Kirchheim